評伝

田畑政治

オリンピックに生涯をささげた男

Mokudai Tetsuo

杢代哲雄

国書刊行会

田畑政治肖像（三上浩・画）

秩父宮勢津子妃（右）と田畑政治。
国立競技場内の秩父宮記念館開設式に、秩父宮勢津子妃をお迎えして。

東京五輪開催の意向を伝えるため、東竜太郎体協会長（右から２人目）と、
大磯の私邸に吉田茂首相（右端）を訪ねる。右から３人目が田畑政治。

1972年６月、東京オリンピック組織委員会第１回総会のあとの歓談。
左から、竹田恒徳副会長、津島寿一会長、田畑政治。

旧交を暖める。南原繁東京大学総長（最前列左端）、フレッド和田勇氏（最後列左端）を囲んで。最後列は右から、橋爪四郎、古橋廣之進、浜口喜博の往年の名選手たち。最前列右端が田畑政治。

東京スイミングセンター開設。清川正二ＩＯＣ副会長（左）の初泳ぎ。右から２人目、立っているのが田畑政治。

青木半治ＪＯＣ委員長（左）と田畑政治。札幌オリンピックにて。

口絵写真：フォート・キシモト

新装版刊行にあたって

二〇二〇年東京オリンピック・パラリンピックの開催が決まって以来、前回一九六四年の東京オリンピックの功労者である田畑政治《たばたまさじ》さんに注目が集まっています。二〇一九年のＮＨＫ大河ドラマは、田畑さんを主人公とした『いだてん～東京オリムピック噺～』に決定し、阿部サダヲさんが田畑さんを演じられます。そんななか、この度出版社からお話があり、『評伝　田畑政治』を新装版として刊行する機会をいただくこととなりました。

本書は、私の父・杢代哲雄が一九六四年に開催された東京オリンピックの準備段階から田畑さんのもとで働いた際に経験した事柄と、田畑さんから聞き取り取材をして得た情報をまとめたものです。本文のなかで言及されている「口述筆記中の」『田畑政治オリンピック回想録』にあたるのがまさに本書で、田畑さんの手持ちの資料や父の筆によるオリンピック関連の新聞記事を引用した箇所もあります。父が生前「オリンピックの記録を残しておこうと思って」と言って執筆していたのを覚えています。

旧版を手に取ってくださった方々から、田畑さんに関して、また田畑さんと父との関係について様々なお問い合わせがありますが、著者が他界しており本人が直接お答えできないのが残念です。

私の記憶に残っている田畑さんはといえば、祖父が亡くなった時、早々に自宅に弔問に来てくださったことと、父が不在の時に突然訪ねて来られ、「来客だと思って玄関に出てみたら田畑さんが立っていらしてびっくりした」と祖母が語っていたことくらいで、幼かった私にとって強い印象はありませんでした。

父は学生時代陸上競技の選手でした。三段跳びで大きな大会への出場を狙いましたが、アジア大会やオリンピック代表選考会では五位、六位に留まり、日本代表選手となる夢は実現しませんでした。しかし競技生活引退後、新聞社に職を得て記者として日本体育協会に出入りするなかで、体協で要職にあった田畑さんと出会い、その御縁でオリンピックの運営委員として奮闘することとなりました。田畑さんは何かを決断する時に「きみどう思う？」と父の意見を求めたことが多々あったと聞いております。田畑さんを表すキーワードである、猪突猛進、正義派、強引、勝ち気、せっかち、名誉欲なし、金銭欲なし、自分の利益に無関心、徹底したアマチュアリズム、平和主義、これらは父の性格や考え方と重なります。父特有のものと思っていたものは、実は二十代の頃から田畑さんの影響を受けたことで身に付いたものなのかもしれません。

父はアイディアマンで何でも器用にこなし、特にトラブル発生時の処理が得意でした。人の意表をつく突飛な方法で窮地を脱した時は、緊張を笑いに変えて周囲を和ませたようです。田畑さんは、そんな人材を面白がり、信頼し、様々な場面で重宝してくださったのだと思います。その後も田畑さんの晩年に至るまでお付き合いが続き、本書が田畑さんと父との最後の共同作業となったのです。

終わりに、本書に目を止めてくださった皆様、そして新装版刊行にあたりお力添えをいただきました清水範之編集長には、父に成り代わりまして御礼申し上げます。

二〇一八年二月二十日

辻村容子

はじめに

田畑政治《たばたまさじ》といっても、今の若い人にはわからぬ人も少なくないことは承知している。なぜ今、田畑さんの評伝かといぶかる向きもあるかもしれない。しかし今だからこそ、田畑さんの業績とその人間像の紹介が必要なのである。

田畑さんのオリンピックにかけた情熱はたいへんなもので、その根底にはクーベルタン男爵とは別な現代人としての哲学がある。オリンピックで平和を、といったカラ文句ではなく、オリンピックが人類にもたらしてくれる恩恵をいかに活《い》かすかに心を砕いたのであって、特に最近のようなアマチュアリズムの崩壊、オリンピックの金権体質への変転については、田畑さんの深く憂慮する問題事項であった。田畑さんは東京オリンピック以後、回を重ねるごとにエスカレートしてきた商業オリンピックに対し、これはいずれオリンピックは東西に分裂するぞとまで断言していた。

商業主義が先行して政治の突き入る傷口をやたらと拡げる無警戒ぶり、国際的な、それも青年を主体とした相互理解と親善交流、それが起爆剤となっての純粋なスポーツの振興、この大切な目標を見失って、地球の一大ショーとなりつつあるオリンピックは、いち早く改められねばならぬというのが、田畑さんの変わらぬオリンピック論であり念願であった。

それには世界各国のスポーツ関係者が、アマチュアスポーツの保持とオリンピックを原点に戻す努力をしなければならないのである。それをせずに、時代が変わればアマチュアリズムという考え方も変わるのは仕方ない、といった単細胞思考では、文化としてのスポーツに社会性を与え、スポーツを魅力溢れるものとする指導性は失われるに決まっている。時代は変わるのが当然である。ただその時代をどのように良い方向に変えていくかコントロールする努力が、時代時代の人の、しかも指導者たちの使命であろう。

田畑さんは、静岡県浜名湖《はまなこ》での水泳との結びつきからオリンピックの舞台に乗り出し、まさにオリンピックに生涯をかけたわけだが、今日多くの人の口にのぼる「社会体育論」を初めて提唱した人でもある。世界にこの社会体育という名称は皆無《かいむ》である。それをあえて日本のスポーツ・体育の広場に投げかけたのは、田畑さんの長年にわたる日本でのスポーツ・体育の活動をふまえての補完的結語ともいえよう。そしてここまで啓蒙《けいもう》の論議を拡《ひろ》めたのは、朝日新聞社代表取締役まで経験したジャーナリスト田畑としての一貫した主張であり終章ともいえる。田畑さんはよくいった。

資本主義も、社会主義も経済は時々刻々と変化する。その変わり方に違いこそあれ、いかに世界を平和の方向に、そして人類の繁栄と幸福のために変化させていくかが肝要《かんよう》である。スポーツ界だけが真空地帯でひと握りの指導者の好みにひきずられるのはよくない。

経済が変われば政治も文化も変化し、影響されるのは当然だ。逆に政治や文化をどのように人間有利に展開させるかが大切であり、経済をコントロールすることの効力もあるのである。そこには、原因は結果を決めるが、結果はまた原因を誘発するといった科学的な因果律《いんがりつ》が存在する。

人類の残した偉大な人間文化としてのオリンピックを原点に戻す運動には、現実の良い結果としての、誰もが賞賛できるオリンピック大会を実現させる努力をすることこそ必要である。それが原因としてのクーベルタンの理想と発想を呼び起こす誘発力になるのだ。要は現在のスポーツ界のあり方を追究し、同時にオリンピックのよりよき姿を求めることが現代人の使命なのである。

評伝田畑政治と題したものの、これは田畑さんの単なる伝記ではない。田畑さんのオリンピック運動の記録には違いないが、同時に現代のスポーツ及び体育人への強い要請であり、希望である。だからこそ、今さらではなく、今こそ田畑さんの足跡と意見が必要なのである。

縁あって国書刊行会の佐藤今朝夫社長の理解と関敏昌企画室長の労が実って刊行のはこびとなったが、田畑さんの業績と考え方に共鳴したればこその企画進行であり、心から感謝したい。

末尾になったが、もともと田畑さんがお元気であった一〇年余りも前から、『田畑政治オリンピック回想録』を公《おおやけ》にする計画があり、田畑さんはその実現を楽しみにしていた。そのため、田畑さんに仕《つか》えること三五年にわたる筆者の責務として七年間口述筆記をして原稿をまとめた。七年かかったのは、田畑さんが多忙で、海外に出ることも少なくなかったし、特に晩年八〇歳を少し過ぎてからは病魔に襲われたためもある。

口述筆記をしたのは筆者だけではない。朝日新聞東京本社の中條一雄《ちゅうじょうかずお》編集委員（当時）も、共にこの作業にかかわってきたことを附記しなければならない。この他古谷玲二教育システム工学事務局長ら多くの友人によって行われ、資料は本書の三倍にものぼるが、今、何が必要かをしぼって、筆者の判断で抜粋した。東京オリンピック組織委員会事務総長田畑政治は、東京オリンピック大会の準備、つまり、すべてのレールを敷き終わったあと、オリンピック大会を目前にして足をすくわれた。田畑さんは何か悪いことをしたわけでもなく、われわれの目的が、このいきさつだけは明確に書いておきたいとする田畑さんの念願を活かすことにもあったことは事実である。このいきさつには特に注目していただきたい。

終わりに制作にあたって実務に苦労された島村千代子社長秘書と松沢輝代さんに謝意を表したい。

一九八八年一〇月二八日

杢代哲雄

目次

評伝 田畑政治

田畑さんの横顔

評伝田畑政治は、田畑さんご自身のアマチュアスポーツ界に貢献した自叙伝であり、日本のオリンピックの歴史そのものであるが、田畑さんが最も力を入れたのは東京オリンピックの準備だった。それは昭和三五年から三九年にかけての、毎日が心身共に張りつめた時であった。今の若い人には時代が離れているので、田畑さんの人柄は書き尽せないにせよ、まず横顔から述べてみる方が、以下の田畑伝を理解するのに参考になると思う。昭和三六年の一〇月、田畑さんの諒解を得てスポーツ雑誌に書いた筆者の語りから述べてみたい。

荒法師ぞろいの体協

日本のアマチュアスポーツの総本山は日本体育協会である。ふつう「体協」の略称でなじみ深いが、当時の体協はＪＲ御茶ノ水《おちゃのみず》駅のすぐそばにあった。ここの最大の実力者は田畑さんである。この断言を否定する人が、かりにあるとすれば、それでその人の過去が占える。致命的なまずいことをして田畑さんにこっぴどく叱られて、体協にいられなくなった人か、同じ理由でスポーツ界の片隅に呻吟《しんぎん》している人である。

田畑さんは実力者だといっても、政界にあるような徒党の頂門に立って鉈《なた》をふるうのではなく、まして三流学界のように、とかく群れたがるメダカの王様として、ものをいうのでもない。派閥《はばつ》はきらいなのである。閥を作る煩《わずら》わしさと、それを維持する気づかいはとても面倒くさいのであろう。それよりも、これはよい、これはいけるとなったら先頭きって猪突猛進、われと思わんものは後に続け式なのである。

だから田畑さんとくつわを並べ、馳《は》せ参じる者たちは、その時の事業や標的の向き不向きによって、顔ぶれが変わることもあるが、しかし、いずれの場合でも、最後まで落伍《らくご》せずに突進した荒武者たちは、どれもこれもひと癖の持主である。田畑さんはよくいった。「癖のないような人間じゃ頼りにならない」。もっとも癖の度が過ぎて、あくの強いのでは困るわけだが……。

三年後の東京オリンピックのために、いまお茶の水で準備が進んでいる。「オリンピック東京大会組織委員会事務局」がそれだ。田畑さんはここの事務総長である。各方面からいろいろな人が事務局に集まっている。やはりここでもひと癖、ふた癖の荒法師たちが重宝《ちょうほう》がられている。正月の仕事始めに田畑総長の訓辞があった。要約すれば、「自分の特色を活かして思う存分やってもらいたい」。ここまではいいのだが、結びに、「やだと思う者は今のうちからやめてくれ……」。

新年早々だったが、甘い気持ちでいい職場を得たとばかり安心していた職員の中には、冷水を浴びる思いをした人もいたのは事実だ。田畑さんのもとで仕事をやる場合、独創を活かして自主的に仕事をはかどらせ、それがたとえ失敗したとしても仕方ないとされる。自分の持ち味を遠慮なく有効に活かせというわけだ。そしてエラーはとがめず、ボーン・ヘッドには手厳しい。これがいわずして語る田畑式職員掌握《しょうあく》法なのだ。ただ同じ癖でも、手癖の悪いのはまずいといっていたものだ。

東京でのアジア大会が終わった頃、どうも、オリンピック後援会に悪臭があるというので田畑さんは内偵した。様々な情報を集めて確かめた結果、金の扱いに不正があることが判明し、それを摘発したのが田畑さんだった。当時体協の専務理事であったから、当然の出方だった。

この結果責任をとってスポーツ界を去った人はほんの二、三人だったが、これと関連して、大なり小なり甘い汁にたかった人たちは、官界にスポーツ界に意外に多かった。それらの名前と悪さの度合は、田畑さんは胸の内に秘めて誰にも話さなかったが、若い人たちのことは将来を思いやり深追いをしなかった。(この項後述)

しかし東京大会の準備運営途上におけるカネの不正には、断乎とした強い目くばりで臨《のぞ》むと、この時に決意した。オリンピック後援会の募金事件といえば、当時、田畑さんをスポーツ界から葬り去ろうとする動きがあった。不浄事件の責任をすべて間接責任者としての田畑さんになすりつけようとする策謀が第一のうごめき、それも仕掛人グループは不正に与《くみ》した人たちなのだからあきれたもので、田畑さんの足を引っぱりきれるものではない。

これがうまくいかず、次の手は、JOC(日本オリンピック委員会)の総務主事改選をめぐって、そのポストから田畑さんを引きずり落とす計略であった。これもみごとに失敗した。そして最後のあがきが、東京オリンピックの組織委員会事務総長の椅子を他のあて馬に決めこむ策謀であった。

田畑さんは世に言う直情径行、思ったことをずばりずばり指摘し、スジの通らぬことは鋭く斬りさばくタイプだから、その指弾する矢が自分たちに向けられぬうちに、という焦《あせ》りが田畑下ろしの策に出させるわけで、こんなことが許されるわけがない。当時、田畑さんのまわりには田畑さんを慕う若いスポーツマンや正義派の新聞記者が絶えず出入りしていた。筆者の机も田畑さんの事務総長室にあったので、お茶の水のこの頃の記者クラブの人たちとは親しかった。

このクラブのリーダーだった報知新聞の漆崎賢二《うるしざきけんじ》記者（常務で退社）に募金不正事件に関する証言をしてもらうつもりだったが、不正人間グループがあまりに陰湿な動きをするものだから、田畑ブレーンが怒りを爆発させることとなったし、レスリングの八田一朗《はったいちろう》さん、体操の近藤天《こんどうたかし》さん、ボクシングの柴田勝治《しばたかつじ》さんらの怒りは激しかった。こうした結果、新聞や週刊誌の大きな記事となり、裁判にまで持ち込まれる社会問題にまで発展したのだった。

オリンピック組織委員会会長の選挙はこうしたいきさつの後で行われた。他人の選挙にうまい田畑さんは、津島寿一《つしまじゅいち》さんを会長候補に立てた。対立候補の支持者には先のグループの人たちもいて、田畑さんの足を何回となく引っ張ったが、津島寿一さんは難なく当選した。

いよいよ正式に引き受けることになって津島さんは条件をつけてきた。「田畑総長が独走しないのであれば引き受ける」というのだ。これを聞いた記者クラブの人たちは「恐れ入った。いい気なものだ」と苦笑し合ったものだった。こんな感覚で会長に就任したものだから、どうも解せないことが起こってしまう。

津島さんについては第三回アジア大会（東京）の頃から田畑さんがよく聞かせてくれたものだ。大蔵官僚として若い頃はヤング・ツシマといわれ、英国勤務時代、サーの称号をもらったほどの切れ者で、自宅のふすまなどは自らきれいに貼り直すほどの粋《いき》なところもあり、田畑さんも会長とし

てうってつけだといっていたのだが、古い官僚気質の津島さんと田畑さんとは必ずしも肌が合ってはいなかった。（この項後述）

その点田畑さんは何事も開けっぴろげである。とても秘密裡に事を運ぶ神経はない。一長一短であるかもしれない。開放的であれば難問題でもＰＲが行きとどき、協力者の層は厚くなるから解決は案外早まるのである。秘密主義でいくと、活動の範囲が制限される結果進捗《しんちょく》が遅く、一度それに失敗すると、事態の収拾に理解者が馳せ参じない。

田畑さんが「これは書くなよ」といいながら記者クラブの人たちに聞かせる。ところがその内容は案外大きく扱われることが多い。そして決して悪影響は派生しない。「これは絶対書くなよ」この絶対のことばに重い響きがあり、こんな時は田畑番ともいえる一流記者は記事にすることをひかえる。しかし事の事情と全貌は把握できる次第である。

これというのも、田畑さんが新聞記者の出だからともいえよう。世間に公表すべき時期にない話は、腹の奥底にしまっておく節度はもっている。新聞記者といえば、何でもかんでも口をつぐんでしまう多くの人との違いである。

大正一三年に一高から東大法学部政法学科に進み、卒業してすぐ朝日新聞東京本社の政治部記者になった。そして二五年勤めあげた後に東京本社代表取締役になっている。その間一貫して政治部畑を歩いた。若い時代は政友会詰めで、犬養木堂《いぬかいぼくどう》の人となりを酒のさかなによく聞かせてくれた。人の話、会議の発言、事態の成りゆきなどの核心を一挙に摑みとってしまう理解力は当時から鍛えられたものである。

社に入って、二・二六事件が最も大きな思い出のようだ。文字通り粉骨砕身の取材をして、朝日が右翼の襲撃の的となるような記事も書いた。「あれは緒方さんがいたから書けたようなものだった」と述懐もしていたが、お蔭で多額の過勤料を得た。朝日にはこんなものがあるのかと驚いたという逸話も今に残っている。それが記者生活一〇年も経た当時の話なのである。家が浜松一の大金持ちで、金に関心が薄いので、一〇年の間、もらうべき過勤料をもらっていなかったという説もある。

今でも田畑さんといえば、「水連の田畑さん」を連想する人が多い。戦前戦後を通じて、田畑さんの水泳競技に傾けた情熱と力は、はかり知れないものがある。小学生時代から浜名湾遊泳協会に属し、その後故郷を離れても浜名湾を忘れることなく、そこを基盤として日本水泳連盟に発言し、水連を背負っていた。ロサンゼルス、ベルリンの両オリンピックの黄金時代から、戦後の古橋、橋爪時代に至るまで、田畑さんは水連の主導権を握っていた。選手こそが主人公だといって、とても選手を大事にしていたし、それだけにエピソードも少なくない。

古橋廣之進《ふるはしひろのしん》さんがよくする話の中に、「俺が一五〇〇メートルに出場する時は、田畑さんも一五〇〇メートルを歩いてしまう」。そう毎度でもなかろうが、田畑さんは記録が気になってストップウォッチをみつめながら、五〇メートルのプールサイドの往復を繰り返し、それがゴールまで続く。一方泳いでいる方は、呼吸をするごとに足早な田畑さんの姿が見えて、つまずきそうになる時など泳ぎながらも支えてあげたい衝動を感じるというのだ。

歩く時の足の速さは有名で、形式的な挨拶はめったにしない。部屋にいつ来て、いつ出てしまったのかわからない時がある。闇夜の満月とよくいわれた。足の速いのは毎朝の散歩のせいだろう。朝早く二時間は歩く。田畑さんのは散歩なんていうものではない。まるで陸上競技の競歩に近い。着るシャツも若者向きのスポーツ・ウェアなら、はく靴も軽快で、わきめもふらずスタスタ歩き、小雨ぐらいならアノラック・コートをまとって朝の勤めを果たすという徹底した運動ぶりだ。

人間的な親しみやすさ

気の強いことでは天下一品であった。ある夕刻、有楽町《ゆうらくちょう》駅そばの白亜《はくあ》という、読売や報知の人がよく使っていたレストランの二階で、田畑さんを囲んで（実際は報知の取材）五人で酒を飲んでいた。報知の漆崎記者が「田畑さん、今に銅像を建てなきゃね」といったら、田畑さんはいきなり怒り出してしまった。「失礼なことをいうな、銅像というのは生きてる人間にいう言葉じゃないんだ」。

漆崎さんは「少しおべんちゃらが過ぎたかな」とつぶやいていたが、私が田畑さんの連れ出し役をした責任もあったので、話題を替えてまた飲み直しとなった。スポーツに話を戻した時、一高時代の柔道の話に花が咲いた。その時また漆崎さんが「でも田畑さん、今じゃぼくとやっても勝てないでしょうね」と口をはさむと、先の銅像の一件もあったせいか、田畑さんは激昂して卓を叩き、「それじゃキミ、やろうじゃないか」とやおら立ち上がった。片や三〇も半ばの柔道に自信もない記者、田畑さんは元文部大臣の灘尾《なだお》弘吉《ひろきち》さんとは大の柔道友達で年は六〇を越えたばかり、柔道をやるほどの広さのない部屋で、「まあまあ」とみんなでとめるのに苦労した。

こんな調子だから、田畑さんの低姿勢なんて考えられない。前にも触れたが五輪募金の事件のこともあり、田畑さんは監督者として道義的責任があるといえばあり、ないといえばないということから、いずれにしても、少し低姿勢でいた方がよいということを周囲に勧められた。田畑さんもうなずいて約束した。

それから一時間ばかりの後、数人の体協理事を部屋に集めた。何事かと思った人たちを前にして、「おれは今日から低姿勢なんだ！」と、まるでどなる語調でくり返し、まくし立てた。それに対してボクシングの柴田勝治さんが「田畑さん、姿勢を変える必要はないでしょう、第一今のしゃべり方は低姿勢なんてもんじゃない。むしろ一夜にして高姿勢に早替わりしたみたいだ」というと、田畑さんは「声の大小よりも低姿勢という中味が大切だ」と答えたものだから、部屋に集まった人々はみんな笑い出してしまった。

しかし、その田畑さんも期するところあってか、少しずつ姿勢を低く慎重にしていったことは確かだった。東京オリンピックの構想は組織委員会で練られるが、組織委員の中には多くの政界実力者がいる。元副総理、緒方竹虎《おがたたけとら》の直門である田畑さんにとって、格からいっても恐るるに足りない相手には違いないが、オリンピックの準備には国庫、都費の補助金も少なくなく、施設と段どりにしても、政界代表の組織委員にへそを曲げられては準備の遅滞につながること必定だ。田畑さんは心静かに「だからおれは今、なるべく我慢しているんだ」としんみり述懐することが多かった。

ところがである。そんな心境にあった田畑さんも、第四回ジャカルタアジア大会と前後して、政界の寝技師として知られた川島正次郎《かわしましょうじろう》大臣と衝突してしまう大問題に巻き込まれていったのである。

古橋廣之進選手らは何を食べて泳いだか

田畑さんを語るにあたって、戦後の暗雲たれこめた日本の国中に明るい話題を投じてくれた、古橋、橋爪、浜口さんらの水泳談議に触れないわけにはいかない。彼らは世界記録を続々と打ち立てた。その際、田畑さんがGHQのマッカーサー元帥と交渉してロサンゼルスで活躍する舞台づくりに奔走したことは特筆に値する。

古橋廣之進さんが戦後初めて世界記録を出したのは昭和二二年の日本選手権の時で、進駐軍にとりあげられていた明治神宮プールの使用許可を得て、八月七日から四日間大会を開いた。田畑さんにしてみれば、水泳人として久しぶりにわが家に帰った思いだったと語っていた。

この時古橋さんは、俄然四〇〇メートル4分38秒を出した。当時の世界記録はスミス（米）の4分38秒5で、二五ヤード短水路記録であった。古橋さんはこれを長水路で破ったのだから、大した話題となった。

この年、全米屋内水上の四〇〇ではマクレーンが4分41秒で優勝したが、古橋さんの記録よりも悪かった。古橋さんのクロールは、普通六ビートするところを三ツ半ほどしか打たない変則ビートだ。これは子供の頃から泳いでいるうちに自然に身についたフォームで、ちょっと真似のできない泳ぎとされた。

九月五、六、七の三日間は日本学生選手権が神宮プールで開かれたが、人気は古橋さんに集中し大盛況であった。またまた世界記録が期待できるとあってか、皇太子殿下をはじめ皇族方の御台臨となり、選手たちも大張り切りであった。

この学生選手権において、自由形短距離で浜口喜博《はまぐちよしひろ》、真木昌《まきさかえ》さんらが断然強く、古橋さんの出る長距離には橋爪四郎《はしづめしろう》さんがデビューし、日大水泳部の陣容は他を圧していた。この時古橋さんの四〇〇は4分38秒8に留まったが、八〇〇では9分55秒2を出して牧野正蔵《まきのしょうぞう》さんの日本記録9分55秒8を一二年ぶりに更新し、スミス（米）の世界記録9分40秒9に肉迫する快記録であった。

田畑さんはこの翌年、つまり昭和二三年一月の代議員会で日本水連の会長に推薦されて就任した。古橋さんら日大勢の引き続く世界新ラッシュの大活躍ぶりには目を見はるものがあった。

当時はいうまでもなく食糧事情最悪の時代で、世田谷区民が〝米よこせデモ〟のむしろ旗を掲げて皇居に押しかけた時代である。またヤミ米は自分の職務上食べるわけにはいかないと、ある裁判所の判事が餓死した悲痛な事件が起こったほどの、今日では考えられない世相の時であった。田畑さんの関心事が、日大の水泳部は一体何を食べて泳いでいるかにあったことは当然といえよう。

当時の日大水泳部監督は村上勝芳《むらかみかつよし》さんでニックネームは村上ドンちゃん、何故ドンちゃんかというと、風貌が西郷隆盛《さいごうたかもり》に似ていたからとされている。田畑さんはこの村上監督に「一日一万メートル泳いでいると聞いているが、何を食べればそんなハードなトレーニングがこなせるのか」と尋ねている。

日大水泳部のプールは目黒区碑文谷《ひもんや》にあったが、戦火にあい、戦後すぐ使える状態ではなかった。合宿所も傷《いた》んでいたが、ここは水泳部のみでなしに、陸上、庭球その他諸所の運動部の宿舎となっていた。

ここの総合管理者が日大陸上育ての親ともいえる平野《ひらの》平三《へいぞう》教授であった。学生時代は陸上競技の中距離選手で、アキレス腱を傷めたばかりに戦前のロサンゼルスオリンピック日本代表を辞した悲運の人だったが、スポーツの技術は競技種目は違っても、その本質は変わらない。古橋さんの変則ビートを、村上監督が普通のビートに替えるように迫る日も多かったが、平野さんが「ドンちゃん、フォームにどうしてこだわるんだ。変則ビートだって記録がどんどん伸びるんだからいいじゃないか」と古橋支持を守ったのだった。

田畑さんはそのことをよく知っていて、天性のフォームを直されて実力を崩すことが多いのだと、平野さんがいて良かったんだと評価していた。この平野さんがたいへん水泳部に肩入れをし、練習プールに明大前の日本学園の二五メートルプールを借りる交渉などしている。その頃の日本学園（日大とは無関係）プールは戦前に水を入れたまま、青みどろで手をつっこむのもしんどいといわれた汚れ水だったが、二年間はそこを使い、その後碑文谷の五〇メートルプールが改修されると移ったのだった。

さて何を食べて泳いだかの話に入る。田畑さんもこの食糧対策までは手がつけられなかったといっていたが、選手たちがさつま芋を主食としていたことは知っていた。後年、筆者が平野教授、古橋、橋爪、浜口さんらから実際に聞いた栄養補給対策を聞き、田畑さんに話したことがあるが、田畑さんは「やはりやる気の問題なんだなあ」と顔をほころばせながら聞いてくれたものだ。

初めのうち選手たちは、日曜日ごとに神奈川県下の農家にさつま芋の買い出しに出かける。日曜日の買い出しの日は農家でまき割りや、子弟の勉強をみてやり、その日は白米をご馳走になる。かついできた芋は合宿所に貯蔵するわけだが、計画的に消化しなければならない。長方形の大箱を、月、火、水、木、金、土の六つに間仕切りして、ふたをつけ、それぞれに鍵をかけて、決めた量を決められた日の分だけ食べる、という申し合わせをしていた。平野教授は時たま千葉の実家に行って、白米をこっそり持ち込み水泳部に差し入れする。

こうしているうち、彼らの仲間の真木昌さんが蛋白質《たんぱくしつ》の補給を提案する。真木さんは戦争中、南の孤島で守備兵として小部隊の軍隊についていたが、戦後、なんの食糧補給もないまま島にとり残され、草木、小動物など食べられるものは何でも食糧とした経験をしたが、栄養学の知識もあって、バランスの良い食料摂取に努めたため、生きて帰国できた人である。

その真木さんが、日大水泳部のさつま芋生活に、これはいかんということで、蛋白質補給の必要を説き、日曜日は江の島に釣りに出かけ竹の節目をくり抜いて、それにうつぼを誘い込むことや、魚釣りをしてからさつま芋の買い出しをするという食糧確保の対策をとることになる。

それでも蛋白が不足ということで野良犬を探したが、当時犬はさっぱり見当たらず（今日の愛犬家には叱られるが）、猫に目をつけた。竹竿で猫狩りとなるが、猫はすばしっこく、人間が襲ってくることを知ると、とても捕えることができぬ逃げっぷりで猫はあきらめた。

それでも一日一万メートルのスケジュールのトレーニングを続けたのだったが、練習が終わって沼のほとりを通ると蛙がガーガー鳴くのを耳にして、食欲を感じたのは自然の摂理とでもいうべきか。そこで水泳部全員で一日がかりの沼のかい掘り作戦とあいなって、沼の蛙を余すことなくとり尽し、合宿に持ち帰って皮をむいて肉を焼き、天日に乾して、それを日毎の蛋白源としたのだった。

当時はどこの大学の水泳部でも蛙を食べたが、それは日大水泳部の情報が伝わったものとされていた。日大水泳部は蛙をよく食べたから泳ぎがうまくなったという冗談もあったようだが、古橋さんをはじめ当時大記録を出したのは自由形であり、平泳でないからそれは当たるまい。今日のスポーツ選手は水泳に限らず、この涙ぐましい努力をどう思うか、田畑さんは東京オリンピックの前によく語ったものである。

ここで田畑さんからよく聞かされた古橋物語を付け加えよう。田畑さんは古橋さんの小学生時代を知っている。

古橋さんは静岡県浜松の雄踏《ゆうとう》小学校の出身だが、小学生時代から天才的泳者として天下に知られ、その素質は抜群であった。昭和一六年小学校六年の時、全国学童ラジオ水泳大会で一〇〇メートル1分12秒6、二〇〇メートル2分42秒4の全国学童新の記録を作る活躍ぶりであった。旧制中学時代、各大学から引く手あまたであった。田畑さんはその頃、進学するなら強者揃いの早大がよいと考えていたが、今日流にいう学生選手のスカウトにタッチすることはひかえていた。

そのうち戦争が激しくなり、やがて敗戦となったが、終戦の時、古橋さんは日大予科一年で神奈川県高座郡大和町（現在の大和市）の高座海軍工廠《こうしょう》にいた。学徒動員で学舎を離れていたわけだが、当時の学生誰でもがそうであったように、アルバイトをして食費を稼ぎ出さねばならず、古橋さんは荷車にドラム缶を積んで、鶴見と東京間を運搬する作業についた。とても暑く、途中多摩川で泳いだのが古橋さんの戦後初泳ぎになるわけだ。その後日大の水泳部に入るにあたってのエピソードがある。

ある日自分の好きな水泳が忘れられず、日大水泳部（当時は日本学園プール）を訪ねて入部を申し出た。「テストするから泳いでみろ」といわれ泳いだところ、「やる気があるなら明日から来てみな」といわれた。そのコーチは天野という人で、自分の小学生時代、一五〇〇に世界記録を出した天野《あまの》富勝《とみかつ》選手と思い込み、心勇んで翌日から日大水泳部通いを始めたのだった。

あとでわかったことだが、その時の天野は天野違いで天野富勝さんとは同姓ながら別人だったのだ。古橋さんは見た目では決してきれいな泳ぎではないとされていたため、「やる気があるならおいで」のいかにも冷ややかな対応にも臆することなく水泳部入りを果たした。人の出会いとは面白いものだという田畑さんのお説である。

戦後初のアメリカ遠征

日本水連が完全に国際水連に復帰した知らせを受けた田畑さんは、たまたまロンドンオリンピックに参加できなかったことの悔しさもあり、次の手を計画した。それは一九四九年（昭和二四年）の全米選手権に古橋、橋爪、浜口といった精鋭を送り込んで、ロンドン大会の水泳の覇者米国チームと同じプールで勝負してみたいということであった。会場はロサンゼルスに決まっていた。

当時はこの年の四月、ローマでＩＯＣ総会が開かれ、これに永井《ながい》松三《まつぞう》さんがＩＯＣ委員として出席すべくＧＨＱに海外渡航の申請をしたが、容易には許可が得られなかった。いわんや一般の海外渡航など考えられもしなかったし、第一渡航のための外貨は全くなく、日本金さえままならぬ状態であった。全く無茶な計画には違いないが、こうした時の田畑さんの執念は強い。何が何でもやり抜こうという決心なのだ。

こんな時、幸いに戦前から日本のスポーツ界のために大きな力になってくれていた、ハワイのカツミ米谷《こめたに》さんが来日した。米谷さんは福岡県出身で、スポーツは万能、特に野球チームの結成には熱心で、ハワイの各島に日系二世による野球のチームを作らせ、リーグ戦を開催し、自らは「アサヒ」チームのオーナーだった。

田畑さんとは、昭和一五年東京で開かれた東亜競技大会の時、ハワイ代表日系チームを率いて来日した際に会っている。その前、つまりロサンゼルスオリンピックに臨む前のハワイでのトレーニングでも知り合っている仲で、戦後すぐの米谷さんの来日は田畑さんにとって力強かったのだ。米谷さんは日系二世の四四二部隊のまとめ役でアメリカ陸軍の人望厚く、GHQのマッカーサーにもずけずけものをいえる人だった。

この頃、GHQには日系二世の、特に四四二部隊で活躍した猛者《もさ》が揃っていた。来日するたびに筆者に会いたいといって連絡してくれるミスター・ジェミー望月もその一人で、米谷さんとは親友であった。望月さんのGHQ時代のニックネームは「ジャンボ」で、来日すると「田畑さんは元気か」「北島さんの家族はどうしている」と口癖のように問うてくる。「田畑さんお元気ですよ、会いますか」というと、「いや、あの人はおっかない」と避けるのだ。それには後述するようにわけがある。

ジャンボはマッカーサーの直属の部下で、日本占領の実務者マーカット少将の情報通訳で副官を努めていた。筆者の政治思想の師である北島義彦《きたじまよしひこ》東京オリンピック招致実行委員長が、東京オリンピック招致のため病魔を押して渡米した折、ずっと影ながら世話したのがジャンボであった。しばしば来日することごとに第二次世界大戦の時の日系二世のアメリカ陸軍への志願の事情、田畑さんが熱望した、ロサンゼルスでの日本水泳陣の参加に関するいきさつを聞いている。

日系二世の志願事情を述べたらきりがないが、要するに、同じ日系でも、ハワイの二世と、アメリカ本土の日系二世とはとても肌が合わなくて、いつもケンカばかりしているということであった。

ハワイの日系二世は本土兵（本土の日系）のことを白人にぺこぺこしやがっている弱虫めと毒づくし、本土兵はハワイの田舎兵隊と、とても相容《あいい》れないのである。ハワイの二世とて、本土と同じくジャンボの少年時代から白人にさげすまれ、その結果、自《おの》ずからハワイの日系二世の団結力は強くなる一方であったが、真珠湾攻撃によって日系二世は、憎しみのターゲットとされたことは想像以上のものがあったようだ。

四四二部隊は開戦後一年と二カ月後、ルーズベルト大統領の判断によって編成されたものである。それまで日系二世の寄せ集め部隊は第一〇〇大隊といって、兵役の仕事も差別そのもので、白人のやりたがらない洗濯、便所掃除のたぐいだった。しかし、日系ハワイ兵の家族は本土の収容所に人質の如《ごと》く捕われとなり、つらい思いをしているのであれば文句もいえない。アメリカの陸軍は第一、日系ハワイ兵を信用しない。天皇陛下の写真をまつり、仏教を信じている人がほとんどで、銃を持たせれば、いつ反乱を起こすかもしれないという危惧がいっぱいだったわけだ。ルーズベルトの判断というのは、そんなさまざまな陸軍首脳の反対意見に裁断を下す紆余曲折《うよきょくせつ》の結果だったのである。

このことは田畑さんが計画した全米水上遠征と無関係ではない。大いに関連深いのである。先に述べた第一〇〇大隊の指揮官は原則的に米白人と決定されていたが、米谷さんはこの時大尉で、猛者ぞろいの日系隊員をよくまとめた人である。四四二部隊となって本格的な戦闘となった際の、「さむらいとは死ぬることなり」という佐賀県出身の兵士のことばには白人指揮官もびっくりする。「自らの血によって収容所の両親を自由の身にする」など、四四二部隊はまさに第一〇〇大隊の選《え》りすぐり兵士によって編成され、多くはイタリア戦線でドイツ兵と戦うことになる。フランス戦線に廻された人も多かったと聞いたが、ジェミー望月なるジャンボは、イタリア戦線で暴れ回り、勲功も立てたものの、新聞は他の白人兵の小さな働きを大きく書くのに比べ、四四二部隊のことはあまり発表しなかった。ジャンボは背中から腰にかけて大きな戦傷のあとがあるが、こういうハワイの日系二世が戦後、何とか祖国の人々、つまり日本人の心を明るくしたいとの心情でＧＨＱに情報通訳として集結していたのだ。

そしてその心の底には、白人や本土兵の鼻をあかしたいという願望もあって、兄貴分にあたる米谷さんの来日とつながるのである。因《ちなみ》にジャンボは静岡県富士市の出身で来日すれば必ず墓参する。一九八五年（昭和六〇年）に国立競技場で開催された米ソ日陸上の時にはシカゴの実業家、ロバート・ジロータさんと二人で来日、筆者に対して「何で日本人と米ソを試合させるんだ。みじめな負け方をするに決まってるじゃないか」と心配するほど日本人思いなのである。

話はそれたが、マッカーサーが心配していた第一〇〇大隊にせよ、四四二部隊にせよ、米谷さんの働きぶりはよく知られていたし、その上日系二世のジャンボ他マーカット少将の側近の情報にも安心して、田畑計画は意外とスムーズに進行していった。田畑さんや古橋さんからも聞いた話だが、日本で次々と世界記録が出たのに対し、アメリカ本土では、「日本のプールは短いのじゃないか」とか、「ストップウォッチが戦争で狂ってるのじゃないか」という陰口ならぬ噂も耳にしていたという。

ジャンボは、日大水泳部のあった碑文谷をしばしば訪ねている。そして、ずいぶん粗末な食事をしていてよくトレーニングができるものだと驚きながらも、プールの長さは正確、実力も記録どおり、これならアメリカ選手に圧勝できるという自信を得て、マーカット少将へ報告している。しかしＧＨＱはあくまでも受け身でなくてはならず、そこは米谷さんの提案と田畑さんの計画が一致することで、ジャンボたちは渡米の事務的世話をすることに姿勢が決まっていた。

ジャンボが一つだけ出過ぎたのは、ＧＨＱ内部で内定したとはいえ、日大水泳部監督の村上さんに、アメリカ遠征には村上さんに監督として行ってもらいたいと、内々の依頼をしたことであった。一方田畑さんとしては、米谷さんがマッカーサーに対してスポーツの日米交歓の意義深いことを説いてくれたことが大きかった。加えて米軍の首脳部に信用の厚かった松本滝蔵《まつもとたきぞう》さんもマッカーサーを口説きにかかった。

松本さんのことを田畑さんは「タキ」さんと呼ぶ親友だった。松本さんは広島出身の移民の長男、アメリカ生まれで英語はうまく、ハーバード大学出身、その後一時帰国して明大の野球部育ち、メアリー夫人と共に終戦直後の日本政府とＧＨＱのパイプ役としてマッカーサーからも貴重がられていた。その後広島から代議士となり、外務政務次官を務めた。当時ＧＨＱの高官にはハーバード大学出身の松本さんのクラスメートが多数いた。

こうした人たちの努力によって、この年の四月、ＧＨＱの賛意を得て永井松三さんの渡航許可が下り、ＩＯＣ総会への出席も可能となった。米谷さんはまもなくハワイに帰って、ハワイとロサンゼルスの二世や在留邦人に呼びかけ、日本水泳チームの迎え入れの態勢づくりを手がけることとなる。

当時松本滝蔵事務所はＧＨＱに近い東京会館の裏手にあったが、ここには平沢和重《ひらさわかずしげ》さんや、牛場《うしば》信彦《のぶひこ》さんらの、若き時代の外交官がよく顔を見せていたと聞いている。占領軍から渡航許可書が出た日、牛場さんが「田畑さん、今度も田畑さんの強気が勝ちましたね」と微笑した姿が、今でも忘れられないと田畑さんは述懐する。

さて日本水連としては早速全米水上への派遣選手の選考にかかることとなる。結果は古橋、橋爪、浜口、村山、それに長距離の田中純夫《たなかすみお》、リレーの補充として丸山茂幸《まるやましげゆき》が加わり松本滝蔵団長、清川《きよかわ》正二《まさじ》監督、村上勝芳コーチと決定し、主将として村山修一《むらやましゅういち》さんを決めた。

選手が決定した七月二四日から休養をとり、その後二週間の合宿練習を行ったが、渡航手続きはマーカット少将の直接の指揮ですらすら進み、八月一二日ロサンゼルス向け軍用機で羽田空港を発《た》ったのである。この時飛行機はいったんハワイに寄っているが、先のジャンボがハワイで待ち受けていたところ、村上勝芳監督となっておらず、清川正二さんが監督で村上さんはただのコーチだというので、ひと悶着《もんちゃく》が起きた。

「これは約束が違う、村上監督と決まっていたんだ」ジャンボは早速日本に戻り、田畑さんに抗議する。役員人事がGHQ内で内定していたことと、田畑さんが、監督はロサンゼルスオリンピックの金メダリスト、清川さんが適格と考えたことなど、話のずれがあったわけだが、ジャンボは田畑さんから「日本水連はマッカーサーと話をつけてきたんだ、よけいなことをいうな」と一喝食った。「田畑さんは怖い」といって避けていたのは、こんな理由からだったことをジャンボから聞いている。

清川さんは一行より早く七月一〇日に先発しているが、それは選手の宿舎や、飛行機旅行の疲労度の研究、試合前の練習計画などを準備するためだった。

選手団はハワイで大歓迎を受け、八月一三日ロサンゼルスに到着したのだが、選手たちの宿舎は邦人の成功者フレッド和田勇《わだいさむ》さんの好意で、和田さんのお宅と決められていた。選手たちは清川さんの決めたメニューにより、日本食も十分食べられ、ロスを離れるまで快適に過ごすことができたのであった。

和田さんの邸宅は立派なもので、玄関をあがるとジュータンが敷きつめてあり、選手たちが玄関で靴を脱いであがったところ、「そのままそのまま」といわれ恐縮したという笑い話が田畑さんから手紙で届けられていた。焼け野原のバラック住いが当然の日本人の当時の生活であったから、選手団のとまどいは想像して余りあるものだったに違いない。

松本団長の率いる日本選手団のアメリカ遠征は田畑さんの期待以上の成果を挙げ、ロンドン大会でやろうとしたことはすべて実現されて余りがあったというのが当時の田畑さんの実感だったことは疑いない。

まるで日本選手の独演会のような競技会で、四〇〇では古橋さんの4分33秒3の世界新が生まれ、橋爪、村山、田中が四位まで独占。八〇〇でも古橋さんが9分35秒3の世界新、橋爪、田中がこれに続いて三位まで占めた。八〇〇リレーでは浜口、丸山、村山、古橋の四選手が8分45秒4でこれまた世界新。二〇〇は浜口さんが頑張り、2分11秒0で優勝。リレーを含め、自由形六種目中、一位を失ったのは一〇〇のみという好成績であった。世界記録のラッシュにびっくりした外国人に対して、松本滝蔵団長が「アメリカの時計は少し遅れているんじゃないか」というユーモアを飛ばしたという外電も新聞社に入った。

この快挙で南米を含む在米の日系人は狂喜乱舞した。この頃、日本では読売新聞社の正力松太郎《しょうりきまつたろう》さんが公職追放の身で、共産党の鈴木《すずき》東民《とうみん》さんと経営権の争奪戦で労働組合と対決して不穏な日々であった。アメリカと日本との時差の関係で、夜一二時には新聞原稿をぴたりと締め切らねばならぬ事情にあったが、組合側では「古橋選手らの記録が入るまで原稿締め切りも印刷も待とう」という決定がされたほどであった。

翌日のニュースはアメリカ打倒の記事が紙面を埋め尽し、国内は大騒ぎとなり、敗戦で虚脱状態にあった日本中がいっぺんに明るさをとり戻した。

この時のニュースは世界中にも流れ、世界スポーツ界の日本に対する態度は一変した。まずＩＯＣは日本のＮＯＣ（ＪＯＣ）を一度も除名した事実はないと改めて声明し、この年から翌年にかけて、すべての日本の競技団体は一挙に国際的復帰を完了した。これからは日本はどこのオリンピックにも、またどの競技の世界選手権にも、そしていかなる国際競技にも参加できるようになったのである。

そのうえ驚くべきことがある。戦前にオリンピック開催都市に決定しながら戦争のためにできなかった所は、東京、ヘルシンキ、ロンドンである。そのうちロンドンは既に開催し、ヘルシンキも今度やるのだから、次は東京でやる順序だという声がちらほら外国から出始めたことである。

もう国内の情勢さえ許せば、いつでもオリンピック招致に立候補する資格は完全に整っている。そこでまず翌年のヘルシンキオリンピック大会に参加する準備を始め、田畑さんは各方面に協力を求め、今やいつ東京オリンピック大会の招致を口に出すかというタイミングの問題だと、動き始めていった。

織田幹雄さんとマッカーサー

田畑さんからうすうす聞いてはいたが、国立競技場で陸上競技の神様といわれている織田幹雄《おだみきお》さんとゆっくり話すチャンスがあった。

織田さんはOYC（オリンピック青年協議会）の顧問であるし、モスクワユニバーシアードの時、OYCのグループと共に一カ月近くソ連の旅を共にしたことがあるが、社会体育のシンポジウムや、ラトビア共和国でのパーティなど歓迎のレセプションが多くて、ここでの主題について詳しく確かめる機会がなかった。

織田さんは朝日新聞社のOBで田畑さんとのつき合いも古かったわけだが、お互いに信頼し合っていたことはよく知っていた。筆者は織田さんと話をする時は、どうしても陸上競技の技術、特に走り方とそのトレーニング、ジャンプの踏み切りの問題などが主題になってしまうが、オリンピックのあり方についても織田さんと田畑さんとは同じ意見であった。要するに最近のオリンピックは金権大会でおかしい。これを是正するのは時間がかかるが「キミたちのやることだ」というのが二人の指示とも言える提言であった。

こんな話をしている時、話題は次のような話に飛んだのである。織田さんは口数の少ない方だが、水割りを飲みながら熱っぽく口をきいてくれた。

戦後田畑さんの押しの一手でGHQを口説いて、古橋さんらが全米水上で世界記録を出して日本国内に大きな話題を投げかけたことは前の項で述べた通りであるが、この頃GHQに、ニューフェルドというGHQの体育行政の司政官ともいうべき高官がいた。階級は准将だから力もあったはずだ。ニューフェルドは部下を日本国内に配置して、戦前の軍国主義的体育（戦前は体錬といった）を民主的で近代的な体育に改めるべく指導に当たった人だが、東京地区ではノベル少佐がニューフェルド准将の部下として活動していた。

さてある日のこと、ニューフェルドは部下の情報網をたよりに織田幹雄さんを探し出したのである。というのは、ニューフェルドは一九二四年の第八回パリオリンピックの陸上競技のアメリカ代表で、織田さんとは一〇種競技で勝負を競《きそ》ったスポーツ仲間であったのだ。織田さんによれば、この時ニューフェルドは槍投げで五位、織田さんは三段跳で六位入賞、もっともニューフェルドの槍投げ五位は一〇種競技の成績でだが、当時のことだからそう多くの選手が一〇種競技に出場したわけではないので、お互いに面影は知り合っていたという。

その次のオリンピックがアムステルダム大会で、この時織田さんは三段跳で優勝。日本で初めて金メダルをとった人として、国立競技場の第四コーナーに、その時の優勝記録と同じ長さのポール、つまり織田ポールが立てられている。このポールは米軍が日本を占領していた時にはなかったので、ニューフェルドの知るところではなかった。ニューフェルドとしては、パリオリンピック以来の友人である織田さんが三段跳で金メダルをとったこと、それをきっかけとしたロサンゼルスでは南部《なんぶ》忠平《ちゅうへい》さん、その次のベルリンでは田島直人《たじまなおと》さんと三段跳オリンピック三連覇の偉業に、たいへん強い印象を持っていたのだった。

ニューフェルドが旧友織田幹雄さんを懸命に探したのはそんな思い出からのことだが、久しぶりの対面となった時、ニューフェルドは織田さんに向かって、「あの水泳の騒ぎは一体何ごとなのか。あれも良いが、織田さんはアメリカ中を巡回指導した方がよい。その手配は自分がする」というのであった。水泳もよいが、ヨーロッパで初めて金メダルをとった織田さんである。アムステルダムに日章旗があがったことで、欧米人は日本という国はアジアのどこにある国かで話題になったわけで、織田さんはアメリカのみならずヨーロッパにも知れ渡っている。だから織田さんが、アメリカとヨーロッパで三段跳を主としながら一〇種競技の強さを活かして巡回指導すれば、日本の侵略主義という悪評と誤解を解くには極めて効果的だということを提案してきたのだ。

ニューフェルド准将があまりにも熱心に進言するので、織田さんは朝日の代表取締役でありスポーツの先輩にも当たる田畑さんにこのことを話すと、田畑さんは「それはもっともだ」と答えて、新聞社を休むことを許可するどころか、四〇〇ドルをつくってくれたのであった。当時はアメリカタバコのラッキーストライクが一個一〇円の時代だが、日本円ならともかくドルをまとめてきたので、織田さんはニューフェルドが応援したものと思ったようだが、そうではなくて、田畑さんが自力で調達してきたことがわかった。

織田さんはその四〇〇ドルで、ニューフェルドが渡航手続きを進めるままに単身渡米し、約束のアメリカ巡回をして日米親和の実《じつ》をあげ、ドルも余ったので、ついでにニューフェルドの手配と段どりを活用してヨーロッパ諸国をまわり、平和日本の民間外交をスポーツ指導で果たしたのであった。

帰国後、田畑さんも織田さんもジャーナリストとしてペンを走らせることもできたが、田畑さんは国内で特にPRする必要もないとの理由で、この話は公にすることもなく秘話となって今日に至っているのである。田畑さんは秘話は秘話であるところに価値があるので、いつか自然に人の耳に入ればよいといっていた。

四〇〇ドルの調達について筆者は特に田畑さんに聞くこともなかったが、時のGHQの総司令官マッカーサー元帥はかつてアメリカオリンピック委員会の会長を務め、織田さんが三段跳で優勝したアムステルダム大会ではアメリカ選手団の団長を務めていたことを思えば、ニューフェルドのアイディアも活かしやすかったことはもちろん、水泳選手を全米水上大会に派遣すべくマッカーサーと直交渉した田畑さんのことだから、四〇〇ドルの調達の仕方を考えなくとも推測はつくものと思う。

いずれにせよ、こうした話はあまりこまごまと田畑さんは話さないので、これに類する秘話はたくさんあるが、マッカーサー元帥が田畑さんに、三段跳の織田さんのことを聞いていたのは事実で、マッカーサーが織田さんをアムステルダムで日章旗と共に見ていたといったことがあるということも聞いている。戦後厚木の飛行場に降りたマッカーサー元帥が、日本国内で日の丸を見るたびに織田さんを思い出すといったという話はマーカット少将の副官ジェミー望月からも聞いたことがある。縁は異なものというべきか。

日米対抗水上大会

第一回日米対抗水上大会は、昭和六年九月七日から三日間神宮プールで開催と決まったが、それに先立って七月二八、九日の両日、日本チーム編成のための予選会を行った。

白熱の予選会だったが、そのわりには記録はよくなく、河津憲太郎《かわつけんたろう》の背泳、小池礼三《こいけれいぞう》の平泳に進境を見せたに過ぎなかった。出場選手の枠は一三名と決まっているので、日本代表の選考は極めて厳選で、自由形は高石勝男《たかいしかつお》、佐田徳平《さたとくへい》、片山兼吉、宮崎康二《みやざきやすじ》、横山隆志《よこやまたかし》、牧野正蔵、武村寅雄、大《おお》横田勉《よこたつとむ》の八名、平泳は鶴田義行《つるたよしゆき》、小池礼三、塚原茂樹、背泳は河津憲太郎、清川正二各氏の計一三名と決定、監督を松沢一鶴《まつざわいっかく》氏、アシスタントコーチを藤田明《ふじたあきら》、野田一雄、栗田春三郎氏等に依嘱《いしょく》した。

これに対してアメリカチームは、名ざしの選手は学費稼ぎのアルバイトでどうしてもだめだが、クラブ主将以下一三名は真にアメリカを代表する選手であり、カリリ兄弟、メディカ等の強力な布陣であった。

日本水連では、七月二〇日から日本橋の白木屋《しろきや》で日米水上展を催し、大会用に依頼して作ったトロフィー等を並べたりして大会のPRに努めたりもした。日米どちらが勝つかのアンケートには、三〇〇〇通は日本の勝ち、二〇〇〇通はアメリカの勝ちという回答で大変な反響ぶりであった。

こうして開いた第一回日米対抗は、一万三〇〇〇人収容の神宮プールのスタンドを三日間ともに超満員で埋め、初日の開会式では、岸体協会長、若槻《わかつき》首相、幣原《しではら》外相、フォーブスアメリカ大使、田中文相、永田東京市長などが挨拶をし、末弘水連会長の開会宣言の後、クラブ、高石両軍主将の握手が行われた。

得点計算は一位から三、二、一点、リレーは三点対〇点とした。どのレースも大接戦でキッパス監督がいった通り、米選手は精鋭ぞろいで無駄な選手は一人もいなかった。一〇〇メートルから四〇〇メートルまでの自由形の三種目はアメリカが優勝をさらい、背泳二種も同様であったが、どの種目もタッチの差で決まる接戦だった。日本が余裕をもって勝ったのは一五〇〇のみであり、これは三位まで独占して六対〇と稼ぎ、総得点では四〇点対三三点で日本の勝利であった。

三日間にわたるデッドヒートの連続に、国中の耳目は水泳に注がれていたともいえよう。財政面でも大成功で、入場料収入でアメリカチームの旅費一切をまかない、大会費用を差し引いてもなお、日本金一万二〇〇〇円の他、米貨二〇〇〇ドルの財源が残った。当時はこれだけあれば、三、四年の強化費がまかなえてお釣りがくるくらいであった。今にして思えばこの日米対抗は非常な冒険であったが、〝断じて行えば鬼神も之を避く〟と、その信念を貫かれた田畑さんの気魄《きはく》ともあいまって、結果はあらゆる意味で予想外の大成功であった。日本スポーツ界全体としても、競技運営のスタンダードを作り上げた模範的大会であったと自負されたのも当然である。

少し余談になるが、神宮プールが完成した時に明治神宮側は、水泳競技会などというものは開いても赤字になる、と踏んでいたという。大会のたびに赤字を背負い込んではたまらないという計算であったのか、プールの所属については敬遠ぎみであったのだが、案に相違して大きな黒字になったので神宮側から積極的に神宮に所属させるよう主張し、結局は外苑部に所属することになったといういきさつもある。

キッパス監督はそのころ、日本人が強い原因として、次の四つの要因を挙げている。

1、日本人の体格は先天的に水泳に向いていること。

2、選手たちが水泳に対して極めて熱心で、進んで努力すること。

3、役員に指導力があり、みんな水泳を愛していること。

4、日本水連の組織が全国的に完備され、国内の水泳ファンの関心が高いこと。

そしてさらに、「日本のようにふんだんにお金をかけて強化するのでは、とても我々は敵《かな》わない」と語ったとされている。超満員になったスタンド、熱狂するファン、こうしたことで財政的に豊かと思ったらしく、当時のアメリカでは考えられないことであり、彼にとってはすべてが驚異だったようである。

時移り人去って幾十星霜《せいそう》、逆にアメリカはキッパス氏を中心に若年選手から着々と鍛《きた》え、かつて日本がやったやり方をそのまま踏襲して巻き返しをはかり、今日に至ったことは浅からぬ因縁である。しかし、昔の話になるかもしれないが、アメリカをして、「金で負けた」といわしめたのは天下に唯《ただ》一人、田畑政治さんをおいて他にはあるまい。実際には選手強化に金はかけず、むしろ組織づくりに入場料を投入したのだ。

日米対抗がすんだ後、同月八日の日本選手権で第一次候補選手を決め、日本学生選手権の成績でさらに候補選手を追加、冬の間松沢一鶴さんを中心に数度にわたる合宿を積んだ。鳩山文相が選手激励のためにＹＭＣＡを訪れてもいる。冬の合宿の後、最終予選会で最後の選手を決めたが、やはり合宿組が断然強かった。

これらの強化計画は、すべて田畑さんが四年前に書いた筋書きであって、この筋書きに一分の狂いもなく順調にことが実現して、やがて迎えたロサンゼルスオリンピックの赫々《かくかく》たる大戦果を生んだわけである。

キッパス監督との友情

ロサンゼルス大会をめざして、水泳界に「オリンピック第一主義で臨む」と大号令をかけたことについてであるが、当時の水泳界はスウェーデン、アルゼンチン、ドイツ、オーストラリア、ハンガリーなどに、二、三の選手がいる程度で、全体として覇権を争うのは日本とアメリカ両国でしかなかった。

ロサンゼルス大会の前にアメリカと試合をしておかなければならぬと思ったのは、世界の水泳戦力の分布状況からの田畑さんの判断であったわけである。大会の前にアメリカの実力を十分に知っておいて、オリンピックの作戦を立てることが必要であり、できることなら早いうちにアメリカを粉砕して自信喪失に陥れておくことがよく、そのためには徹底的に勝たねばならぬと考えた。

当時、アメリカは内規として、オリンピックの前年は海外遠征をやらないことになっていた。しかし、上述の理由からどうしても前年に試合をやりたいわけで、ここに田畑さん一流の強引な交渉が始められたわけである。何回も督促状を出したりして、ついにアメリカも断りきれず開催の運びに至るわけであるが、これが後年まで永く続いた日米対抗の始まりであった。

日米対抗の前年、ハワイで全米水泳の学生チャンピオン大学と、日本学生チャンピオンの明大が対戦した。これは日米学生の王座を争う画期的計画で、明大チームは村松正一主将以下、武村清、佐田徳平、鶴田義行、浦木義夫、安田末吉、鈴木重孝、馬渡勇喜《まわたりゆうき》の八選手がハワイに出かけた。

ハワイの国際水泳大会は、ホノルルのワイキキ塩水プールで七月一七日から三日間の日程で行われた。参加チームは、カリリ兄弟を中心とするハワイのフイ・マカニクラブ、ハワイ出身で本土に移ったCクラブを中心とするロサンゼルスクラブ、それにエール大学と明大で、クラブ単位として得点を争った。

結局、フイ・マカニ六五点、明大三六点、エール大三一点、ロサンゼルス二三点となり、ハワイに凱歌《がいか》があがったが、日米学生の王座決定は明大の勝利となったのである。ここで忘れてはならないのはこの大会前、明大の村松正一主将を通じて、田畑さんが既に日米対抗の下交渉の布石を打っておられたことである。

当時の日本の実力、日米の友好的ムード等の諸要素が、日本選手団をアメリカに招へいするための大きな役割を果たしたことは確かなことであった。田畑さんは村松主将に電報を打って、「日米対抗には、エール大学のロバート・キッパス監督をぜひ派遣してくれるよう交渉して欲しい」と頼んだ。
キッパス監督の名前は聞いてはいたものの、それまで日本の関係者で会った人は誰もなかった。田畑さんがぜひキッパス監督を招待したいと思ったのは、エール大学を水泳でアメリカ随一に育てあげた男だから、必ず何かしら優れたところを有しており、それによって教えられるところ大なるものがあるとの確信であったろうと考える。

しかし現実には、キッパス氏をアメリカ選抜の監督にするかどうかはキッパス自身が決めるものではないし、アメリカ国内でも少なからず反対があったことは否めない。そこで田畑流の強引交渉の一つともいえるだろうが、さらにＡＡＵ（アメリカ体協）の、ダン・ヘリス氏にも「キッパスを監督として招待したい」という手紙を出し、再三にわたって電報を打った。彼らは、「日本に遠征するのは許可するが、自分の国の監督の人選まで他の国からとやかくいわれる筋合いはない」という態度であった。これは当然の理屈であり、田畑さん自身も「今考えてみても、ずいぶん無茶をやったものだ」などと洩らしていた。

しかし、とにかくいろいろな経緯があった末、結局キッパス監督の来日が決定したわけである。田畑さんが横浜にキッパス監督を出迎えてまさに感激の初対面となったのだが、その折の印象を次のように述べている。

「キッパス君は、噂通り誠にすばらしいスポーツマンだった。自由の国アメリカと聞いていたのに、彼は統制と規律を重んじ、選手たちはすべて団体行動であった。分派行動は絶対に許さなかった。その後、日米対抗にむけての練習となり、練習中は無断でプールから上がることを禁じていたが、こんな厳しい反面、温厚、誠実、そして体育教師だけあって理論的な人だった。全くスポーツ精神の権化《ごんげ》みたいな人で、彼が引率して来た選手たちを一目見ただけで、キッパス君がいかに完全に選手の心を掌握しており、心服されているかがよくわかった。コーチというものはかくあるべきと思ったものである……」。

とにかくべらぼうに信用の厚かった人らしく、在日中、彼の教えたエール大学のOBだけでなく、ハーバード大学のOBまでも彼のために歓迎会を開いたとも聞いている。

意気投合した二人はたちまち無二の親友となった。その後不幸な戦争により計画に頓挫《とんざ》を来したわけであるが手紙の交換は欠くることなく続き、二人の友情は尽きることはなかった。特にキッパス監督について忘れてはならないのは、第二次大戦後、日本水泳連盟が国際舞台に復帰しようとする時、絶大な努力を払ってくれたことである。

戦争中、日本の各スポーツ団体は国際競技連盟から資格停止処分を受けていたし、わが日本水泳連盟も資格を停止されているのではないかと不安を抱いていたものである。田畑さんは直ちにキッパス氏に手紙を出して斡旋《あっせん》方を依頼したところ、キッパス氏は、「日本水連は戦争中は会費を納めていないだけで、それが理由で資格停止になっているのだから、滞納会費を納めれば自動的に国際水連に復帰できるのではないか」と国際水連にかけ合ってくれたのである。

彼の奔走のお陰で、日本水連は会費未納だったということだけで、日本スポーツ界のトップを切って国際舞台に復帰できたのである。キッパス・田畑両氏の国境を越えたスポーツの友情がなければ、水泳のみならず、日本のスポーツ界の戦後の復興はずいぶんと事情が変わったものになっていたであろう。

ロサンゼルス大会への対策——ワイズミュラー等を招く——

アムステルダム大会終幕と同時に、田畑さんはロス五輪の対策を考えたが、その第一の対策として、アムステルダム大会の優勝選手を日本に招待する計画を練った。

さっそく、朝日新聞社の幹部に働きかけ、一〇〇メートル自由形のワイズミュラー（米）、一五〇〇メートルのアルネ・ボルグ（瑞典《スウェーデン》）、平泳で鶴田選手とせり合ったラデマヘル（独）等、世界の一流選手をずらりと招待することにした。世界のトップレベルの泳者を日本の観衆に直接見せるチャンスを与え、一層の飛躍のための国民的支持をとりつけたかった。大会名を朝日国際水上と名づけ、シーズンオフではあったが、東京大会は一〇月一三日と一四日、大阪大会を一〇月二一日と決めて準備した。

実際にこの大会をめざして来日したのは、前述の三名に加えて、背泳のラウファー（米）とワイヤット（米）、それに女子飛込の勝者ヘレン・ミニー（米）の六選手となり、監督はアメリカのケディスが務めた。東京大会は玉川プールで開き、仮設スタンドを設けて客席の区分けは縄張りするという急拵《きゅうごしら》えだったが、第一日は大観衆で溢れ、第二日目に至っては入場し得なかった人たち数千人が場内から洩れる拡声器の音に耳を澄ましていたという、たいへんな盛況であった。

肝心の競技の面でいえば、高石選手はワイズミュラーに勝てなかった。一〇〇ではラウファーにも負け、一五〇〇でボルグを追ったのは宮下利三選手だったが、もう一息のところで抜けなかった。背泳は入江《いりえ》稔夫《としお》選手が活躍した。一〇〇ではラウファーとワイヤットにやられたが、二〇〇メートルではこの二人を抑えて、2分37秒8の世界新記録で優勝した。これは日本の選手が初めて公認世界記録を出した記念すべきものである。

平泳の一〇〇では鶴田選手が勝ち、二〇〇ではラデマヘルが勝った。しかしこの大会は日本の水泳界の一大エポックをなし、日本の意気は大いに揚がった。この大会の時、ボルグは大西洋初横断飛行で知られたリンドバーグの従妹の娘さんを同伴して来日し、大会後、帝国ホテルで結婚式を挙げた。式には日本水連関係者も招かれたが、高石、鶴田の両選手は花嫁にキスさせられて閉口したという。

後にヘルシンキオリンピック大会の際、日本チームがスウェーデンで練習をした時、往年のボルグ夫妻がやって来て日本の役員と久し振りの対面となり、玉川大会の時のことなど、昔の思い出話に花が咲いたことを田畑さんは懐かしそうに語っていた。

一九三〇年（昭和五年）八月、日本水連は初めて機関誌『水泳』を発刊した。当時としては珍しいモダンな雑誌であったが、その発刊の辞に田畑さんは次のように書いた。

「吾邦水泳は世界的地歩を確立した。次のオリンピック大会は目前に迫って居る。今こそ挙国一致、之に備えなければならない。全国泳者の意思の疎通と、その協力による技術の研究が急務である。本誌はこの使命を帯びて生まれた。未だ不十分であるが、しかし将来は必ず健全な発育をするであろう。全国の泳者諸君！　乞う、この吾等の雑誌に協力を惜しむなかれ」。

この時期田畑さんは日本水連の名誉主事の任にあったが、この発刊の辞の気持ちは水泳関係者全員の一致した希望であった。

ムードはぐんぐんと盛り上がった。選手の側もこの気持ちによく応え、昭和五、六年の全日本選手権、学生選手権では次々に世界記録の声が聞かれた。古くさい言い方だが、水泳人はすべて「倒れて後止む」の気概に満ち満ちていたという。

ロサンゼルスの空高く日章旗を翻《ひるがえ》し、狂喜し、感激にむせびたい。ただ、それだけがこの頃の念願であった。

日米対抗水上競技大会の反省

ロサンゼルスオリンピックの前哨戦ともいうべき日米対抗は日本の大勝利に終わったが、日本の水泳界はこれに驕《おご》ることなく、次の目標に向かって始動した。その手始めに本大会の分析と反省を兼ねた座談会が開かれた。田畑さんはこの席の内容について次のように語っている。

「私はこの時米国は油断のならぬ国であると思った。その点では松沢一鶴君等と同感である。ただ、オリンピックの種目云々の点については少し見解が異なった。

米国にしても最初は得点の上でも勝とうと思ったに違いない。それが一〇〇メートルで完全に敗れてしまい、四〇〇メートルでも横山が二位に入り、四〇〇メートルリレーでも負けてしまった段階で、アメリカは日米対抗の得点争いを投げてしまったのだと思う。もし日本がオリンピック種目で勝とうと思うなら、一五〇〇メートルに武村を一人出して、横山、牧野を八〇〇メートルリレーに持っていけばいい勝負をしたであろう。日本はすべての競技に勝たねばならなかったため、ああしたのである。オリンピックの種目に日本が負けたからといって、来年のオリンピックで日本が不利になるということにはならないと思った。

来年のオリンピックには、アメリカはコジャックを一〇〇メートルに出して優勝をねらうだろう。したがってこれを前提として考えねばならない。アメリカは一〇〇メートルの他に背泳に勝つだろう。日本は一五〇〇メートルに必ず勝ち、もう一つ二〇〇メートルブレストに勝てそうである。そこで問題の分岐点は四〇〇メートルと八〇〇メートルにある。これに勝つことがオリンピックでの勝利を掌中《しょうちゅう》に納めることになると私は分析した。

これに対し松沢君も賛意を示し、日米大会から教えられた、八〇〇メートルリレーと四〇〇メートルの分共システムというものは非常によい教訓だと述べた。

これらの話を聞いておられた末弘《すえひろ》（厳太郎《いずたろう》）先生は、問題は選手だがこれからどれだけ育つかということにある。岸さん（体協会長）にいったのだが、来年二五人位の水泳選手をオリンピックに送れたら完全に勝てると思う。この件については私たちの立場で何人でも出せるように尽力するから諸君は自信を持って優秀な選手をたくさん育てて欲しい、と力強くいわれた。

この末弘先生の言葉は我々に自信と勇気を与えてくれた。私はこれを聞いて、来年は、牧野、横山、武村は一五〇〇メートル専門でいき、四〇〇メートル、八〇〇メートルリレーなどと兼ねないようにすべきだと思った」。（以下略）

オリンピックの運営に日本の力を

この座談会の話し合いは競技面だけに留まらず、オリンピック大会の組織、運営面にまで及んだ。たとえば安部輝太郎《あべきたろう》さんなどからは、来年のオリンピックでは初めから日本とアメリカが中心になって全体の空気を作ってはどうかなどの提案もなされている。

確かに今回の日米大会は、日本とアメリカの水泳界を大きな絆で結びつけ、その素地を作るのに役立った。キッパス監督は、国際水連では実力もないフランスやイギリスが威張っていて、実力のあるアメリカの主張が通らないとこぼし、だからアメリカと日本で協調していこうと田畑さんに働きかけていたわけである。もしオリンピックの会議に訂正すべきことがあったらどんどん出してくれ、日米両国の案として提出する可能性が十分ある。水泳のためによいことなら草案を送って欲しい、それも英語でなく日本語でよい。アメリカで日本語の先生に訳してもらうから、ともいってくれたのであって、この座談会に出席した人々すべてが、この提案を積極的に推進しようと決意した。

日本もいよいよ国際水連の組織の中に積極的に参加し、発言権を強め、世界の水泳界の発展に寄与する時代になりつつあったのである。まさに、日本の水泳界が世界に雄飛せんとする時代の曙《あけぼの》であった。

腕か脚か、長距離からか短距離からか

この席で大きい話も出たが、細かい点でも議論は百出した。その一つに、腕で泳ぐか脚で泳ぐか、

がある。

末弘さんは、長距離をやると足で調子をつけながら手でバランスをとる泳ぎとなり、日本の泳ぎはこれになっている。アメリカはどちらかというと手で泳ぐ方法だが、これは成功しているうちはよいが調子を失うと全くだめになる。足を基本にした泳ぎを習慣づけることが根本だ、との考えを示された。

田畑さんはこの考えに対して、日本人は身体がないので手で泳ぐアメリカ的な泳ぎをしていないが、手で泳ぐのが本当だろう、との意見を述べた。日本でも将来は手で泳ぐ方向に進まなければ世界から立ち遅れるであろう、との正確な判断と情熱とがうかがえる。

またこれに関連して、長距離から選手を育てていくべきか、短距離からいくべきかが問題となった。当時日本の泳ぎは長距離から入っていた。したがって泳ぎもうまく、外国選手は日本選手が計画的に泳ぐので一緒に泳いでいて嫌な気がするといわれていたものだ。

安部さんなどはワイズミュラーの例をあげて、日本の泳ぎは力がない。今までは五〇メートルの調子で一〇〇メートルを泳がなければならなかったが、今は一〇〇メートルの調子で二〇〇メートルを泳がなくてはならない時代に入った、として短距離説を強調した。

これに対し飯岡さんは、前のオリンピックの例をあげ、ワイズミュラーとアルネ・ボルグとチャールトンの三人が四〇〇メートルで競り合った時、ゴールした後チャールトンはけろりとしていたのを見ると、長距離からの方が余裕があると思うと述べ、長距離優位説を説いた。

ところで田畑さんは、長距離から入る日本のやり方でもよいし、短い距離から入ったから強くならないとはいえないとして、要は質の高い練習を量的に多くこなすことにあると主張されている。

日米対抗の成果として

日米対抗の成果は技術面だけではなかったところに大きな意義があった。その一つは選手相互のマナーに関するものであり、今一つはキッパス監督にみられる選手育成法、コーチ技術ともいうべき面であったろうか。

キッパス監督は温厚な、しかも謙虚な人で一口にいえば申し分ない有能な監督であった。彼は十分な経験と観察とを基として、熟慮の上指揮をとるので選手たちは一言も反論ができなかった。反面選手の意見や希望や、駄々にまで耳を傾けていた。しかもスポーツマンとしての厳しさがあった。選手がいかに彼の命に服したかは、誰しもが認めたところである。これは彼が人格者であればこそであり、アメリカチームの統制あるマナーもここから生まれたに違いない。アメリカの体育協会にあっても重きをなし、次回オリンピックの総監督に選ばれるのもむべなるかなという人物だった、と田畑さんは評価している。

アメリカ選手はオリンピック大会に臨んだと同じ緊張感で練習し、レースをした。一例を挙げれば、キッパス監督は練習中無断で水から上がることを禁止したことは前も述べたが、レース中の三日間の夕食は、各人トーストに半熟卵をのせたものか、あるいはコールドビーフ一皿かどちらかを選ばせた。紅茶は一杯と制限した。平素の食事でも常に新鮮な野菜をとることに留意するなど、その細やかな心配りは注目すべきものであった。

反面、日本に来てから団体行動のみしか許さなかった選手に、何日間か自由な時間を与えてやりたい、と我国当事者に相談する思いやりも持っていた。しかも彼は主催国たる日本水連の規定に絶大なる敬意を表し、こちらの申し入れは厳守してくれた。日米対抗の成功の一半はキッパス監督のこの態度に負うところが多かったわけで、同時に田畑さんの信念と情熱が大きくかかわっているものである。

この大会は日米両国のスポーツ界の理解を深め、両国の親善に大きく貢献した。また次回のオリンピックにどれだけ役に立ったか計り知れないほどである。これはこの座談会に出席された人々の一致した感想であったはずである。

ロサンゼルス大会の熱気

日米水上大勝でアメリカ在留邦人は白人によって見直された話は既に述べたが、どんな勝ちっぷりをしたのか、場内の状況はどうだったのか、田畑さんが熱っぽく語ってくれたそのままをここに記すべきであろう。

田畑さんは古い資料を手にしながら大要次のように話してくれた。

八月六日午前九時より、いよいよ水上競技の幕が落とされた。スタンドの観衆は七〇〇〇〇人に及び、その四分の一は日本人によって占められ、水上日本の意気は早くもプールを圧していた。

まず男子一〇〇メートル自由形予選によって競技は開始された。米国のカリリ、シュワルツ、トンプソン、カナダのスペンス、ハンガリーのバラニー等、世界の名選手が虎視《こし》眈眈《たんたん》日本の堅塁を陥れる如くだ。田畑さんには心なしかそう思えたという。これに対してわが日本代表は宮崎、高橋、河石の三羽烏《さんばがらす》である。田畑さんは緊張の度を加えていく。こうして第一次予選は開始された。第二組に河石、三組に高橋、四組に宮崎がいる。とにかく予選を通過してくれなくてはいけない。田畑さんは祈る気持ちだ。

胸の日の丸のマークも鮮やかにまず河石が飛び込んだ。三着でパス。次いで三組の高橋、五メートル離して断突で一着。そして四組の宮崎も三メートルを離して一着、しかも宮崎のタイムは58秒7である。これは宮崎自身のもつ日本新記録を破る好記録である。これによって、三名とも予選を順調に通過して午後二時三〇分からの準決勝を待った。

準決勝にはやはり世界の名だたる選手が出揃った。田畑さんは手に汗を握ってスタートを待った。宮崎は第一組である。スタートの号砲が鳴るや五人はいっせいに水煙を立てて力泳した。五〇メートルまでは宮崎、トンプソン、カリリと雁行《がんこう》したが、ターンをしてからは宮崎がぐいぐいと出て、追いすがるトンプソンを引き離して58秒というオリンピック新記録で一着、二位を三メートル離してのゴールイン、田畑さんはこれでやったと思ったという。というのは、バラニーは四着で気の毒にも失格したのだった。三組では河石一着、シュワルツ二着、高橋三着で決勝を決めた。これで日米三人ずつの対決となって決勝を迎えることとなった。田畑さんとしてみれば、絶好の対決と思ったわけだ。

翌七日午後三時、いよいよ日米雌雄を決する決勝である。この日優勝を期待して詰めかけた邦人は五〇〇〇といわれ、日の丸の小旗はスタンドを圧し、さながら日本デーの感、ガンバレーの日本語がスタンドに呼応し、拍手が鳴り響き涙が出るほどの応援であった。既に優勝を予想してか新聞社のカメラが日本選手をとらえ、オリンピック吹奏楽団も日本の歌を吹奏し、決勝のムード満点だ。

コース順はシュワルツ、河石、トンプソン、高橋、宮崎、カリリであった。田畑さんは心ひそかに宮崎が二位をどれほど引き離すかに期待する。号砲一発、六人はスタートした。

宮崎のスタートはやや遅れた感があった。二五メートルまでシュワルツ、トンプソンと雁行し、四〇メートルでカリリが猛然と出て田畑さんはひやりとする。しかし宮崎はあわてていない様子だ。ターンとなってから中ほどで六人はほぼ一線に並び、誰がどこで飛び出すか、田畑さんは身を乗り出す気持ち。日米の声援はまざり合って会場は興奮のるつぼと化した。

ゴール前一五メートルあたりで河石が出てシュワルツ、カリリがすぐ追いつく。宮崎は満を持しているのだろうと田畑さんは自らをそう思わせたその時、宮崎は一気に抜き出て他を圧してゴールイン。優勝だ。河石は第二位、宮崎康二の記録は58秒2、河石達吾《かわいしたつご》は58秒6、シュワルツは三位で58秒8、高橋成夫《たかはししげお》は59秒2で五位に入った。宮崎はレースのあとで田畑さんに「なにしろ決勝ですし興奮しました。カリリが隣ですし、あいつについてこられたら、あせり負けもあると思い心配でした。案の定七〇あたりまでついてきた感じで、あせってはならないという思いでいっぱいでした」と報告。

それにしても、宮崎は当時中学生で一五歳（満年齢）である。このことが場内で発表されるや邦人はもちろん、外国の参観者も大喝采で祝福の拍手を宮崎に送った。この日、米国のキッパスヘッドコーチは「ただ、もう驚異の一語に尽きる。ワイズミュラーの世界記録を脅かす唯一の選手として私はあらゆる賛辞を呈するに躊躇《ちゅうちょ》しない。宮崎選手は日本の宝たると共に世界の至宝だ」と語った。田畑さんとしては何としても嬉しかったという。オリンピックの緒戦を、浜名湾で手塩にかけた選手たちが飾ってくれたこと、これに過ぎる満足はなかったのだった。

日本選手の活躍は一〇〇メートル自由形のみならず、まるで日本選手権をロサンゼルスでやっているようだったという。男子競泳六種目中四〇〇メートルを除く五種目に日本が勝ち、日章旗が一二本揚がったのである。特に背泳はメーンポールに三本の日章旗を揚げるという大偉業をやってのけた。大会前の予想では、タイムを見てもアメリカにゼーアという強い選手がいたので、田畑さんとしてはとても勝てまいとみていた。ところが結果は勝負師的なずぶとさを持った清川正二が勝ち、入江稔夫、河津憲太郎が二位、三位に入った。負けてもともとという楽な気持ちで泳いだことも幸いしたのかもしれないが、事実はそんなものではなく、闘志むき出しのすばらしいレース展開であったという。そのレース経過は次の通りだ。

清川、入江はA組、C組でそれぞれ一位で予選通過、この時清川は1分8秒9、入江は1分11秒3だった。そして河津はアメリカの強敵ゼーア、ドイツのキュパースに次いで1分11秒8のきわどさでパスした。しかしこの予選タイムでもわかるように、清川は強敵ゼーアの気をのむ感があった。

準決勝では清川がA組で1分9秒0で一着。ゼーアはB組で1分11秒6で二着、日本の入江にも水をあけられた。こうして決勝を迎えるわけだが、清川は滑り出しがよく、二五メートルで頭一つ抜き出て五〇のターンも見事で、浮き上がった時には確実に他を一メートル引き離し、他は一線を引いて雁行した。七五メートルでは一、二コースの河津、入江の二人も抜け出し、ゼーアとキュパースは入江の肩のあたりを泳いでいて、そのままの状態でゴールとなった。

清川は二位の入江を一メートル半も抜いていた。清川はあとで「キュパースとゼーアは少し堅くなっているように見えたが、やはりキュパースがフライングをした。これに自信を得て自分のペースで泳ぐことができた」。前半を31秒8で泳ぎ、後半36秒8かかったのは三日連続の疲れだと思うしかない。世界記録は0秒4の差で破れなかったが、入江二位、河津三位で完勝できたのは日本を出るまでは一番望み薄とされていた種目だけに選手三人はとりわけ嬉しかったに違いない。そう田畑さんはいいながら、小躍りする喜びようであった。

背泳は勝てなくてもそれ以外は全部勝てると思っていたのに、一番有望と思っていた四〇〇メートル自由形だけが勝てなかったのは、意外だったようだ。田畑さんは正直のところ、一、二、三位を独占する種目があるとすれば四〇〇しかないと思っていたのに、一、二位を米、仏にもっていかれてしまった。大横田勉、横山隆志、杉本盛のトリオは当時天下無敵だったのに、三、四位に甘んじてしまった。タイムからしても当然と思っていたのであって、決して欲ばったわけではない、と田畑さんは笑うのだった。四〇〇メートルは日本にとって得意な種目といつも思っていたにもかかわらず、後々のオリンピックではどうしても勝てず、ずっと鬼門といわれるようになった。田畑さんはその後、戦後になっても四〇〇メートルはなぜ勝てないのかということをいろんな人から何百回質問されたかわからないといっていた。

よくやった陸上チーム

田畑さんが水泳のことに夢中になっていたのは責任上当然だが、他の競技、特に陸上競技の成績にも気をつかっていたことはいうまでもない。水上日本の力をつけながらも、東京オリンピックを考えていたからであろう。田畑さんは昔を懐かしみながら、語り口も速くなり次のように語っていく。

それにしても、ロサンゼルスオリンピックは水泳のみならず、陸上、馬術なども好成績をあげ、日本スポーツ界が完全に世界の檜舞台《ひのきぶたい》に躍り出した画期的大会であった。

陸上競技も大活躍だった。一〇〇メートルでは吉岡隆徳《よしおかたかよし》君が六着で貴重な入賞を果たし、五〇〇〇メートルの竹中正一郎《たけなかしょういちろう》君もよく頑張り、一一着ではあったが、先頭走者に一周抜かれる時はインコースを譲るフェアーなレースで話題となった。と語ってくれたところで筆者が、「田畑さん、竹中さんは、コースを譲ったというのはウソで、遅れて走った人間がそんな失礼な走り方をするわけがなく、走っているうち自然にそうなっただけの話で、あとで人々がそう作ったんだといっていましたよ」というと、田畑さんは「そうかもしれないが美談は美談として大事にしておくもんだ」と受けつけなかった。そして話を続ける。

何といっても跳躍陣の成績は見事であった。走り幅跳では、優勝候補と目された南部忠平君が調子が出なかったが、一九歳の若い田島直人君が三位に入った。棒高跳はヨーロッパからの参加者がなく、アメリカの選手三名を中心に八名で競われたが、西田修平《にしだしゅうへい》君がアメリカ勢に食い下がり、四・三メートルの記録で堂々銀メダルをものにした。圧巻は三段跳であった。頼みの織田幹雄君は足を痛め、大島鎌吉《おおしまけんきち》君は選手村でガス湯わかしで火傷《やけど》して脚をケガし、心配されたが、走り幅跳で不調だった南部忠平君が一五・七三メートルの世界記録で優勝し、前回の織田君の優勝に続く三段跳二連覇をなしとげた。負傷の大島君も痛みによく耐えて三位に入り、二本の日章旗を掲げたのであった。

体操は総監督大谷武一《おおたにぶいち》、コーチ高木武夫、マネージャー下津屋《しもつや》俊夫《としお》、選手は本間《ほんま》茂雄《しげお》主将、近藤天、佐々野利彦《ささのとしひこ》、武田義孝《たけだよしたか》、角田不二夫《かくたふじお》、芳賀真人《はがまさと》の六名でチームを編成したが、日本最初の国際舞台進出であったことは特筆に値《あたい》しよう。成績は参加五カ国中の第五位であったが、競技の方法も現地で初めて理解した程度の経験では無理もなかったというべきだろう。

後年、近藤天君がいっていたが「とにかく鞍馬《あんば》なる器具を初めて見たんですよ、事前に図面でどんなものであるかは原文のフランス語を日本で翻訳して知ってはいました。その訳に基づいて器機をつくり、人形を操って動作の理解はしていましたが、ロスの大会会場で見た鞍馬は私たちが想像していた木馬のような革の背に二つの把《と》っ手がついていていてびっくりしましてね、仕方ないのでその把手に両手をかけて倒立して終わったところ、会場は失笑でわいたのを覚えています」。今日でこそ日本の体操は世界のトップレベルを歩むまでに成長したが、この頃の人たちの苦労の積み重ねが基礎にあったことを、今の人たちは忘れてはならないと思うと田畑さんは語る。

この大会ではホッケーが二位の銀メダルに輝いたことについても触れねばならぬと思うが、開催国がアメリカであったためか、ヨーロッパからオランダ、ドイツなどの強力なチームが参加しなかったので、日本、インド、それに開催国の責任感というかアメリカも加わり、わずか三カ国の対戦であった。試合は八月四日、日本はインドと対戦し一一対一で大敗したが、強豪インドから一点でも奪ったことは上出来であり、ついで八月八日アメリカと対戦して九対二で勝ち二位となって銀メダルをとったのであった。田畑さんは、参加国は僅かでも銀は銀だと、オリンピックのメダルの重みを強調する。

田畑さんが特に印象に残ったのは、閉会式直前に主競技場で行われた大賞典障害飛越で西竹一《にしたけいち》中尉が見事金メダルをとったことだったといい、あれには田畑さんもまさか本当に日本の選手かと驚いたといっている。これには後日談もあるが、最後の競技だったし、大観衆の見ているところで日の丸がメーンポールに揚がったのは極めて効果的で、田畑さんたちも感激ひとしおであったという。

松沢一鶴監督の作戦

田畑さんと松沢一鶴さんとはウマが合うというのか大の仲良しであった。親友という間柄であったといってよい。田畑さんと松沢さんとは「タバタ」「マツザワ」とお互いに呼び捨てで語り合っていたが、オリンピック運動に関しては、その理想とするところはぴったりであった。

田畑さんが松沢さんと初めて話し合ったのは、静岡県戸田《へた》村で開かれた全国水泳大会だと聞いている。田畑さんが東大に入ったのは大正九年、その頃東大水泳部が千葉の館山《たてやま》から戸田村に移ったとされているが、この戸田村の大会で一九二四年のパリ大会の一〇〇メートルと一五〇〇メートルで五位に入賞した大阪の中学生高石勝男さんと、当時一高（旧制）にいた松沢さんとが一騎打ちするということで評判だった。

高石さんはパリ大会に参加する前にクロール泳法を身につけていた。高石さんの出身は大阪の茨《いばら》木《き》中学で、ここの水泳部はクロール泳法が主流をなしていたといわれていた。その高石さんが戸田村の大会で一五〇〇メートルをクロールで泳ぎきるというのが静岡の話題となり、松沢さんは片抜《かたぬき》手《て》で高石さんと競った。この試合では松沢さんが勝ったが、田畑さんは、その日波が高かったから片抜手が勝ったものの、静かな水面だったらクロールが有利と感じ、松沢さんもその日、田畑さんと話し合って、競泳はクロールに限るなということになった。

松沢さんは一高に長く在学していたと聞いている。というのは、大学に進めば好きな泳ぎがのびのびできにくくなるという理由だったそうだが、その間に欧米から水泳の技術書を取り寄せ、理論と実際を身につけることに努力したというのが本当の話である。

その後松沢さんはそろそろという気持ちになって東大理科に進んだが、クロールに熱中したことはいうまでもない。この間田畑さんとの交友は水泳を通して親しく続いていく。一九三二年のロサンゼルスオリンピックに参加するに当たって、田畑さんは早々に松沢一鶴監督を決め、競技技術と選手の掌握に関するすべてを任せることにしていた。それほど二人の信頼関係は厚かったのである。そして田畑さんは水泳の総監督となって、国際水連とオリンピック組織委員会などとの渉外関係に必要な陣営を作り、煩《わずら》わしい仕事は松沢さんに心配をかけないようにしていた。それはロス大会の二年前に手配する準備のよさであった。ただし、オリンピック選手を決定するまでの候補の決定、合宿の日程などはきめこまかに松沢さんの意見を入れている。つまり実戦に関することについては監督の意見を重視していたわけだ。

スポーツ界のそれまでの習慣は、選手が決まってからコーチを選考するというものだった。このやり方はその後も続いた。選手の所属する人数に合わせて比例代表制式にコーチを決めるという方式である。一九八八年のソウルオリンピックにしてもこのやり方は変わっていない。その方が無難であり、コーチの選手管理もやりやすいという理由の一種の派閥主義に根ざしている。

田畑さんは戦前のロス大会から、こんな方法をとらず、即席のコーチは、選手の上にただのっかっているだけであって、単なるロボットになりやすい。これではいかなる名コーチでもじっくり落ちついて思うことがやれるはずがない。コーチがロボット化するのはコーチの技量の問題ではなく、選手に理念がゆきとどかないからだ。要はコーチが自分の信ずるところを選手に実行させることができるかどうかにあるのであって、選手がコーチを信頼し、たとえコーチの命令が間違っていようとも、批判なしにこれを受け入れることができるようにすることが、総監督である田畑さんの仕事であると確信していたのであった。コーチを早く決めるという田畑計画にはこのような考えが基本にあったと言う。

だがしかし、田畑さんの最初の考えの中には、松沢さんの起用はなかった。浜名湾の後輩の小野《おの》田《だ》一雄《かずお》さん（パリ大会の水泳主将）の水泳理論が優れていることと、すでにパリ大会で主将として経験を積んでいるので、田畑さんははじめ小野田さんに監督をやらないかと声をかけている。しかし、小野田さんは既に満鉄に就職しており、小野田さんの辞退によってそれはならなかった。小野田さんは「もし自分が誰よりも能力があったとしても、東京に住んでいないことは致命的でマイナスです。コーチは常に選手に密着し、信頼関係をつくりあげることが大切です」といいきったのであった。田畑さんはその時すぐに松沢さん以外に監督はあり得ないと考えたといっていた。

理科出身の松沢さんは東大医学部の人たちの協力を得て、物事を数値的に考え、新しいトレーニング法を開拓することに努めた。特にデンマーク体操を基本に、今でいう科学的トレーニングを編み出して当時の選手に実行させている。

記述が重なるかもしれないが、東京オリンピックの選手強化対策本部が設置されて筆者が企画担当の幹事であった時のことである。選手強化対策本部が、何か選手がとびつくようなトレーニング法はないものかと、スポーツ科学研究委員会から〝サーキットトレーニング〟なる珍妙なトレーニング法を宣伝し、選手に奨励《しょうれい》した。筆者はその時とってつけたようなトレーニングは意味がないとして反対したが、名称が珍しいせいかオリンピック選手の間に流行した。そのトレーニングの名称の出典はデンマークの古い書物であることは承知していたが、選手たちは冗談半分に「さあきっと強くなるでしょう」などとふざけ気味でサーキットトレーニングなるものにお付き合いし、そのうちプロ野球選手たちもそのトレーニングに精を出すようになったものである。

この名称が出始めた頃、松沢さんは筆者に対して「何で今頃あんなトレーニングを目新しくやるんだ。オレの方はロス大会の時にとっくにやっていたよ。もっともああいう名称は用いなかったけどね」と厳しい口調で批判していた。それはともかく、田畑さんとしては、東京オリンピックの強化策については大島鎌吉副本部長に任せてあったので、横から口を出さなかっただけであった。

松沢さんはこんないきさつからも理解できるように、進歩的なコーチであったといえよう。これ以降、各大学で取り入れられるようになった柔軟体操は、松沢さんが考案したものである。事実、柔軟体操だけはよくやったというのが松沢さんの懐古話《かいこばなし》である。もっともサーキットトレーニングと柔軟体操は違うものであるが、松沢さんによれば、ロスの成功は柔軟体操と無関係でないと断言していた。よほどの自信に充《み》ちていたのであろう。近代的な本格的トレーニングのやり方は、世界的にみても、日本の松沢が先覚者であるというのが田畑さんの口癖であった。そして、東京オリンピックに臨んでも、スポーツ科学がいかにも実戦に即さないように見えても、スポーツトレーニングを科学的に検討するという姿勢だけは軽視してはいけない、というのもよくいう田畑さんの言葉であった。

松沢さんはロス大会に臨んで、選手たちのために洋式トイレの使い方、洋食のマナーなどのかゆいところに手の届くような指導ぶりで若い選手たちの気持ちをすっかりつかみ、食事に行くときも、選手たちを整列させ、隊伍《たいご》を組んで食堂に行かせたりした、と田畑さんは松沢さんを前にして話してくれたことがあった。松沢さんは「それは違うんだ、選手団の中にはまるで軍隊ではないか、と陰口を叩いた人もいたようだが、初めての外国遠征ともなれば言葉の問題もあるし、あの方が選手は心細さもよけいなとまどいもなくなるからああしたのだ」と反論していたのだ。

むしろ二週間にわたる太平洋上の竜田丸《たつた》での船上生活、それに選手村での生活を余裕あるものにするよう配慮していたことは田畑さんも認めていた。水泳は確かに個人ゲームだが、オリンピックのような大勝負では、チーム全体として、いかにうまくムードを盛り上げていくかが大切であり、ムードが盛り上がれば心理的にリラックスを招くこともできるのであり、選手たちが若いだけに、とんでもない大記録が生まれないとも限らない。そこにコーチの細心の計算、目配りが必要になってくる。

これは田畑さんと松沢さんの一致するコーチ理論の一端だが、それが実ったものか、ロス大会では、四〇〇メートル以外の選手はすべて自己のベスト・タイムを出したわけで、そう仕向けた松沢さんの功績は大きかったと田畑さんの絶賛はひときわ大きいのである。

松沢さんは戦後初めての公選によって東京都の教育委員に当選した。はじめは陸連の浅野均一《あさのきんいち》さんが出馬する予定だったのが、浅野さんの個人的な事情によって立候補できなくなり、お鉢が松沢さんに廻っての出馬となった。この時は古橋、橋爪の応援コンビで、松沢さんの車の行くとこ行くとこ、どこでも人がよく集まった。もっとも当時の古橋、橋爪といったら、最盛期の巨人軍の長嶋選手の比ではなく、応援演説行脚《あんぎゃ》の途中、街の食堂で昼食をとっていると、若い人や中年の人までが電信柱に鈴なりになって、「古橋と橋爪がごはんを食べてる」と叫び声ともつかぬ声がとびかったほどだった。

当選した時の松沢さんは「田畑のお陰だ」と謙虚に語り、田畑さんは「松沢の人徳だよ」と讃《たた》えていた。古橋さんや橋爪さんが田畑さんの指示によって動いたとしても、松沢さんはとにかく博識で何でも知っていると、古橋さんたちが松沢さんを尊敬していたことは事実である。

松沢さんが教育委員になってから一つの大きな問題が起こった。というのは、当時、朝鮮人学校を東京都が公認するしないの攻防が続いていた。松沢さんは東京都の方針を貫き通したが、公認せよと抗議する方は、石を投げ、瓦《かわら》を投げる暴力交渉であった。松沢さんはそうした圧力にも頑として屈することなく役割を果たした。「松沢は一見温和に見えるがシンは強いんだ」と田畑さんは松沢さんを友人にしていることを誇りにしていた。

後年、高石勝男さんが、田畑さんに対する不満をぶちまけて、水連内に派閥争いめいたトラブルが起こったことがあるが、田畑さんにいわせれば、田畑さんがあまりにも松沢さんとチームワークを組み過ぎて反感を買ったのがその遠因になったのでは、と気をつかっていた。

浜名湾から六名が参加

話は前後するが、第一〇回ロサンゼルスオリンピック大会は一九三二年（昭和七年）七月三〇日から八月一四日までと決まっていたので、田畑さんは二年前に監督として頼んでいた松沢一鶴さんと打ち合わせて大会の前年の八月、全日本選手権をオリンピック第一次予選とし、第一次候補選手を決める。第二次予選として九月のインターカレッジで候補を追加する。そして第二次候補の決定と同時にコーチ・マネージャーを正式に決定する。さらに最終予選会の前に第三次予選会を開いて、これによって彗星《すいせい》的にあらわれた候補を追加して、出発三週間前に最終予選会を行って日本代表選手団を決定する、という念を入れた段どりをしていたのである。

その結果、男子競泳一四名、女子競泳四名、飛込男女九名に対し最終予選に出場する資格を与えることとした。結局、水泳選手団は役員一二名、選手団四一名の大チームとなった。これで日本を代表する水泳選手の顔ぶれはすべて決まったわけだが、このうち宮崎康二、牧野正蔵、鈴木政雄、竹林隆二、片山兼吉、小池礼三と、田畑さんが昔から手塩にかけて鍛えあげた浜名湾出身者六名が参加することとなったのである。田畑さんの喜びはこの時絶頂だったという。

六名はすべて静岡県下の代表選手であるということで、地元の仲間とはかって、この年の六月一三日浜名市公会堂で「国際水上選手送別映画会」なるものを開いた。主催は浜名湾遊泳協会、後援は東京朝日新聞社で、この催《もよお》しの主目的は、選手を激励することと共に、一般スポーツ愛好者にオリンピックとは一体いかなるものかを啓蒙することにあった。午後三時からは学生に無料で公開し、午後六時半より有料で一般に公開した。映画は東京朝日新聞社が撮影した国際水上競技、極東選手権大会、朝日ニュースを次から次へと映写し、盛況を極め、そのあと田畑さんが日本水泳選手団の総監督としての立場から挨拶というプログラムになっている。この時の挨拶の内容は翌日の朝日新聞の記事として紹介されたので、ここにその一部を書き加えることとするが、要するにロサンゼルスに臨む田畑さんの予想というより戦いの姿勢が述べられている。

いよいよ日本が水泳において世界の覇権を握る秋《とき》が来ました。多年斯界《しかい》に君臨して絶対的な強味をもっていた米国が、最近沈滞期にあり、ワイズミュラー去って新進の恐るべきものはなく、優秀選手はむしろ欧州に輩出する状況です。しかしこれも各国に断片的に存在するだけで、この間にあって独り日本のみが個人的にもチームとしてぐんぐん伸びてきたのですが、牧野、宮崎、小池の本県選手がその第一線に立っているのですから心強い限りです。

大体わが牧野はシーズン始めは余り調子が出ず、いつも終り頃になって成績がよくなるので、オリンピックでの活躍は牧野が筆頭、それに続いて北村がぐんぐん押してくると思いますので石原田もいることですし、一五〇〇メートルは三着まで日本が独占するに違いありません。

米国がにらむ一〇〇メートルの優勝については1分を確実に切る者が優勝すると思いますが、ここでわが宮崎と対抗するものはハンガリーのバラニーです。大体この一〇〇メートルは米国の最も力こぶを入れているところで、一〇〇メートルだけは何とかして勝とうとしているのです。たとえ他の種目は全部負けても一〇〇メートルにさえ勝てば、米国としてはとにかく溜飲《りゅういん》をさげられるわけです。ですから日本が一〇〇メートルで優勝して米国の溜飲を封じ込めることは、米国を完全にたたきつけることになり、同時にチーム全体としては、世界に覇を唱えることにもなるのです。

ところで、今の宮崎は59秒台を常に出しており、59秒フラットくらいの実力は持っているのですから、自分の調子をもって泳げば優勝は動かないでしょう。ただ彼をバックアップする者がいないのが心配です。片山の存在がここにおいてものをいってくるのです。

片山は元来立派な選手で、競泳の泳力というか、ある意味の実力においては高石と共にやっぱり日本の第一人者だろうと思うのです。これがここ二、三年来精神的なジレンマに陥《おちい》っていて、とにかく振わなかったものですが最近ようやく元の自信を取り戻してきたと思われます。片山は60秒8という記録は既に以前出しているのですが、自信を取り戻したことは頼もしいことで、片山の奮闘によっては宮崎をバックアップして一〇〇メートルの優勝を確実にすることができ、さらに八〇〇メートルの中心メンバーとなって、これも完全に日本のものとするでしょう。この意味で片山もまた重要な役割を演ずる選手です。

背泳の鈴木ももちろん入選の望みが十分ありますが、まだ若いのだし、むしろ清川をバックアップする意味において奮闘するでしょう。こう考えると、わが静岡選手は数においては派遣軍の四分の一に足りないですが、質においては優に半分以上のものを持っていることになります。大分ほめ過ぎた傾向がありますが、もちろんこれからの摂生《せっせい》と練習は大切ですから、選手はよく自分を自覚して十分自重して欲しいと思います。（後略）

田畑さんは随所に米国をたたきつけるという表現をしているが、これは政治的な発言とは別で、当時アメリカにおいて差別的扱いを受けていると感じていた日系一世の心を思い、政治部記者の心情と重なり合っての敵対意識のあらわれであろうことは否めない。

代表団は六月二六日と三〇日の組に分かれてロサンゼルスに向けて出発することとなったが、水泳は六月一三日、竜田丸で横浜港を出発。七月九日サンフランシスコ経由でロサンゼルスに着き、オリンピック村に入ることになる。

ところが途中ホノルルに着く直前、トラブルが起こったという。船中でインドのソンデイ（後年のアジア競技連盟会長）が「われわれはアリアン民族でアジアの連中とはどだい人種が違うんだ、日本人は蒙古の出身だ」といかにも日本人を侮辱したというので日本の選手がえらく怒り、何の騒ぎかと思って田畑さんが出かけてみると、今にも鶴田義行さんがソンデイを海に投げ込むと意気まいていたという。

結局ソンデイの陳謝でことは収まったが、インドの選手たちはアリアン民族こそはヨーロッパ人のルーツであるとその人種を誇りとしていたのに対し、鶴田選手はアムステルダムオリンピックの金メダリストという誇りがあって強硬に対決したという話で、田畑さんとしては予想もしなかった争いとはいいながらも、時代背景とはいえ、忘れられない事態だと、よく話してくれていたものだ。

ロスに着いて選手村に落ちついてひと息ついた頃、アメリカの在留邦人が田畑さん一行をフェアモントホテルに招待して歓迎レセプションとなった。ホテルに行ってみると『無敵水上日本歓迎』

と墨書きした横断幕を掲げて水泳チーム歓迎の温かいもてなしの準備をしてくれたのだったが、田畑さんは、その配慮に感謝の意を表しながら、大会が終わってからにしてもらいたいと交渉した。

祖国を見直す日系二世の娘さん

日系人は前年の日本における日米対抗水上の成績をよく知っていたから、田畑さんとしては、このレセプションの温情に甘えるのがよいかどうか迷いながら松沢監督と相談した。コンディション調整のこともあるので、選手に街を見物させてもらうことでどうかということとなり、二世の娘さんたちの車で街見物となったのだったが、一〇〇メートルの高橋成夫選手がえらく腹を立てて帰ってきたという。

田畑さんが何事かと聞くと、高橋選手のいうには、二世の娘さんたちが「あなたたちはウソをついている。日本人が白人に勝てるわけがない。勝つとか強いとかいって歓迎会をやってもらおうとしているのじゃないか」と難癖をつけたので、面白くないから途中で戻って来たのだという。

田畑さんとしては、日米水上の日本勝利の情報を一世はまともに受けとめながらも、二世の娘さんたちはこれに疑いを持っていることに気がついたといっていたが、ソンデイといい、二世の娘さんたちといい、人種差別の嵐をまともにかぶっていたからこその発言だと感じたということだった。

ロサンゼルスで水陸共に日本が大勝したことはここに改めて述べることもないが、オリンピックが終わってから同じフェアモントホテルで在留邦人主催による歓送会が開かれたその宴席で、初め日本の強さに疑いを抱いていた二世の娘さんたちが、テーブルスピーチで、かわるがわる述べたことを田畑さんは本当に嬉しかったといっていた。

二世の娘さんたちは、日本が本当に強いことをこの目で見て初めて理解できたこと、これまで疑っていた失礼を詫《わ》びる挨拶が多く、祝宴は大いに華《はな》やいだということだった。

ある少女は「この前はたいへん失礼なことをいって後悔しています。でも今まで、日本人が白人に勝てるなど絶対ないと本当に思い込んでいたのです。私たちは今まで白人の社会に入れてもらえなかったので、祖国に日本という国を持ったことを恨んでいたものです。ところがあなた方が勝ってくれて、日本人は決して白人に負けないことがよくわかりました。私は祖国を見直しました。これからは何の気兼ねもなく白人社会に入っていく自信ができました。本当にありがとう」と体中喜びをみなぎらせて語ってくれたことに田畑さんは感動したのだった。そして本当に勝ってよかったと思ったといっていた。

田畑さんはもっと驚いたという話をよく聞かせてくれたものだ。田畑さんが水泳のプログラムを終わって、在留邦人の体育協会事務所に行く途中、初老の邦人が、とびついてくるように握手を求めて涙を流して「ありがとう」を連発するというのだ。いかにもアメリカで苦労したことがうかがえる感じであったそうだが、老人の話によると、「私はアメリカに渡ってきてから二七年になるがこれまで街中で、お前は日本人かと白人に問われても返事をしたことがない。中国人か、インド人かといわれても黙っているのみであった。もし自分が日本人だといえばどんな迫害を受けるかわかったものではない。むろんこれまで、日本人という理由だけで白人の入っているレストランにも、映画館にも入れてもらえなかった。ところが、今すぐそこの道のまん中で、『君は日本人か』と白人に聞かれたので、『そうだオレは日本人だ』と答えると『君はそうか日本人か、日本の水泳選手は実にすばらしい、おめでとう』といって手を握られた。自分はアメリカに来て二七年めにして初めてオレは日本人だと腹の底から口に出してこんな嬉しいことはなかった。私は思わず大日本万歳と大声で叫んできたところだ」と大要こんなことを田畑さんに長々としゃべってしっかりした足どりで去ったというのだ。田畑さんはこの時、こんなに差別を受けているとは思いもよらなかったとよくいっていた。

ある日、選手村の田畑さんの部屋にエール大学の教授が見えたという。名は忘れたが、このことも忘れられない話だと田畑さんはよく聞かせてくれた。その教授は日本人の理解者で親日的な人であったという。教授がいうには、「あなたは選手を連れて東部へぜひ行った方が良い、あなた方の青年が東部へ行けば、それによって対日感情が全面的に好転するとは思わないが、大きく好転することは間違いない。水泳の試合をする必要はない。日本の若い人たちが東部を訪問するだけでよい。先般日本の外交官が、数人親善使節として東部を回ったが何の足しにもならなかった。あなたが選手を連れて東部に行くに限る」と、しきりに教授は勧めるのであったが、田畑さんは「そうした予算は考えていないので急には無理だ」と答えると、教授は残念そうな顔つきであったというのだ。

それは別として、ロサンゼルスのプールは、大会後、日本人が白人と一緒に泳げるようになったことは事実である。それまでは厳禁されていたのだった。

田畑さん一行がロサンゼルスを発ってハワイまで帰ってきた頃、現地在住の東本願寺の大僧正が、「あなた方は実に立派なことをやってくださった。ハワイの日本人は率直にいって、今まで卑屈になっていた。私は宗教家だから、勝ち負けだけで物事を判断することは好みません。しかし今度は日本人として何だか肩身が広くなったような気がします。どれだけハワイ在留の邦人が自信を増したかわかりません。本当にありがたいことです」といってくれたという。ここでもスポーツというものに備わる格別な相互理解の効力、そしてスポーツで勝つことのすばらしさをしみじみ味わったというのだ。

排日を売り物にしているような新聞でさえ連日の日本選手の活躍をトップの赤刷りで報道したのだから、在留邦人たちは長年つかえていた差別のしこりを洗い流し、いかに肩身を広くしたことか、田畑さんにとって、ロサンゼルスの初体験はスポーツを見直すいいチャンスであったともいう。

勝ち負けも大切だが、同じ条件のもとで、同じルールで力を競い合い、勝者は敗者をいたわり、敗者は勝者におめでとうの態度を示すことの自然な情景は、観る人に対してどれほどの感銘を与えるかが、改めてわかったともいっていた。こうした経験が、後年、オリンピックを大切なもの、人類の文化としてかけがえのないものと考える田畑さんのスポーツ観ともなり、戦後のGHQのくどきにかかることにもつながっていったのではないかと思うのである。それは田畑さんが純粋な人であったからこその話であるに違いない。

西竹一中尉との別れ

西竹一《にしたけいち》選手について、筆者は田畑さんから何度も聞いている。田畑さんにとって西さんは特に思い出深い人であったようだ。西さんは改めて説明するまでもなく、男爵の爵位を持った当時でいえば華族だ。西さんの先代は外務省とも陸軍省関係とも聞いていたそうだが、定かなことは田畑さんは知らないという。ただ西さんの代になっても四谷《よつや》あたりに四千軒もの家作《かさく》を持ちたいへん裕福であって、西さんがその家を気の済むままに売りとばして飲んだり、僚友知人との遊びに使い果たし、十分堪能したところで家作の残りを数えてみたら、まだ七百軒残っていたということを聞いていたという。

生活ぶりも一般庶民とは違い、コック付きの食堂を邸内に持つような上流貴族で、今日流にいえば、ダンディ青年とでもいうのだろうが、といって不まじめ人間でもなく、個性の強い人であったのは確かであったというのが、田畑さんの西青年像であった。

さてロサンゼルス大会の時の馬術は、監督は遊佐幸平《ゆさこうへい》大佐、選手としては総合馬術に城戸俊三《きどしゅんぞう》騎兵少佐（騎兵学校教官）、奈良太郎《ならたろう》砲兵大尉（野戦砲兵学校付）、山本盛重《やまもともりしげ》騎兵大尉（大和乗馬クラブ）、大障害に今村安《いまむらやすし》騎兵少佐（騎兵学校教官）、吉田重友騎兵大尉（騎兵学校教官）、それに西竹一中尉（騎兵第一連隊付）の六選手の参加である。ただし馬術の場合、選手と共に馬と、馬取扱者が共に渡航することが必要で、これは当時陸軍の騎兵隊関係者のしきたりだったという。馬と取扱者については田畑さんの資料に基づくが、次の通りだ。

馬の名	所属	取扱者
ダンシングダイナ号	李王家	千葉小平
リンネボーイ号	島村一郎	〃

久軍号《きゅうぐん》	騎兵学校	倉内浅吉
ファレーズ号	竹田宮家	〃
アイルランド号	騎兵学校	嵯峨謙次郎
ウラヌス号	西竹一中尉	〃
国香号	騎兵学校	松沢明重
ビスカイ号	大倉喜二郎	川西又一
クルーエット号	松村昇	〃

馬の名称でもわかるように、ほとんどの馬はヨーロッパからの輸入馬を調教したものが多く、ウラヌス号のみ西竹一さんの所属となっている。このウラヌス号は、田畑さんの知る限りでは西さんがヨーロッパへ出かけて求めてきて日本で調教したものであるというが、たいへんな悍馬《かんば》で、手のつけられぬほどの荒っぽい馬だったと聞いていたという。しかしこの馬を西さんがあえて求め、乗りこなしたのであるから、よほどの努力をしたのに違いないと田畑さんはいう。

馬術の選手や馬及び馬取扱者は、昭和七年四月二日に第一陣が城戸少佐の指揮のもとに鳥羽丸で横浜を出航し、他の選手は五月一二日遊佐監督と共に浅間丸で横浜を出航した。西さんは第二陣の出発と田畑さんは記憶しているということだった。鳥羽丸は五月八日ロサンゼルス港着で、土地、風土の変わったところで馬を調教して順応させるための配慮と作戦は今日と同じわけだ。

馬術のチームは選手村に入らず、別に宿舎を構えていたが、おそらくそうした資金は陸軍省から支出されたものと思うと田畑さんの話だ。ただ西さんはロサンゼルスで自動車三台を自分のカネで買い求め、僚友や遊佐監督と共に余暇をエンジョイしながらトレーニングに励んでいて、車を乗り廻しながら、しょっちゅう酒を飲み、休養は休養、練習は練習という遊佐監督の方針で大会に備えていたようだ。田畑さんは松沢さんと遊佐幸平グループに、遊佐さんの名をもじって「あそびさゆくべい」と仇名《あだな》をつけられたところ、遊佐さんグループも「あそびさクラブ」と自らを名乗っていたという。こんな気楽なムードの中で、トレーニングはどうもしっかりやっていたらしい。

西さんの優勝した大賞典障害飛越は、障害九個の飛越で、各障害は幅が広く、その上かなりの高さで、しかも助走距離があまり広くない。このため無欠点者は皆無で、落馬した者も数人出て失格者も多く、チーム三名全員が最終点まで到着した国は一つもなかったという。したがって団体の成績順位は成立しなかったわけだが、この中にあって西さんはわずか八点の減点のみですべて飛び越し、ついに待望の優勝をなしとげたというのであった。

西さんは大会後「優勝するなんて考えていなかった。ただウラヌス号との人馬一体のみに専念した」といっていたそうだが、西さんとウラヌス号とぴったりと気が合っていたことによる勝利というのが、馬術の関係者の専門的な評価だったということだった。

時が変わって、第二次大戦が激しくなったある日、田畑さんが朝日新聞の緒方竹虎さんの自宅にいると、西竹一さんが大尉の肩章をつけ、丸坊主頭で挨拶にやって来たという。西姓は九州の出身者が多く緒方さんは九州の人だから、つながりがあったと思うのは筆者の想像だが、田畑さんも、先代からのつき合いなので親しくしていたようだといっていた。

それはともかく、この時の西大尉の姿勢たるや毅然たるもので、これぞまさしく武人というべきものであると思われるりりしさであったという。挨拶のむきは、明日から最前線基地に出向くので、もう二度とお目にかかれぬためのお別れということであった。西さんは普通の軍人とは違ったダンディぶりであって、それが陸軍の上層部から憎まれたものか、満州のしかも危険な前線ばかりに配属され、緒方さんのお宅を訪れた時は、硫黄島《いおう》にやられる前日であったわけである。

しかしこの時西大尉はいささかも命を惜しむ気配もなく、ただすがすがしく晴れ晴れした表情で、田畑さんとも別れの挨拶をしたそうだが、まさしくこの時が西さんとの今生《こんじょう》の別れとなってしまったのであった。

硫黄島は米軍の総攻撃を受けて、やがて玉砕するのだが、当時アメリカのラジオ放送はしきりに「バロンニシ無駄死にするな。戦火をおさめよ」の戦略放送を硫黄島に向けてしたものといわれている。これに対して、当時情報局総裁の任にあった緒方さんは、NHKのラジオ放送を通じて硫黄島向けに「西大尉ガンバレ」の声を送ったものだという。田畑さんはいつもこの話の時に、「ボクは今でも鮮烈に西君との別れと、緒方さんの必死の表情での放送が記憶の中にあって、とても忘れられない」といっていた。

田畑さんは西さんとの別れの話をすると、いつもロサンゼルス大会に参加した城戸俊三少佐のことにも触れるのであった。馬術は西竹一中尉の優勝によって華やかな凱旋《がいせん》の船旅となったが、夕日の沈む船中、デッキの片隅にじっと夕日をみつめる軍人の後姿を田畑さんは見たという。近づくと城戸さんだったので、何ごとに想いふけっているのかと思いながら、その時田畑さんは城戸さんの愛馬久軍号のことを思い浮かべた。

城戸さんは久軍号を馳《か》って総合馬術に参加をめざしたのだったが、練習中に愛馬の久軍号が負傷してしまった。軽傷だったので競技に参加できなくはない。しかし無理に参加すればその負傷が悪化して廃馬に陥ることは間違いない。人馬一体を旨とする軍人として、また競技者としても、その悲劇の必定を知って馬にムチを打つわけにはいかない。城戸さんは涙をのんで棄権したのだった。この話は当時、知る人ぞ知るの美談とされていたという。

城戸さんは沈みゆく夕日をみつめる目を田畑さんに向けて語ったという。「西君の優勝を心から祝福しています。しかし私も彼も四年間というもの、共に努力して勝つためのトレーニングに励みました。私の愛馬久軍号を負傷させたのは私の技術の至らぬところに大きな原因があります。つまり愛馬の負傷は私の敗北であります。どんなに努力してもスポーツは勝たねばダメです。私は今、しみじみとそれを感じています」。

田畑さんの知る限りでは、西さんのダンディぶりとは対照的なほどに城戸さんは聖者の如く気まじめ人間に見えた。しかし戦いすんで日が暮れての両者の感慨もまた明暗をくっきり分けて極めて対照的であった。田畑さんは船中の城戸さんの後姿と城戸さんの弁を忘れることができないと語るのであった。

ロサンゼルス大会を振りかえって

ロサンゼルスオリンピックは数々の話題の豊富な大会となったが、田畑さんの自筆よりなる一文が残っており、次のように述べているので附記したい。東京オリンピックでの選手村は代々木のワシントンハイツを改造したものだったが、田畑さんの選手村づくりの計画はロサンゼルスの選手村を下敷としたものだけに、田畑さんの理想図が読みとれるのである。

ロサンゼルスオリンピック大会は、オリンピック自体が完全に軌道に乗り、最もオリンピックらしい大会だったと思う。全く政治色のない純潔な大会でもあった。この大会に参加して得た見聞は、その後の私の長いスポーツ生活を顧《かえ》りみて最高のものであった。

カリフォルニアの陽光がさんさんと輝く中で、気温、水温ともに二五度前後と快適で、すごしやすさも最高だった。広い高台に芝生を敷きつめて、シャワー室をはさんで一人部屋二つの独立家屋からなる居心地よいオリンピック村、完全なる女人禁制で、全くの男天国、世紀の英雄フィンランドのヌルミ選手が朝早くサウナ風呂から飛び出して、素裸で芝生の上を走っている情景は今でも目に焼きついていて忘れられない。

参加人員が一五〇〇人内外と手ごろだったせいもある。食堂は一つで間に合い、同時に白、黒、黄色の若者が一堂に会して談笑しながら食事がとれた。格好の交歓の場といってもよく、何物にも気がねのない全く解放された光景は、これがほんとうのオリンピックだと思った。

参加選手が六〇〇〇人にも、七〇〇〇人にもなった最近のオリンピックでは、食堂は四つも五つも必要となった。地域とか習慣、あるいは食事の趣向、競技別によってグループ分けをせざるを得なくなったが、オリンピック村の良さは半減したと思う。ロサンゼルスは文字通り、古きよき昔であった。

日本はオリンピックの東京招致を既に意図して、空前の代表団を編成したものだったし、この大会から初めてご内帑金《ないどきん》が出たもので、われわれは日の丸の白と赤でふちどられた恩賜《おんし》のブレザーを作った。

私は水泳の総監督兼本部役員としての参加、平沼亮三《ひらぬまりょうぞう》団長以下、山本忠興《やまもとただおき》（陸上）、松沢一鶴、杉本伝《すぎもとつとう》（水泳）、大島又彦《おおしままたひこ》、遊佐幸平（馬術）、東俊郎《あずまとしろう》（ボート）、大谷武一（体操）ら役員もそうそうたる顔ぶれで、チームを取り仕切っていた。だから、チーム内はもちろん、対外的にも何一つトラブルらしいトラブルもなく、模範的な代表団だったと今でも思っている。これらの人々はのちに長く日本スポーツ界の指導的役割を果たし、その近代化の礎《いしずえ》をつくった人々である。

ロサンゼルス大会の頃、日本は満州事変で国際的信用を失い、対外関係がまずかったことは、歴史が明らかにしているが、とにかく日本人は一人前に見られていなかった。在留邦人は食堂から締め出され、道を歩けば石を投げられるような迫害を受けていた。黒人は白人のプールにも入れてもらえないような雰囲気でもあった。

しかし、日本の水泳チームだけは最初から違っていた。前年の日米対抗で完勝していたので、最初からえらい人気だった。新聞にキッパス監督の談話として「アメリカの現状では日本に勝てないことを自覚している。至宝のワイズミュラーもコジャックも引退し、その痛手は回復していない。私は勝敗を予想する元気もない」というふうな言葉が掲載されたりして、日本水泳チームはアメリカ国内のみならず、全世界から注目されていた。

当時は今と全く逆で、日本選手が練習を始めると、外国選手はプールから上がって、おずおずした表情で見物していた。今日では、アメリカの選手がプールへ来ると、日本の選手たちはプールから上がって彼らを見物している。実力の差がそうさせるのであろうか、いずれにせよ、昔の日本選手は堂々としており、優越感を持っていた。私は前年にアメリカを徹底的にたたいておいた効果が計算どおりあらわれていたものと、ひそかにほくそ笑んだものだった。

統制が勝因

水泳がこのような大勝利を得た陰には、マネージャーの野村憲夫君の大きな功績があったことを忘れてはいけない。野村君は選手団より一〇日前に先発して、いろいろ現地調査をして、選手村がいちばん住むのによいという結論を出していた。チームが到着した時には宿舎の準備も、食事についての好みも、練習場の手配も、それへの往復の自動車のことも万端を整えてくれたので、チームはどれほど楽をしたかわからない。チームが着いてから交渉したのでは、少なくとも一週間や一〇日間は落ち着かないままに過ぎ去って、本格的な練習は思いもよらなかったろう。

未知の土地へ一人で行った野村君の労苦は想像に余りあるが、野村君が先発してくれたため、水泳チームはどれほど得をしたかわからない。お陰で水泳チームにとって選手村は実に住みよかった。水泳チームが練習以外には不出門の掟《おきて》を守り通すことができたのも野村君の至れりつくせりの準備の結果であるといっても過言ではない。私はオリンピックで本当にいい成績をあげるためには、そのスポーツ・プレーのマネージャーを少なくとも半月前に先発させて、宿舎や練習場の準備と調査をしておくことが絶対必要だと思う。

松沢君の方針もあって、水泳は統制を厳しくしていた。それも勝因の一つだったと思う。ある時、われわれが練習場からバスを降りて、夕やみ迫る中をみんなと一緒に宿舎に帰る途中、陸上競技八〇〇の武村清君だったと思うが、突然「田畑さん、水泳は統制統制とやかましくいうが、個人個人の各々が性格や生活が違っているのだから、あまり一律にしてしまうのはどうかと思う。夜の町を散歩した方がよく寝られる人もいるし、またレースの前、夜遅くまで映画を見て気分を変えた方がよく寝られる人もいるし、陸上の織田さんがそういう人もあり得るといっていた」と話しかけてきた。

私は「オレだって別に統制主義ではない。一人一人にコーチがついていて、一人一人が隔離した部屋を持っていて、一番いい時に起きて、一番いい時に寝て、最も適当に思える体調の時に練習をする。そして適宜《てきぎ》娯楽をとって、目的を常に忘れずに、一番自分に適応した生活をすることができれば一番いいだろう。しかしそんなことは絶対に不可能で、四人で一部屋にいて、しかもプールの使用時間は制限されている。そうなれば練習時間が定まってしまい、これに従って食事の時間も、起床も就寝時間も決まってしまう。また四人のうち一人が夜映画を見る方が心身ともに休まるといっても、その人が遅く帰ってくれば、他の三人が夜中に眠りを妨げられる。また一人が外出すればそれにつられて他の人も外出するようになり、決してよくない。そこで一つの約束が必要になる。その場合、五〇歳近い鶴田や、高石もいれば、君たちのような二〇過ぎの人もいるし、一六、七の宮崎や北村もいるので、結局約束の限界は、一番若い宮崎や北村がやれるところに落ち着くのはやむを得ないことと思う。だから鶴田や高石はもちろん、君たちもバカバカしいと思うところはあるかもしれないが、これは我慢しなければならないのだ。何も統制を理想の選手管理とは思わないが、チームとして行動する以上、これに従っていくのは当然だろう。統制は理想ではなく、必要だからやむなくやるんだよ」と答えたら、武村君は「それならわかりました。やむを得ません」といってくれた。

こんなわけで水泳はオリンピック村では練習とチームとしてのピクニック以外は、不出門の掟を厳守して、ひたすら勝利に向かって精進した。オリンピックともなれば、見物のチームもあれば、自由に行動するのを理想とするチームもあろう。水泳のように極端な統制を受けるのは苦痛であろうが、これは勝たんとするチームにのみ課せられた光輝ある苦痛であるからやむを得ないことだろう。実際問題となれば、そうと決まってチーム全体がその気にさえなってしまうが、団結の快感の前に、そんな小さな苦しみなどは問題なくなってしまうに違いない。

水泳の場合、きちんと統制ある行動をとったことがあれだけの好成績を得た直接の原因であり、選手たちのオリンピックへの思い出の中でもあのような生活はむしろ快感として残っているものと私は信じている。もし、これくらいが辛抱できない者は水泳に関する限りオリンピック選手の資格はないものと断言してはばからない。

ロサンゼルスの大勝利は、単にメダルをとった選手だけの功績ではなかったし、競技に出なかった選手も、水泳や飛込の選手も、また女子の選手も、みんなあらゆる犠牲を忍んでも優勝を願っていた。

技術方面では松沢にすべてを任せていたので、彼の勝利といっても良いかも知れない。しかしそれは松沢自身が心の中でそう満足していればいいのでそれをストレートに外に向かって言動に表すほど松沢は非常識ではないし、松沢自身、心の中の大半はみんなの結束の力であるとみんなに話している。選手にしてもそうだ。勝った選手は自分の心の中で自分の勝利だと思ってよいのだ。しかし、心の中の半分以上はすべてみんなの力であると信じて、いささかも天狗《てんぐ》にならないことが大切と思っている。

神宮プールの建設

ここで改めて神宮プールについて述べなければなるまい。

神宮プールは、東京オリンピックの水泳会場である代々木の国立競技場の出現によってややかすんでいるが、神宮競技場（国立競技場の前身）のすぐそばにあって戦前戦後の日本水上のメッカであった。この神宮プールは昭和五年五月二五日に完成したのだが、田畑さんは心血を注いでこれに当たった。

田畑さんは東京のどまん中に何とかして日本水連の専用プールを造ることを念願としていた。それまでは東京には芝公園と玉川の二つのプールがあったが、芝公園のプールは近代性の設備がなく、観客の収容能力が足りず、玉川は芝公園よりはましだったが、交通の便が悪いのが致命的であった。水泳の殿堂を造ることは当時、時代の要請でもあったのだ。

プール建設に当たっては当然建設資金の調達が必要となるわけだが、田畑さんは、いきなり金づくりの作業にはかかわっていない。このあたりがいかにも田畑さんらしいやり方なのである。というのは、日本の水泳界が一丸となってこの問題と取り組まなければならない。そのために水泳界内部の城がためを考えた。

当時の日本の水泳界事情は複雑で、日本水連、学生の団体の学連、それに古くからあった遊泳協会、とばらばらであったので、それを一つにまとめることがまず必要であったのだ。それは人間が集まっている三つの団体をひとまとめにする組織の統一であり、これは金づくりよりも難しいと思ったと田畑さんは昔を懐かしんでよく語ったものだった。田畑さんとしては専用プールを造って、ここでアメリカを徹底的にたたいてみたいという意欲があったのだが、それにはまず内を固めるという作戦であったわけだ。

さて組織づくりを手がけてまず気がついたのは、学連が独立した存在で日本水連と対立していたことだった。水連は単に水泳の全日本統轄代表団体であるという虚名を博していただけで、しかも有力選手はすべて学連に所属していたから、日本水泳界の一本化という指導方針を競技者に徹底させることは不可能に近い状態であったという。しかしこんな状態では、オリンピックをめざすといっても単なる掛声に終わって実効を伴わないどころか、肝心《かんじん》の専用プールの建設に当たっての資金づくりにも迫力を欠く、というのが田畑さんの危惧であった。

そこで田畑さんは最初に学生の組織吸収に努めることになる。田畑さんにしてみれば、学連は話せばわかると確信していたという。もともと日本の水泳界は、東大の水泳部をはじめ学生によって作られたのであり、それが主体となって水連が発足している。しかし、その後学連は水連に正式加盟せずに外部から水連を監視するという方針であった。だから、実際問題として安直に新しい構想の水連傘下に入れることは非常に困難が予想された。

当時の学連役員は早大が西本、明大が村松、慶応が林、帝大が大木、立教は砂辺といった名を、田畑さんは目をつむりながら記憶をたどってすらすらいい並べながら、自分の説を学連の諸君は支持してくれ、心を一つにして正式に日本水連に加盟してくれたと話を結んだ。そしてもしあの時、水連と学連の完全合併がなかったら、以後、いらぬ紛争をくりかえしたであろうから、ロサンゼルスオリンピックの優勝は考えられなかったであろう。

日本遊泳会の方は大正一五年に水連が明治神宮体育会を脱退して以来、神宮大会を担当していた。当時、水泳界を知らない者は日本に二つの水泳統轄団体があると誤解していたので、早大の西本さんの斡旋《あっせん》もあって水連は再び明治神宮体育会に加盟し、もとのように水連が神宮大会を開催することとなり、名実共に、対内的にも対外的にも水連が唯一の水泳統轄代表団体になったのである。

さてプールの建設に当たって、田畑さんは日本水泳界の統合をなしとげてから資金づくりをめざすといっていたが、それは建前であり、水面下では独自の資金づくりの工作をしていたのだった。そうでなければ専用プールの建設に時間がかかり過ぎるという田畑さんの見通しであったのだ。

最初プールの設計をさせたら四五万円もかかるということだった。早速田畑さんは鳩山一郎《はとやまいちろう》さんに建設委員長になってもらい、金集めにとりかかったが、どうしても一三万円ぐらいしか集まらない。そのうちに日本水連会長の末弘厳太郎さん（戦後中央労働委員長）が、「こんなことなら造るのをやめよう」といい出す始末。松沢一鶴さんが協力してくれたものの、結局田畑さん一人が建設に熱中せざるを得なかった。

募金が行き詰まり状態になって弱り果て、平沼亮三さんに相談に行ったところ、「世間にはそれぞれしきたりがある。三井が五万円出すなら三菱は五万円か三万円、大倉組や安田は一万円だろう。私がもし金を持っているとしても、私ごとき者は格からいっても、またスポーツに関係があることを考慮に入れてもせいぜい三〇〇〇円しか出せないだろう」といった調子で、田畑さんはほとほと困り果てたところ、体協専務理事の郷隆君《ごうたかし》（久富達夫《ひさとみたつお》さんの実兄）が「体協会長の岸清一《きしせいいち》さんが田畑はなぜオレのところに頼みに来ないかと怒っておられる」といっているのを聞いた。

岸さんは東大ボート部出身の弁護士、ワンマンといわれたが、別に述べるように、私財を投じてスポーツ界の面倒をよくみられた方だが、当時の田畑さんは、この岸清一さんは、なかなかとっつきにくい人で、どうしても頭を下げる気にはなれなかったという。しかし、背に腹はかえられず、頼みに行ったところ五〇〇〇円を出してくれた上に、さらに明治神宮奉賛会の阪谷芳郎《さかたによしろう》会長を紹介してくれた。

田畑さんはこのことは気がつかなかったようだが、別行動として親友の松沢一鶴さんが阪谷さんから原田積善会に話を通す工作をしてくれていたので、田畑、松沢の両面工作が功を奏して、原田さんが一六万円、不足分は神宮奉賛会が全部出してくれるということで話がまとまったという、粘り強い資金づくりなのであった。

ただし飛込台だけは、生命保険協会が造るということで一万円を出してくれたが、そのいい分は

「自分たちは、みんなが健康になり長生きしてくれればそれだけでもうかる商売だ。そのためにもスポーツをどんどんやって下さい」というなるほどと思える協力ぶりだった。

こうして神宮プールは昭和のはじめに完成、こけら落としとなったが、この日を記念して国際試合を五月二八日から四日間にわたって開いた。この時はアジアの近隣国を招いての極東大会であったが、玉川時代が終わり、水泳は神宮プールが始まったのである。田畑さんは神宮プールの生みの親であり、その後戦後の東京オリンピックまでの間、多くの名選手輩出の舞台となったのである。

この話は、晩年の田畑さんの本拠である巣鴨《すがも》の東京スイミングセンターの会議室で聞いたのだが、田畑さんは、「ここのプールは神宮プールを造る時の趣旨とは意味が違うが、問題は何を目標とし、そのためには何をすればよいかが肝心なのであって、日本国内にこれから次々と民間のプールができるだろうが、それがスポーツ産業となったら意味がない。むしろプールとプールが客の奪い合いになって、日本の水泳はしぼんでいく途に転落するかもしれない」ともいっていた。

ヒトラーのベルリン大会

一九三六年（昭和一一年）はいよいよベルリン大会の年である。水泳は八月八日から始まることになっていたので、田畑さんはその日程に合わせて、最終予選は五月二九日から三日間、神宮プールで行い、競技のすんだ三一日午後五時半から選手選考委員会を開き、男子競泳二二名、女子七名、飛込五名、水球一一名の大きな代表チームを決定、ロサンゼルス大会よりも四名多い、四五名の代表選手団となった。

さてベルリン大会に臨んで、日本選手団は船便ではあまりにも日数がかかるため、シベリア鉄道を使っての陸路遠征と決まった。今日では飛行機でひとっ飛びではあるが、当時にそんな便はない。シベリア鉄道を使ってのベルリン入りは実に気の遠くなるような話ではあるが、実際のところこの便が最も便利であったわけだ。生前田畑さんは、もう詳しいことは正確に覚えていないから誰かに聞いてくれといわれたもので、筆者は、ベルリンオリンピックの金メダリスト孫基禎さんに教えてもらったが、そのコースは次のようなものである。

東京から下関《しものせき》まで二四時間、下関から釜山まで船便で六時間、連絡船を降りて満州里まで五〇時間、そこからシベリア鉄道に乗り換えるわけだが、二四時間休みなしで走って途中停車しながら七日間乗り続けてモスクワ着、それからポーランドのワルシャワ経由で三日ほどでベルリンのフリードリッヒ駅に到着するという、今では気の遠くなるような話だ。その間陸上競技の選手は列車の途中停車ごとに適度な足ならしのトレーニングもしたというが、水泳は水泳で松沢一鶴監督のもとで東京五輪の時にはやったサーキットトレーニングをやった。

当時の日本選手団団長は平沼亮三さんで、田畑さんは副団長、田畑さんの感じたベルリン入りの感想は、ベルリンに着くと、軍服のいかめしいオリンピック村村長に「カシラー・ナカ」という日本陸軍の軍隊敬礼で出迎えられびっくりしたという。規律のよいところを見せられたのが、どうもよそよそしい感じだったという。

時はヒトラー最盛期のベルリンであり、町並みには五輪旗とハーケンクロイツが翻《ひるがえ》り、ヒトラーユーゲント（少年団）と親衛隊が街を闊歩《かっぽ》し、前回のロサンゼルスオリンピックとは、ずいぶんと変わった雰囲気だったというのが田畑さんの口癖だった。日本は、次の大会に東京オリンピックを招く勢いだったので大デレゲーションを編成してベルリン入りしたため、その代表団に対する敬意とも受けとめられたが、それにしても異常だったというのが田畑さんの感想だったわけだ。

いずれにせよ、ベルリンオリンピックはヒトラーがナチス・ドイツの威信を世界に誇示するために総力を結集した大会であって、技術・科学・芸術を含め、ドイツの持てる力を総動員した豪華なものだったという。郊外の景勝の地、グルネワイトの名称の通り、緑に囲まれた一〇万人収容の壮大なスタジアム、組織委員会事務総長のカール・ディームの発案で初めて行われたトーチリレー、豪華なオリンピック村、女性監督リーフェンシュタールが作った、後世に長く話題となった記念映画「美の祭典」と「民族の祭典」など、その構想といい、創意工夫といい、全く感服のほかなく、次回の東京オリンピックでこれだけのことが果たしてできるだろうかという危惧が、この時田畑さんの胸の奥にあったという。とにかく、モダン・オリンピックの形式美は、ここに完成したといってよかろう。統制のとれた運営、さすがにドイツ民族と思わせたと田畑さんは感服した。

ただ、ギリシャのオリンピック遺跡で太陽光線を集めて点火されたトーチは、七カ国三〇〇〇キロをリレーされて主競技場に着くのだったが、この件について田畑さんは、カール・ディーム組織委員会事務総長より、バルカン半島の軍事上の調査をヒトラーが命じたことに反抗したことを聞いて、「これは何かあるな」とヒトラーの伏線にもやもやしながらも違和感を持ったのは、やはりジャーナリスト田畑さんの感触だったのであろう。

カール・ディームはそれを田畑さんに漏らしたかどでヒトラーから諫言《かんげん》めいたものを受けたことを、後年田畑さんから聞いているし、戦後の東京オリンピックのあと、カール・ディーム未亡人が来日した時、そのことをじかに聞いている。

開会式はリヒアルト・ストラウスの指揮するオーケストラと、白衣の二〇〇〇人の合唱団、そしてゲーリングやヘスといったナチスの首脳を従えて「ハイル・ヒットラー」の歓呼に応え、右手をあげてのヒトラーは、まるで千両役者のようであったという。とにかくあっちにいってもこっちにいっても「ハイル・ヒットラー」で、選手村の床屋のおやじさんまでが「ハイル・ヒットラー」が挨拶がわり、日本の若い選手たちも彼らの調子に合わせて、やたらと「ハイル・ヒットラー」を連発していたので、田畑さんもさすがに嫌味を感じたといっていた。

一説には、一九四〇年（昭和一五年）に予定されていた東京オリンピックののち、再びオリンピックをベルリンにもってきて、その後永久にオリンピックをベルリンに定着させて開く意図があったといわれ、このことについてはオリンピックの創始者クーベルタン男爵に見抜かれていたとも伝えられたと田畑さんは耳にしている。つまりヒトラーはスポーツでの世界制覇を夢みていたわけで、もしそうなっていれば、オリンピックは早々に地球上から姿を消していただろうというのが田畑さんの観測であった。事実、クーベルタンの遺言にも同様の感想が書かれている。

ベルリン大会は、確かにすばらしい大会ではあったが、ナチスなる組織のやり方が、世界の主要な国々、米国をはじめ、特に近隣諸国から嫌悪と警戒の目で見られていたことは、ヒトラー自らがよく知っていたと田畑さんはいっていた。そのため、祭典そのものは極力ヒトラー色を出すまいと、当局者は神経をつかっていたようで、「平和」のイメージを各国選手に精いっぱい植えつけようと努めていたが、それが逆効果になって、みせかけの努力のように田畑さんには思われたという。

ベルリンの街には花がいっぱいあって、その花にまじって赤地に黒のハーケンクロイツの旗が色どられ、その前を突撃隊や親衛隊の制服兵士が肩をいからせて歩いていたので、いやがうえにも政治的圧力を感ぜずにはいられなかったようだ。すっきりしたロサンゼルスに郷愁《きょうしゅう》を感じていたせいかもしれない、と田畑さんはいっていたが、田畑さん自身としては少しも気持ちのよい大会ではなかったといっていた。

ロサンゼルス大会の時は、売春婦を市の境から二〇〇マイル以外に退去させたというが、ベルリン大会では監獄に収容したそうだ。

そうした強硬策を事前に察して、ＩＯＣはドイツがユダヤ人を差別迫害するのではないかと心配して、そうしないための保証を要求したが、ヒトラーが監獄ゆきを指定したのは売春婦にとどまり、オリンピックを成功させるために、ヒトラーはユダヤ人の才能をあますところなく活用した。大会運営に最も重要な役割をもつオリンピック村の村長も、かけがえのない存在ということでユダヤ人を起用したのだったが、しかしこのユダヤ人村長はオリンピックが終わり選手村が解散すると同時に自殺している。利用価値がなくなれば、再び強い迫害を受けることを恐れたのかどうか、田畑さんは帰途マルセイユの新聞でこの事実を知り、奇妙な感じでその事件記事を読んだという。

圧力による命拾い

オリンピック村といえば、田畑さんはよく次の話をしてくれたものだ。オリンピック選手村は競技場から一〇〇キロ以上も離れていた。空軍将校が宿舎に使っていたところで、アカ松の森に囲まれた立派なものだったが、日本選手団はすぐにはその宿舎に入れず、宿舎に隣接する下士官用の少し設備のおちる宿泊所を与えられた。ドイツ側は、当時日本と親密であったためか、日本には多少の我慢をしてもらい、他の国に将校宿舎を割り当てたようだった。しかし、田畑さんは、そんな差別をされてたまるものかと思い、強硬に談判して結局は将校宿舎に入村した。

この選手村には別なエピソードがあったようだ。大会の一年前に視察したＩＯＣ会長らが、「いくらいい施設でも、ちょっと競技場まで遠過ぎるのではないか、もっと近くに選手村を移せないか」といったところ、ドイツの関係者は「遠い遠いというけれど、それなら何分間で競技場に着けばいいのですか」と逆に不服そうに質問してきたという。「さあせめて四五分間ぐらいで着けば」とＩＯＣ関係者は言葉をにごしていた。

ところが本番になるとドイツ人は、選手たちをぴたりと四五分間で運んだのだった。例のヒトラーが自慢して作ったアウトバーンを使い、完璧な交通規制をしたわけで、ヒトラーの権威にかけても、と意地になってやり遂げたということになっていたが、このアウトバーンは、もともと軍用道路として準備していたものであった。

前にも述べたが、ギリシャからの聖火リレーのコースも、戦争が始まれば、その逆コースをたどって、すぐ攻め込めるための調査を兼ねたものであったし、各地の公園にはベンチがたくさん並べてあったが、そのベンチの規格はみな同一で、いざという時、軍用トラックに積みこめば兵士を運ぶための椅子に転用できる仕掛けで、兵力輸送の予備ベンチだという。このあたり、ただ見過ごすことをしない田畑さんのジャーナリストらしいセンスといえるかもしれない。通信設備も同様の意味をもった準備で、軍部は戦争の予備行動としてオリンピックを利用したと田畑さんは断言していた。

大会が終わると外国選手に対する扱いが急に冷たいものに変わったのも異常だったという。田畑さんは水泳チームだけロンドンに立ち寄る計画であったので一カ月も前から、田畑さん自身がエールフランス機一機をチャーターしておいた。ところが出発直前になって、ナチスの軍人が無理やり乗り込んできて、田畑さんたち一行のうち四人に降りろと命令調の注文をしてきた。田畑さんはこれまでの雰囲気からみて長談判は不要とばかり、次の便のドイツ機で乗る約束をし、二時間後のドイツ機便でロンドンに行くこととなった。先に出発したエールフランス機は、途中で墜落して全員死亡してしまった。危うく田畑一行は命拾いをしたわけだ。圧力で不幸ということはあるにせよ、圧力で命拾いをしたという事件は、田畑さんから何度も聞かされた。田畑さんは、いずれにせよ人の死は非業《ひごう》なことで選手たちには特に告げなかったというが、心なしか平和が崩れる予感めいたものが脳裏を横ぎったという。

松沢監督の不覚

さて、ベルリン大会の水泳の成果について述べないわけにはいくまい。ロス大会と同様に、ベルリン大会も田畑・松沢のコンビで臨んだわけだが、水泳に関しては金メダルを四個とったものの、前回のロサンゼルスに比べてがた落ちで、田畑さんは非常に不満足であった。一五〇〇メートル、八〇〇メートル、男女二〇〇メートル平泳に勝ったわけだが、田畑さんは率直なところ、前回以上の成績をあげるものとみていた。記録の面からみてもロサンゼルスの翌年から小池、牧野、遊佐選手らが世界記録を連発していたし、みんな試合経験も豊富だった。日本水連として競技のみならず、女子や飛込の方も必勝の構えで強化していた。ロサンゼルス大会の水泳の報告書の題名を『ベルリンオリンピック大会のために』と名付けるほどの入れ込みようで、必勝を期していた。

田畑さんの回想録から拾ってみよう。

日本の最大の失敗は、一〇日も早くベルリンに着き、その間あまりにも激しいトレーニングをやり過ぎたことだった。シベリア鉄道で一週間もかかってドイツに向かったわけで、当然、日程には余裕を持っていたが、車中で一週間も水につかっていなかったので、ドイツに着いたとたん、みんながまさに水を得た魚のように張り切り過ぎて飛ばし過ぎた。

日本の水泳チームは、スタジアムに近い体育大学の宿舎に女子を入れ、そこの五〇メートルプールで練習させ、男子はオリンピック村のプールと体育大学のプールの両方を使っての練習日程を組んだ。私はくれぐれも「早いうちに調子を出すなよ」といっておいたし、松沢監督も先刻そんなことは承知のはずだったのに、選手の調子があまりにもよかったので、自由に泳がせていたようだ。

とくに四〇〇メートルの鵜藤俊平《うとうしゅんぺい》君や根上博《ねがみひろし》君らはバカに調子がよくて、練習タイムが七秒から八秒もベストタイムを上回るほどで、世界記録がどんどん出た。これでは前回のロス以上の成績はあげられると誰もが思うのは当然だろう。前回金メダルの清川君は主将をしていたが、彼も若い選手に引きずられた格好で、かなり無理をして泳いでいたが、結果的にはそれが逆効果になってしまった。

日本を出発する前の計画では、ベルリンに着いてから一日ぐらい軽く泳がせてのち、一週間ぐらいパッと郊外かどこかへ息抜き旅行をさせることになっていたのに、あまり調子にのり過ぎてしまった。選手たちは、さほど疲れていないと思っていたらしいが、やはり目に見えないところに疲労がたまっていたのだ。張り切り過ぎて、やがて調子が落ちぎみの時、レースにぶつかることになってしまった。

四〇〇メートル自由形などは、タイム的にはいつも絶対に負けるはずがないといわれていたのに、またもや前回に続いて涙を飲んでしまった。鵜藤君らは勝たなかったので、あまり名も表面には出なかったが、ものすごく速い選手で、彼が負けるなどとは私には考えられないことだった。それだけに本当に惜しいことをした。

清川君も練習当時は1分6秒で泳ぐほどの好調ぶりだったのに、本番では1分8秒4で銅メダルに甘んじた。しかし一〇〇メートル背泳の勝者キーファ（米）とは予選で争い、キーファ1分6秒9、清川君1分7秒2でその差0.3秒ではあった。明らかに監督の油断であり、失敗であった。松沢君も「一生の不覚」と思ったらしいが、前回以上に好調だっただけに、ちょっと油断し過ぎていたともいえよう。

ロスの時には、試合の前に飛行機に乗って、一晩泊まりのところへ気分転換に出かけた。松沢君は試合前はいつも水から離れ、選手に水泳のことを忘れさせるため、遊園地などで遊ばせるのを習慣としているのに、ベルリン大会ではなぜかそれをやった記憶がない。

一〇〇メートル自由形では私は間違いなく一、二、三位を独占するものと思っていたのに、ハンガリアのチックという伏兵に金メダルをさらわれてしまった。

準決勝では第一組は田口正治《たぐちまさはる》君が57秒9で一位、チックは58秒1で二位だった。第二組では遊佐《ゆさ》正憲《まさのり》君が57秒5で一位、新井茂雄《あらいしげお》君が57秒9で二位だった。58秒はチックだけで、日本の三選手はすべて57秒台であったから完勝すると思っていたのに、チックが一番外側のコースで力泳し、57秒6で、あっという間に金メダルをとり、互いに牽制《けんせい》しあった日本勢三人、遊佐、新井、田口は二、

三、四位になってしまった。
二〇〇メートル平泳では葉室鉄夫《はむろてつお》君が大活躍の金メダルを射とめた。平泳で最も警戒したのはバタフライであったが、レースではバタフライよりもオーソドックスのジータス（ドイツ）が強いと思えた。

予選では葉室君が2分40秒2の最高記録でジータスを抑え、伊藤三郎《いとうさぶろう》君はドイツのバタフライのバルケに勝って一位、小池礼三君もフィリッピンのインデホンソに勝って三人とも一位で通過、準決勝ではB組で葉室君はジータス、ヒギンス（米）と顔を合わせた。ヒギンスはアメリカのバタフライのエースだった。葉室君はこれを抑えて一位、ジータスはヒギンスにタッチの差で遅れて三位。結局葉室、小池の両君で一、二位がとれそうな形勢で決勝を迎えた。

決勝ではジータスが地元ドイツ人の猛烈な声援のもとに、ここ一発のレースで挑んだが葉室君がヒギンス、バルケのバタフライの飛び出しを追い抜き、一〇〇の折り返しで一位に出、小池君もこれに続いた。そして最後の五〇メートルからジータスがスパートし、小池君を抜き葉室君に迫った。葉室危うしと見えたが、葉室君はゴール前の死闘で泳ぎ勝った。差は半メートルであった。ヒギンスは一〇〇メートル折返しからオーソドックスに変えたが、小池に手はとどかず、一、三、五位を日本がとった。

一五〇〇メートルでは寺田登《てらだのぼる》、鵜藤俊平、石原田愿《いしはらだすなお》の三君が健闘し、一、三、四位をとった。寺田君は五〇〇メートルで二位以下を五メートルもリードし、その後追いつめられるどころか、差は開くのみで、ゴールでは二五メートルの大差でゆうゆうたる優勝であった。男子三つ目の金メダル八〇〇メートルリレーでは、遊佐、松浦、田口、新井の四君が出場し、決勝で8分51秒5、二位はアメリカでその記録は9分03秒3であった。

田畑さんの回想にはベルリンの水泳に関してはこのように克明に書かれているのだが、無念の心情があふれているのである。そして持ち駒を持ちながらの松沢さんの不覚をいささかもとがめることなく、むしろ日本水泳の総監督兼日本選手団の副団長としての責任を深く重く感じていたわけだが、翻って、松沢さんらの選手をいかに活かすかの作戦と配慮は、その後の各競技にとっても十分参考になったはずである。田畑さんのいいたいことは一つにはそこにあるといって過言ではない。

前畑秀子さんの快挙

ベルリン大会で日本男子水泳はロスほどの勢いでは勝てなかったが、それでも田畑さんの気を晴らしてくれたのは、女子二〇〇メートル平泳で金メダルをものにした前畑秀子《まえはたひでこ》さんの力泳だったことはいうまでもない。

田畑さんは宿敵アメリカに対決する意気込みから男子水泳にばかり気をかけていたが、それだけに女子水泳の快挙は特筆に値するというのは当然だっただろう。田畑さんはロス大会の時、前畑さんが平泳で二位になった活躍ぶりを目のあたりにしてよく知っていた。田畑さんのいうには、あの時でさえ、優勝か、もしくは最下位でもいいという、いちかばちかの作戦で臨めば優勝はつかめたと思ったという。

監督の松沢さんも同意見だったが、男子水泳の圧倒的な大勝利の影に前畑さんの銀メダルは少々かすみがちで、格別のお祝いごとを前畑さんのためにやれなかったことを、あとから詫びる心境だったという。そして前畑さんが試合前、懸命に神仏に祈り、お守りを飲みこんで必死の勝負に挑んだことを聞いて田畑さんは心を打たれたという。

前畑さんは和歌山の紀ノ川で早朝、昼は学校で、夜は家のそばの紀ノ川でと一日に二万メートル近くも泳いでいたというが、松沢さんもそのトレーニングは理解しにくかったと後年話していたことがあったが、早朝トレーニングは現代の常識になっている。

ロシア語でザリアツカというが、当時のソ連はこれをとり入れて強くなっていった。前畑さんは既にその頃自ら開発したのかそのトレーニングを実行していたのであり、四年後のベルリン大会には松沢さんは内心前畑さんの活躍に期するものがあったと聞いている。しかし、ドイツの強豪ゲネンゲルと最後までせり合って寄せつけなかったのはまさに圧巻で、田畑さんはこの時からこれからは女子水泳にも力を入れなくてはと思ったという。

もちろん勝つ選手は勝つだけの幸運をつかむ実力があるものであろう。しかし勝つのはすべて幸運であるといっていいかもしれない、と田畑さんはいう。

世界記録を持っている者でも、絶対に勝つとは限らないのがスポーツの世界である。体調を整える時から、この幸運不運はつきまとうと考えてもいい。どこでどんな不利な材料が飛び込んでくるかもしれない。だからこそ、とことんまでトレーニングをやり、準備に完璧を期し、絶対に勝つ自信があればあるほど人間はかえって神仏に頼りたくなるのではあるまいか、と田畑さんは考えるという。田畑さんは前畑さんが自らお守りを飲み込んだという気持ちがよくわかると述懐する。

さて前畑さんのお守り飲み込みに関連して、田畑さんの神だのみ論を紹介したい。筆者の知る限り、田畑さんは極《ご》く厳密にいって無神論者である。しかし今日この世に生があるのも先祖のたまものという先祖崇敬《すうけい》の気持ちには儒教の精神の影響もある。だから先祖の墓は大切にする。それによって家族も自分も心がふっきれるし、邪念に襲われることもないから人生にとってもプラスだという。

といって他人が神仏に願《がん》をかけるのにもあれこれいう必要はないし、自分が事情あって神社に手を合わせるのも他人にとやかくいわれる必要もない。願うことによって自らの心の整理ができるのであればそれはプライバシーだ。信仰の自由の礎はそこにあるはずという。

たとえば、スポーツの試合の前にスパイクのひもが切れたから不吉と思う人もいるが、それは物理的にもなんの因果関係もない。しかし、それにまどわされて心を無にできぬまま試合に臨めば余分な神経が頭を悩まして、心を無にするという、いわゆる集中力をむしばむことになる。だったら、事前にスパイクの手入れを十分にやっておけばよく、邪念の食い入るスキを与えない努力も一流選手の特徴の一つだという。

神仏に願いをかけるのはやるだけやって力をつけた人のやることで、やるべきトレーニングも十分積まずにやたらと神仏に願をかけるのは、文化人でない証拠だともいっていい。

これ以上筆を進めると宗教論になってしまうが、田畑さんが感じ入った前畑さんのお守りを飲み込んだ行為は、それ以前に母親を亡くした前畑さんの母親教ともいうべき、肉親の情愛のなせるワザで、前畑さんが母親と共に金メダルをめざした孝行心のあらわれだと見ていい。それは単なる宗教行事ではなく、前畑流の人間哲学だと田畑さんは感想ともつかぬ評価をし、前畑さんの人間像を語るのであった。

ＪＯＣの初仕事

日本が初めてオリンピックに参加したのは、改めていうまでもないが一九一二年（明治四五年）の第五回ストックホルム大会で、陸上の金栗四三《かなくりしそう》、三島弥彦《みしまやひこ》の両選手が出場している。日本体育協会（当時は大日本体育協会といった）は、その前年の明治四四年、嘉納治五郎《かのうじごろう》さんが、オリンピックの創始者クーベルタン男爵の勧めにより、オリンピック参加をめざしてつくられていた。初期の頃は体協はＪＯＣ（日本オリンピック委員会）そのものだった。

水泳は一九二〇年（大正九年）のアントワープ大会に浜名湾の内田正練《うちだまさよし》、斉藤兼吉《さいとうけんきち》の二人が参加したのが初めてで、斉藤選手は陸上の選手も兼ねていた。時代が時代なのである。次の一九二四年（大正一三年）のパリ大会にはやはり浜名湾の小野田一雄主将、野田一雄、高石勝男らの計六選手が参加し、高石選手が一〇〇メートルと一五〇〇メートルで五位に入賞し、八〇〇メートルリレーでも四位に入る健闘をみせた。当時のフランスの新聞は「小猫のように機敏な日本選手」と書いていたといわれている。

日本水泳連盟（当時は大日本水上競技連盟といっていた）が創立されたのは大正一三年一〇月三一日で、パリ大会が済んだすぐあと、それまでの水泳大会はすべて体協が直接開催する形で開かれていた。アムステルダム大会は、日本がオリンピックに参加し始めて五回目、水泳としては三回目の大会であった。

田畑さんとしては、もうそろそろいい成績をねらうべき時期にきていると考え始めた。それは日本水連が体協から独立して初めての大会というばかりでなく、前回のパリ大会で織田幹雄選手の三段跳六位というのが初入賞だったのに比べると、水泳は既に断然いい成績をあげているわけで、国際的にもようやく一人前として歩き始めた時期であったから、田畑さんがアムステルダム大会に向けて大いに意欲を燃やしたのも当然だろう。水泳にリレー・チームをつくれば、強豪アメリカには勝てないとしても二位ぐらいには楽に入るというのが田畑さんの予測であった。そのためには補欠要員二人を含む六人をどうしても派遣したかったが、体協には派遣費がなかった。

金づくりの苦労

田畑さんは政府に派遣費を出させようと思い立った。政友会担当の政治部記者としてよく出入りしていた内閣書記官長（今の官房長官）の鳩山一郎さんのところへ頼みに行った。しかし水泳だけ出してもらうのは、あまりにもあつかましいと気がとがめたので、仲よくしていた陸連の山岡慎一さんと話し合い、水陸で六分四分で分けようじゃないかと協定して、陸上のリレーと合わせて、何とか両方とも派遣させることはできないものかとお願いした。

ところが鳩山さんは「今となっては第二予備金より出すほかないが、今の大臣はオリンピックとか、スポーツに全然関心がない。しかもぼくは学生時代から柔道、ボートをやり、今でもゴルフをやるなど、スポーツ気狂いだということをみんなに知られ過ぎている。補助金を出してやりたいのはやまやまだが、実は、それで幹部からにらまれて弱っているんだ。高橋是清《たかはしこれきよ》さんに相談してみろ、高橋さんがひとことといえばすぐきまる」といわれた。田畑さんはこの頃三〇歳である。

恐れを知らぬ田畑さんは高橋さんめがけて突進する。高橋さんは当時の田中義一《たなかぎいち》内閣で大蔵大臣をやっていた。既に内閣総理大臣たる前官礼遇を賜《たま》わっていたが、財界安定のため三顧の礼で迎えられていた。田畑さんのいうことには、どうしたことか、田畑さんは鳩山さん高橋さんに可愛いがられて非常に懇意にしてもらっていたという。

高橋大蔵大臣は田畑さんに「自分はオリンピックのことなど知らぬが、それは国のために役立つことか」といきなり質問された。田畑さんは「そりゃ若い者には励みになるから、大いに役立つことであります」と答えた。高橋大臣は「それなら考えておこう」というのでこれはいけると田畑さんが思っていたところ、まもなく財界が安定して高橋大蔵大臣は辞任してしまった。しかし高橋さんは重要引き継ぎ事項として、次の大臣の三土忠造《みつちちゆうぞう》さんに申しついでおいてくれたので、当初予算にもなかった派遣費が第二予備金の中から支出されることになった。田畑さんの苦心談であるが、田畑さんはそれほど苦労でもなく、当然だと思っていたようだ。

当時は一〇〇〇円あれば日本郵船で世界一周できるといわれたそうで、田畑さんは一人当たり二〇〇〇円ぐらいあればよいと思い、陸上の四人分と合わせて一〇人分で二〇〇〇〇円と踏んで政府と格別の交渉をしたのであった。ところがあとで計算すると、そんなに金がかからないことがわかり、郷隆さんの要請で初め全然行く予定のなかったボートのフォアの選手まで追加してボートの初参加が実現した。田畑さんのＪＯＣ初仕事のいきさつである。

次のロサンゼルス大会は、鳩山さんが文部大臣でもあったので、お願いして予算に一〇万円を計上してもらったというが、これがきっかけとなって、その後、必ず補助金が出るようになったのであった。アムステルダム大会は、日本のスポーツ史上記念すべき、オリンピックに対する国庫補助の最初であったが、この話は田畑さんが特に公に書いたり、吹聴したことでもなく、この口述筆記による公開が初めての話であるはずだ。

田畑さんはアムステルダムへは行かなかったが、派遣費不足がきっかけで、オリンピックの仕事をその後もずっとやるようになったのは、いつも金不足に悩む日本スポーツ界との不思議な縁だと思うといっていた。

織田さん日本初の金メダル

アムステルダム大会では、最初に陸上競技の織田幹雄さんが日本で初めての金メダルをとったという新聞を読んで「よくやってくれた」と感謝の念を抱いたが、同時に鳩山一郎さんと高橋是清さんのところに記事をもって出かけたという。しかし、田畑さんとしてみれば気になるのは水泳のことで、鶴田か、高石のどちらでもいいから優勝してくれればと思いながらも、二人とも責任感なる重圧を負わされてさぞ苦しかろうという気持ちを強く持ったのだった。陸上より歴史の浅い水泳が、こんな責任を負わされることは、小学校五年から中学に入った子供に、すぐ優等賞をとれと強いるようなもので気の毒で仕方なかった、と田畑さんの気のつかいよう。

ところが鶴田義行選手が二〇〇メートル平泳で2分48秒8の記録で優勝したというニュースが入ってきた。田畑さんはこの時はほっとしたという。二位はドイツのラデマヘルで記録は2分50秒6でその差1秒8、まさに堂々たる金メダルには違いない。この五日後の八〇〇メートルリレーでも日本は米山弘《よねやまひろし》、新井信男《あらいのぶお》、佐田徳平、高石勝男の強力チームによって9分41秒4をマークし優勝のアメリカに4秒2差で銀メダルをものにした。これは田畑さんの予想のうちに入っていたということだ。

そしてこの日の午後行われた一〇〇メートル自由形決勝で、高石勝男選手がアメリカのワイズミュラー、ハンガリーのバラニーに次いで銅メダル。記録は1分ジャスト、二位バラニーは59秒8だったからタッチの差といってよく、すばらしい成績をあげて、日本水連の面目を保つことができてほっとしたという。

しかしこの好成績も田畑さんには僥倖《ぎょうこう》としか思えなかったようだ。むしろワイズミュラーを中心にしたアメリカの圧倒的な活躍を知って、日本の水泳が果たしてこれと対等に戦える日が来るかどうかについても田畑さんは非常に疑問を持ったようだ。

そこで大正一五年八月一六日、京都二商のプールで日本選手権大会を開いた折、大日本水上競技連盟全国代議員会で将来に向けての対応策が熱心に討議されることとなる。テーマはオリンピック第一主義。日本の水泳を向上発展させるためには、オリンピック大会に全力を集中し、これにより刺激と教訓を受けることが最良の方針と思ってきたが、それだけにアムステルダム大会でのアメリカの戦力をみせつけられて、対等に戦えるかどうか見当もつかぬ相手と無理して勝負することが、果たして効果的な刺激と教訓を受けることになるかという点でも田畑さんは大きな疑問を持っていたのであった。

もし勝負ができないのなら、水連としては当分の間はオリンピック第一主義を放《ほう》てきして国内での普及運動に専念すべきではないか。水連として、従来の方針を押し進めるか、あるいは方向転換すべきかの分かれ路に立たされる思いであったという。

そこで田畑さんは日本が実力で勝ったのか、ラッキーだったのか、あるいは外国勢は本当のところ、どのくらいの力なのかを、選手に直接聞くことがよいと思ったのだ。オリンピックに参加した選手たちが果たしてこれからも十分に戦えるという自信を持っているのか、あるいは絶望感を抱いて帰ってくるかを問いただしてみて、それによって今後の水連の方針を決めるべきだと考えたのだった。

田畑流実践的判断

これからの語りはいかにも田畑さんらしく、三〇代の時も八〇歳を越しても変わらないものだと筆者は感じたものだった。その頃というのはオリンピック選手が帰国した頃、急行は神奈川県の国府津《こうづ》に停車していた。神戸港に船が着いた後、帰京する選手団を乗せた列車は国府津で止まる。そこで田畑さんは、神戸港まで選手団を迎えに行くよりも、国府津で出迎え、車中で選手の感想を聞くことにしたのだ。なぜかというと、選手たちが神戸港で市民の大歓迎を受けた後、冷静をとりもどし雑音から解放された時に選手の意向を聞くには、この方法が最もよいと考えたからであった。

田畑さんは選手たちに会うまでは、やせこけて目ばかり光って神経のいらだった選手団を予想していたので、会うや否や、「とても体力的にかなわない」という感想を述べるものと覚悟していた。しかし実際に会ってみると、選手たちの意気はまさに天を衝《つ》く勢いだった。田畑さんは金メダルをとった鶴田選手を車内に探し、静かに新聞に目を通していた鶴田選手の前に座り、率直に感想を聞いてみると、鶴田選手は当時報知新聞（現在のとは違う一般紙）に属していたせいか、オリンピック大会の会場風景に目を配られていた。

二位になったラデマヘルへのドイツ人の応援が断然多く、「ようし、それならいっちょ、やりましょばい」と闘志を燃やしてスタート台に立ったこと、優勝して表彰式を待ったが式がなかなか始まらず、ようやく楽隊が出てきて表彰式が始まったが、国歌君が代は〝さざれいしの〟から始まり、あっけにとられているうちに、センターポールに日の丸の旗が揚がって、腹の底から嬉しさがこみあげ、涙が出たこと……。

「ところで外国人選手を相手にしてオリンピックで闘うとしてどの程度までやれるか」と田畑さんが聞くと鶴田選手は膝をのり出すようにして「田畑さんこの次はもう少しやれますよ、ただ選手の数をもっとそろえてくれればの話ですよ」という返事だった。

田畑さんはこれは案外な言葉と思い、これなら大丈夫、あとはやりようだと直感したという。そしてこれから四年間、万全の準備さえすれば、勝負は別としても、アメリカと必ず対等の勝負ができるという自信を得たのであった。

田畑さんはそこではっきりとオリンピック第一主義でいこうと決心した。そうすることが水泳をますます発展させていくことになると思い、向こう四年間、この方針を真剣にやってみようと、早速プラン作りに着手したのであった。

田畑さんは泥縄《どろなわ》式の準備を排し、完璧な必勝のプランを作り実行したかったのだ。これだけをやっておけば負けて悔いないというだけの準備をやっておくことを決意し、それで負ければ実力のしからしむるところ、運命のしからしむるところで、ただ、もう少しやっておけば何とかなったであろうというやり方だけはしたくなかったと語ってくれた。

東京オリンピックの準備についても全くこのやり方と同じであり、川島大臣に足をすくわれて東京オリンピック組織委員会事務総長を辞めた田畑さんだったが、三〇歳の頃、時の政府の要人と予算折衝して、少しもこびることなく自分のペースで事をはこんでいったやり方を知り尽していた筆者としては、今さらながら、田畑さんが事務総長を辞したというよりも、放り投げたとしか思えない昭和五八年の事は、夢のようにしか思えない。これも時の流れ、権力の質の移り変わり、もっといえば、スポーツ界とそれを取り巻く各界の欲張り人間のいやしさに腹立たしくなるのである。

田畑さんの話にもどそう。田畑さんは、アムステルダムオリンピックの直後、国内で人気抜群であった沢田《さわだ》正二郎《しょうじろう》さんが、新国劇でオリンピックを劇にして「鶴高選手」の演題で帝劇で上演し、喝采を博した話をよくしてくれた。

鶴高選手とは、鶴田、高石両選手をもじったものであることはいうまでもない。これについて田畑さんはオリンピックが国民に根づき始めたこと、それとオリンピックのムードが地について盛り上がったこと、「こういうことが大切なんだ、国民の支持に立つオリンピックこそ本物なんだ」といっていたが、後年、東京オリンピックの前に、新国劇の島田正吾《しまだしょうご》さんがお茶の水の組織委員会に田畑さんを訪ねてきたことがある。

当時、バレーボールのニチボー監督大松さんが、「これ以上若い女性選手を痛めつけるに忍びない」との理由で監督を降りるといい出したのを、田畑さんが説得してオリンピックまでは続けるとの約束をとりつけたことがあるが、このくだりを松竹演舞場でやりたいので田畑さんと実際にお目にかかりたいという用件だった。

筆者は田畑さんに告げ、同時に体協記者クラブの人たちに集まってもらったが、その時島田正吾さんは田畑さんのフレームの細長い目がねと同様のものを用意してきて、田畑さんのしゃべり口調を勉強したことがあった。

辰巳《たつみ》柳太郎《りゅうたろう》さんが大松さんの役もやることに決まっていたが、この時、田畑さんは例の目がねを見て、やはり一流役者というものは違うものだといいながら、先の鶴高選手劇の話に花が咲いた。島田正吾さんがからだを乗り出して聞き入った姿を忘れないが、田畑さんとしてはアムステルダム大会後の沢田正二郎さんを思い浮かべた表情で、「よろしくお願いします」と島田正吾さんに激励ともつかぬ挨拶をしていた。

島田さんが帰られたあと、田畑さんは記者クラブの人たちに、ここまでくれば東京オリンピックも本物になってきたぞと話していたものだ。大衆と共にあるオリンピック、欲得で物ごとに当たれば誰も相手にしてくれないという田畑さんの精神は今も生きているし、そうあるべきと思う。

東京オリンピック返上

オリンピックの東京招致は、戦前の昭和一五年（一九四〇年）の永田市長時代に、紀元二六〇〇年事業の一つとして実現しようとしたことである。結局は戦雲急を告げて、中止となったのだったが、この時のオリンピック招致は当時の日本陸上競技連合会長で、早大理工学部長をやっていた山本忠興博士の提唱によるものであった。

この時のIOCのメンバーだった杉村陽太郎《すぎむらようたろう》駐伊大使が、イタリアのムッソリーニ首相に会って、強力なライバルといわれていたローマの立候補を辞退させるなどの工作をした。昭和一〇年二月のことである。

当時、田畑さんは既に朝日新聞の政治部にいたから客観情勢の情報にこと欠かなかったが、何よりも国内における陸軍の非協力というより、反対が強く、とても挙国一致の態勢でオリンピックを開催することに無理があると考え、岸清一さんに田畑さんなりの考えを述べておいた。

杉村大使の奮闘によって、「イタリアの政府は第一二回大会を東京に招致せんとする日本の希望を支持することを決定した」旨のムッソリーニ首相の正式通告をとりつけるまで功を奏したが、しかしIOC総会の決意を得るまでにはいかず、正式決定は第一一回ベルリン大会のIOC総会まで延期することとなった。

こうして、昭和一一年の七月三一日に、ベルリンのホテル・アンドロにおいて開かれたIOC総会で、東京はフィンランドの首都ヘルシンキと決選投票となり、東京三六票に対して、ヘルシンキは二七票でオリンピックは初めてアジアの地で開かれることになったのである。

しかし、この決定に至るまでの日本のオリンピック招致工作が、ＩＯＣへの政治介入が強すぎると騒がれて、ベルリンでのＩＯＣ総会で、杉村陽太郎さんは窮地に追い込まれることとなり結局ＩＯＣ委員を辞任し、その後任として、徳川家達《とくがわいえさと》公が選任された。

田畑さんは杉村陽太郎さんの辞任に関しては、最後の最後まで、辞任の必要なしと抵抗し、杉村さんを擁護している。しかし杉村さんの辞意は固く、この年の一二月いち早く、オリンピック組織委員会が結成され開催準備に着手となった。田畑さんは根っからのジャーナリストであり、華族の後任者にはあまり興味がなく、それよりも、杉村陽太郎さんが辞任することについて反対だった。実力を重んじたからである。

翌昭和一二年七月二二日、スイスのジュネーブで静養中のＩＯＣ名誉会長ピエール・ド・クーベルタン男爵は七四歳の若さで死去した。クーベルタン男爵はオリンピック精神の世界主義の立場から、アジアにおけるオリンピック大会の開催を切望し、第一二回大会が東京に決定した際には、東京市長に激励と希望の書簡を寄せている。

田畑さんはこの時から、当時の国際情勢の下において、果たしてオリンピック大会を開催できるかどうかは慎重に考える必要があるといった自重説を胸に抱いていた。国会においても、この種の質問演説が擡頭《たいとう》し始めていた。田畑さんは国の補助なくしては、いかに意地を張っても、大会を強行することは慎重にならざるを得ず、じっと様子を見ることにしていた。

翌昭和一三年、エジプトのカイロで開かれたIOC総会では嘉納治五郎IOC委員、永井松三組織委員会事務局長、技術顧問としてドイツ人のクリンブベルらが東京大会の準備状況の説明に当たった。嘉納さんは、帰途アメリカを経由したが、五月四日、太平洋上の氷川丸《ひかわ》船中で死去してしまった。オリンピックの父とまで呼ばれた嘉納さんの死去に対し、日本のスポーツ界は深甚なる哀悼の意を表している。

このようにして招致準備に入った東京オリンピックだったが、日中戦争に狂奔《きょうほん》する軍部の介入もあって、決行論、返上論の激突の末、この年の七月一四日の午後、ローザンヌのIOC本部に対し、東京大会中止を内定、正式には閣議によって決定する旨を打電し、翌七月一五日、閣議の決定をみて、正式に返上したとなっている。

岸清一さんをはじめ、スポーツ関係の首脳部は返上してほっとしたというのが本音だったと思う、というのが田畑さんの率直な感想だったといってよい。オリンピックをやりたいのはやまやまだが、まだ国としてもそれほどの力もなく、政界や財界もこの時期における開催に及び腰となっていくだけだったようだ。また日本としても、オリンピックに参加し始めてほんの数回しか経っていないし、運営には経験が皆無だし、中途でお手あげになるか、大恥をかくことになるという意見がスポーツ界にも少しずつ出てきたが、田畑さんはなんとしてもやりたかったという。

それにしても日中戦争がますます激化し、本当にオリンピックどころでなくなってきている情勢に、スポーツ界自ら判断せざるを得ない立場に追い込まれていったということだった。

昭和二〇年、長い戦争が終わって、平和がやってきた。田畑さんの念頭に浮かんできたのは、オリンピックであった。田畑さんは近い将来、東京オリンピックを開くチャンスが必ず来ると確信を持っていたし、また来させなければなるまいと思っていた。それは、かつて一度は東京開催が決定したという実績があるということと、前述したように、クーベルタンが近代オリンピックを復興した動機となったといわれる普仏戦争に惨敗した当時のフランスの国情が、戦後の日本とあまりにもよく似かよっていたということであり、そのことを自ら唱《とな》え、記事にもしている。

今こそクーベルタンの発想を日本に再現しなければならない。そして民心に新しい息吹《いぶき》を注入するにはオリンピックしかない。田畑さんはこの時に心深く東京オリンピックの実現に努力しようと心に誓ったという。そしてこのことを誰にもいわず、黙々と地ならしをするのみと、構想を練ったという。

オリンピックロンドン大会に挑む

田畑さんは、古橋さんらの水上日本復活の快挙に勢いをつけ、戦後まもなく開かれることになったロンドンオリンピックに参加することを計画した。当時一部にロンドン大会へは日本とドイツは侵略国なるがために参加できないとの噂もあったが、田畑さんにとっては噂は噂の域を出ないものであり、問題にはしていなかった。そして正攻法でロンドン大会参加に挑んでいく。場合によっては水泳だけの参加でもよいという強気なものだった。

オリンピックに参加するためには、二つの条件を備えることが必要である。参加を希望する国が

ＩＯＣから公認されたＮＯＣ（国内オリンピック委員会）をもっていることと、参加希望の競技が国内の統轄団体、つまり日本水連が、国際水泳連盟のメンバーであることが必要条件である。

当時、日本の各競技団体は国際競技連盟からはずされていた。ただ日本水泳連盟のみが、水泳日本の実績がものをいってか、国際水連のメンバーとして残っていた。ただ肝心のＪＯＣのＩＯＣに対するステータスは、はっきりしていなかった。ＩＯＣから除名されているとか、侵略国だからロンドン大会には参加できない等の噂の根もそのあたりにあった。

しかし、一部には、戦争に敗けた国だからという理由で除名されるわけがない。ＩＯＣは、そんな理屈の立たぬ処置をとるはずがないから、ＪＯＣはＩＯＣの公認するＮＯＣのリストに必ず残っているという確信が田畑さんにはあった。日本の水泳がロンドン大会に参加することができるか否かを決する鍵は、規則上の問題ではなく、各国の感情、特に開催地英国の感情が日本の参加を許す気持ちになるかどうかの判断にあると、田畑さんは考えていた。

当時の英国の日本に対する国民感情は、第二次世界大戦の後遺症で極端に悪かったことは事実である。ただいちるの望みがないではない。ロンドンのオリンピック組織委員会の意見の中には、戦後世界記録を出した古橋選手ら日本の水泳選手を参加させなければロンドン大会は成功とはいえないのではないかという見解と主張があったからである。そういう情報は田畑さんが朝日新聞にいたから容易に入るニュースであった。

ロンドン大会は戦後初の大会であった。戦争が終わったのだから何としてでもオリンピックをやろう、オリンピックはこれまでに一九四〇年と四四年の二回も戦争のために中止となっている。一九四八年の大会をやらないと三回の欠番となる。これはよくない。とにかくやりさえすればよいのだからやろう。

そうした世界スポーツ界の願望をうけてロンドンが引き受けたいきさつがあった。従って競技場も宿舎も何一つ新設せず、すべてありあわせで間に合わせるという、いわば穴埋め大会ともいえた。組織委員会としても、戦前の大会のように国際的視聴を集めるような華々しい大会にする自信も見通しも持たなかった。ただみじめな大会になるのを心配していたに違いないと田畑さんは見抜いていた。そこでそれをカバーする唯一の方法として、世界記録の製造者、世界水泳界不世出の英雄、フジヤマのトビウオとして全世界に喧伝されていた古橋さんらの出場を期待する空気となった、と田畑さんは考えていたのである。

しかし、この意見を大きな声で公然と主張することは当時の英国の情勢としては困難であるという情報を得ていたので、英国の国民感情をゆるめる方策はないものかと思索に思索を重ねたが、何分にも英国に対する手がかりがない。

ところが、ちょうどその頃折よくロンドンタイムズ社主の実弟が、アジア地区担当の責任者として、社用の打合わせに朝日新聞にやってきた。彼は英国スポーツ界の実力者ロードバレー（後のマーキス・エクゼター侯）の親友であったので、彼に頼み、日本参加についてロードバレーの協力を要請した。彼も努力すると約束してくれたのだったが、帰国後、ロンドンタイムズ社からはこれに関する何の返事もなかった。

当時の英国は、戦争中の捕虜虐待をめぐってかたくなな反日感情を払拭《ふっしょく》できずにおり、田畑さんはロンドン大会参加を諦めざるを得なかったのだった。田畑さんがこれほどまでにロンドン参加に情熱を傾けたのは、オリンピック大会で日本水連の力を示すことは、絶望的な日本国民への絶大なプレゼントになると信じていたからに他ならない。それは戦前のロサンゼルス、ベルリンの両大会での日本勝利と国民の喜びを身をもって体験していたからである。

そこで田畑さんは一計を案じた。それはロンドンオリンピックで水泳をやっている同じ日に、同じスケジュールで日本選手権を開き神宮プールで古橋さんらを泳がせることだった。田畑さんはどうしても実力世界一を世界中に知らせたかったのだった。一九四八年八月五日から四日間にわたって開かれた日本選手権の大会プログラムに田畑さんは次のように書いている。

「戦争によって中断されていたオリンピック大会は、十二年ぶりにロンドンで華々しく開催されております。われわれは不幸にしてこれに参加することができないのであります。

終戦以来、あらゆる悪条件を克服して、冬季合宿練習を行うこと三回、この日をめざしてひたむきな努力を続け、しかもその進歩の跡がめざましいだけに、この成果を世界に問う最良の機会を失したことは誠に残念に耐えないのであります。

ここにわれわれはやむなく日本選手権大会をロンドン・オリンピックと同時期に開催し、彼我《ひが》の優劣を記録の上で競うことにしたのであります。本大会に出場する選手諸君は、日本代表としてロンドン大会に出場するつもりでがんばって下さい。

いうまでもなく、オリンピック大会は同時に世界選手権であります。もし諸君の記録がロンドン大会の記録より優れているということになれば、実質的にワールド・チャンピオンたるの栄誉に値

することになるのであります。（中略）

昨年から本年にわたって、古橋君や橋爪君らの世界的大記録が、戦後、気の滅入っている同胞の気持ちにどれほど自信と力をとり戻すに役立ったか、その影響は決して少なくないのであります。その意味で諸君のワン・ストローク、ワン・ビートは民族の興隆にも直結していると言い得るのであります。選手諸君は本大会の意義を十分理解してがんばって下さい」。

このような意気込みは選手に伝わり、日本選手村は第一日から活況を呈し、一五〇〇メートルで古橋さんが18分37秒0、橋爪さんが18分37秒8を出し、ロンドン大会でのマクレーン（米）の優勝記録19分18秒5を大きく上回った。四〇〇メートルでも古橋さんが4分34秒4で、スミス（米）の優勝記録4分41秒を破った。もしロンドンに古橋、橋爪、川口義和（四〇〇で四位相当）さんら三人でも参加させていたら、金メダル二、銀メダル一、四位入賞二がとれていたことになる。

ロンドン大会では、キッパス監督の率いる米男子チームが、史上初の競泳全種目優勝も成し遂げていた。そのタイムを古橋さんらが上回って、田畑さんのうっぷんは晴らすことができたのであった。古橋さんらのタイムは早速ロンドンにも伝わり、キッパス監督から日本水連のために「古橋の大記録おめでとう」の電報が届き、その電文は神宮プールの大観衆の前で披露され大きな拍手で祝福を受けたのであった。こうした快挙に起因して、翌年待望の国際復帰に成功した。六月一五日付で、国際水連のリッター名誉主事から届いた田畑さんへの手紙には、国際水連への復帰承認文書と共に、「来年六月一五日以降につくられた世界記録を公認する」の公文書が入っていた。

戦後のオリンピック参加

ヘルシンキ大会で古橋選手病魔に

一九五二年、フィンランドの首都ヘルシンキでオリンピックが開かれた。田畑さんは団長として二〇二人を率いて参加したが、日本としては戦後初めてのオリンピック参加だった。選手団には水泳の世界記録男古橋、橋爪選手らも出場する大会とあって、日本国民の熱烈な支持と期待が集まったのも事実で、選手団の出発に当たってはお茶の水の体協から銀座を街頭パレードの形で通過したのだが、見送りの市民が群をなし、羽田空港の見送りは二〇〇〇人を超えるという今では考えられぬほどの盛大さであり田畑さんはご満悦の旅立ちとなった。

この大会では陸上競技が振るわず、金メダルはレスリングの石井庄八《いしいしょうはち》さんの一つにとどまり、体操が大いに活躍した。しかし戦後のオリンピックの記録の羅列も必要ないと思うので田畑さんの思い出深いとする記述にとどめたいと思う。

フィンランドは世界有数のスポーツ愛好国であり、当時のＩＯＣ会長エドストロームは、この大会は組織の大会であるとその運営ぶりを評価し、後のＩＯＣ会長のブランデージも「実にしっくりしたスポーツの雰囲気が充満したオーソドックスな大会」と讃えていた。

運営費は一〇億円といわれたが、すべて入場料金でまかなわれ、競技場の使用料もヘルシンキ市に支払い、選手村は市から五億円を借りて建設されたが、大会後、それを一般住宅に開放した後に、その借金をすべて返却したのであった。これは大会がやたらと華美になることを避け、スポーツを愛好する国民と、運営するフィンランドスポーツ界とが一致団結した結果であって、東京オリンピックを夢みる田畑さんとしてはたいへん参考になる大会だということだった。

この項では二つのことを述べたいが、その一つは、日本国内で「役員が多すぎる」とか「物見遊《ものみゆ》山《さん》」ではないかという批判が一部にあったことに対する田畑さんの反論である。このことについては次のメルボルン大会の公式な報告書で田畑さんは述べているが、田畑さんは出発に当たっても「物見遊山は困るが必要な役員は行かなければならない」ときっぱりいいきっていた。

この大会からソ連が初めて参加したことも話題の一つとなったが、選手一六〇人に対し役員は二四〇人であった。役員の多くは各会場で各国の強い選手を一六ミリカメラで撮影し、その技術を見て勉強した話は当時の語り草で、田畑さんはむしろそれほどまでに熱心なソ連役員の活動ぶりに舌を巻いたほどだった。

当時は今日とは違って飛行機はもちろんプロペラで、外国へ出かけることなど夢のまた夢の時代であったわけで、役員が目白押しに名乗り出て、田畑さんは大いに困惑し、最少限の選員構成で臨んだわけだが、その役員選出に漏れた人々の陰口があったことは事実なのである。

さてもう一つの話は、期待された古橋さんが振るわなかったことである。このことについて、筆者は古橋さんから直接に何度も聞いているが、体調を崩していたことは事実で、田畑さんは、古橋さんが体調を崩していたのはすべて自分の責任だといいきっていた。

当初ヘルシンキオリンピックまでは一切海外遠征をやらない方針だったが、大会の二年前、ブラジルの日系一世からどうしてもブラジルに世界記録の水泳選手を送ってくれといって頼まれた。そのたびに断り、「ヘルシンキ大会が終わってから派遣する」と説得したが、在留邦人が田畑さんの自宅まで来て泣くようにして頼むので、致し方なく情にほだされて南米遠征を約束したのだった。

古橋さんや浜口さんからも聞いたことだが、これには理由があった。当時ブラジルの日系一世の間では、勝ち組と負け組、つまり、日本が戦争で負けたとは信じないグループと信ずるグループとに村ごとに分かれて対立し、争いも絶えない情勢であったという。

田畑さんを口説きにかかったのは負け組の代表者で、それは、古橋さんらが世界記録を出したことについてアメリカがどんな記事を書くかをはっきり見せて、日本の敗戦を本当に理解させ、かつ、日本人の魂をブラジル中に見せしめたい一心からだったのだ。それ以前の日米水上の記事はむろん勝ち組も読んでいたが、謀略だとして絶対に信じない、皇国臣民であることを誇りとしていたグループであった。

しかし古橋さんたちがアルゼンチンからペルーへと足を伸ばし、短水路ながら世界記録を出して邦人に熱狂的な歓迎を受け、結果的には、日が経つにつれブラジルの勝ち組と負け組とが心をうちとけ合うようになるという大きな役割を果たすこととなったが、古橋さんはこの南米遠征でアメーバー赤痢らしきものにかかったのであった。

田畑さんは古橋さんらが帰国して後、どうも古橋さんの元気がないので、順天堂医院の東俊郎さんに診《み》てもらったところ、どうやら寄生虫みたいなものがいることがわかった。田畑さんは東俊郎さんと相談し、本人にいうとがっかりするから絶対に内聞にしておくことにしておいたが、その時、ヘルシンキで好成績は無理だとわかっていたのだった。

それでも奇蹟を願ってヘルシンキ入りしたが、ヘルシンキに格好の練習プールが見当たらず、日本の新聞記者の目の届かない所でゆっくり水に親しめるようにとストックホルムに出かけてそこを練習基地として軽いトレーニングをしたあと、ヘルシンキに戻ったが、古橋さんは自分の部屋にとじこもって寝ていることが多かった。本人はだるくて仕方なかったのである。それでも古橋さんが努めてエネルギーの浪費を避けるべく余分なことをしないで休養とトレーニングに専念していた姿を見て、田畑さんは自分の責任なんだと思い、申しわけない心情でいっぱいだったという。

田畑さんにしてみれば古橋さんの泳ぎに鋭さがなくなってきたのもよくわかっていたし、新聞はやたらと期待の予想記事を書きまくるし、内心のあせりはたいへんだった。結果は奇蹟も起きないまま、田畑さんの望みもないものとなったが、田畑さんは水泳の話となると、たいてい古橋さんの不調は自分の責任と話をしていた。

田畑さんはよくいっていた。「オリンピックにはある程度の運が必要である。調子がよくても四年に一度のチャンスに波調が合わなくてはならない。世界記録はいつ出せる人でもオリンピックで勝つのはたいへんだということが身にしみる思いだった。オリンピックにトップコンディションで臨めなかったのも不幸としかいいようがない。負けたといっても本人は不調をとり戻すために一生懸命やったのだし、怠けたわけでもない。責めることはできないのだ」とし、むしろ古橋選手の精いっぱいの努力に感謝したい気持ちだったといっていた。

余談になるが、一五〇〇メートルには橋爪さんが出場したがこのレースの結果は一位アメリカのコンノ、二位橋爪、三位はブラジルのオカモトで三人が表彰台に乗ったが、三人で、何だ三人とも日本人の血じゃないかと話し合ったと橋爪さんから聞いたことがあったが、このことは田畑さんにはいわずじまいだった。田畑さんにいえば、日本選手がメダルをとらなければ意味はないというに決まっているからだ。

それは別として田畑さんの強い思い出は、ヘルシンキ大会では民間の協力が大きかったことだ。当時はまだ国民生活が苦しい時で、派遣費をどうやって集めるかが大きな課題であったが、街頭募金をしたらどんどん集まったことに驚いたのであった。

オリンピックというものに、戦前のロサンゼルスの大勝利、ベルリンの美しい記録映画などで、日本国民はいい印象を残していたのかもしれない。派遣費総額は八四〇〇万円かかったうち、政府からの補助金が一五〇〇万円、あとは競輪関係が二〇〇万円で、残り七〇〇〇万円弱はすべて景気の良くなかった頃の財界と一般からの募金でまかなえたのであった。しかし街頭募金も次のメルボルン大会あたりまでで、その後極度に減ってきたのも、前述したようなオリンピック募金の不正事件が明るみに出始めたからだと田畑さんはいう。

オリンピック募金事件

東京オリンピックの招致を本格的に始める以前から、体協には資金集めの外郭団体としてオリンピック後援会なるものがあった。

運輸省の次官をやった平山孝《ひらやまたかし》さんを理事長にして実務局をつくっていて、実際の仕事は四、五名の事務局員がやっていた。平山さんはその頃日本観光協会の会長のような役も引き受けていて、オリンピック後援会会長は飾り役に過ぎなかった。しかしオリンピック後援会はそれなりの意味があって、財界や一般理解者から寄付金を募ることで、体協傘下の各競技団体をオリンピックに派遣する資金を集めるのを目的としていた。

このオリンピック後援会は、当時お茶の水にあった体協の内部に事務所を設け、募金活動をしていたのだが、任意団体ということもあって、体協の手の届かないようになっていた。後援会の事務局長はなかなかのやり手で各界に顔がきいていた。田畑さんをはじめ体協の幹部はそう思い込み、募金成果を楽しみにしていたわけだ。

そのうちオリンピック後援会についてよからぬ噂が田畑さんの耳に入ってくるようになった。後楽園や京王閣といった当時の競輪場からも寄付を受けているとみえて、最初のご注進は後楽園関係者であったとされている。

その話によると後援会の事務局員が派手に遊んでいるというのであった。田畑さんはそれとなく周囲の人たちに聞いてみたところ、事務局長とその取り巻きには前々から金にからまる風聞が絶えないという。怪《け》しからんことだと田畑さんは思った。

当時田畑さんは体協の専務理事であったが、東京オリンピックを招致することを一生の念願としていた田畑さんとしては、そんな時期に妙な風聞を立てられては、国民感情を刺激することになると考え、体協の事務局長を呼んで、後援会の監督を十分にやるように注意を与えた。ところが、後援会の事務局長は、既に体協や競技団体のなかで隠然たる勢力をもっていることがわかった。とくに当時の日本陸連には大きな根を張っていたことがわかった。

お金を扱うという仕事はなかなか気骨の折れることであろう。しかしアマチュア・スポーツに使われるための費用は浄財である。事実、当時のオリンピック募金は、オリンピック選手派遣の美名のもとに、やたらと企業や各種団体に呼びかけてかき集めた形跡があった。また、体協幹部やオリンピック選手が街頭に立って一〇円募金をやるなど、まさに浄財そのものが含まれていたのである。国民体育大会が軌道に乗って大衆の眼も国体に集まっていた時だから、地方の都道府県体協からの浄財集めも容易だった時代である。

田畑さんの耳に入ってきた情報には、後援会の職員が集まった金を布袋につめこんで熱海《あたみ》の温泉宿に届けているという、とても理解できない乱暴な行動も続いているというのだった。この頃田畑さんは次のような心境にあったと話していた。

自分は日本の水泳を育てたいとか、ＪＯＣを守り東京オリンピックを実現させたいと念願していたが、正直なところ何度も放り出してしまおうと思ったことがあった。群雄がむらがり集うアマチュア・スポーツ界を一つにまとめるというのはいうは易《やす》く、行うは難《かた》しでとても難しいことだ。嫌になることもあった。戦後、朝日新聞東京本社の代表取締役もやったが、これには良き理解者緒方竹虎という人物が自分の上にいて、一本気な田畑ということもあってか、自分をうまく使いこなした緒方さんの後を継ぐことにもなった。

朝日の政治部記者時代も、緒方さんの理解があったがゆえに全精力を日本の水泳界に注ぐことができた。人間の本来の姿は、手足やからだを動かすこと、つまりスポーツのなかで躍動していることではないかと思う。ここには何ら人間臭い〝欲望〟は存在しない。純粋なのである。自分が新聞記者の道を選んだのも、純粋さを追い求めようと思ったからであって、水泳界の応援をしながら朝日の記者をやっていたことにもなんの矛盾もないと考えていた。ただ理解者である緒方竹虎さんのような人が朝日新聞社にいなかったら、とうの昔に新聞社を辞めていたかもしれない。

こうした環境のなかでアマチュア・スポーツに情熱を注いでこられたのだが、お金のことはわりあい簡単に割り切っていた。しかしオリンピック後援会の問題はどう処理していいものだろうか、社会問題化して一挙に解決するのは簡単だが、果たしてそれでいいのだろうか……

田畑さんは大いに悩んだのであった。しかしこの問題の処理の仕方を考えながら、親しい友人たちと善後策を話していると、こんな意見もあった。つまり、寄付集めをやっていると、いつの間にか自分個人の力で金が集まったと錯覚しがちである。だから多少の金は自分たちで使ってもいいと思い込んでしまう。いったんそうなると、後は規制するものがないだけにズルズルと深間に入ってしまうものだ、よくある例だというのだ。

田畑さんにしてみれば、よくある例を体協でしかもオリンピックの美名のもとにやられてはかなわない。水泳はともかくとして、何度か体協から手を引いてしまおうと思ったことがあったにせよ、これではいよいよ手は引けない。自分が手を引けば、どんな欲深い人が出てくるかわかったものではない。よし、断固この問題を処理しようと決意したのだった。

ちょうどそんな昭和三三年の頃だった。とうとうこれが「オリンピック後援会事件」として新聞に報道されてしまうことになる。報道したのは報知新聞であった。書いた記者は北海道新聞社会部から報知新聞に移ってきて体協記者クラブに属していた漆崎賢二さんであった。

自ら名のってきたのだからすぐわかった。田畑さんは漆崎記者のことを、ウルさんと親しく呼び、ウルさんもいつも田畑さんをマークしていたが、「田畑さん、体協としてこういう伏魔殿《ふくまでん》のようなオリンピック後援会をこのまま存続させていていいのですか」と田畑さんに迫る日が続いた。田畑さんは「ボクは何も放置していたわけではない、どう処置しようかと思っていただけだ」とこんな問答をしているうちに田畑さんは決意した。

より事件がはっきり表面に出た方がよい、そしてウミを全部出して問題を明らかにすべきだ。東京オリンピックをやるためには、このようなドンブリ勘定の資金集めでは到底不可能である。今から資金集めの組織を作りかえ、ガラス張り態勢にする時期にきている。それは早い方がよい、なんとかしなければならぬ、となっていった。

そんなある日、毎日新聞が社会面で大々的に報道した。使途不明金は約一億円、今だったらいくらになるだろうか、相当な額である。そして遂に東京地検が動き、体協内の後援会事務所が家宅捜査された。別の団体だとはいえ、アマチュア・スポーツの本山に司直の手が伸びたことはこれが初めてであった。

やがて後援会事務局長は逮捕され、公判となる。検察側証人として法廷に立ち証言を求められたのは先の漆崎賢二記者、朝日新聞の中條一雄記者、スポーツ評論家の川本信正《かわもとのぶまさ》さんの三人であった。これは良い教訓であると当時いわれた。スポーツ界の人間同士がお互いにかばい合った昔の姿はそれなりにいいものがあったにせよ、金銭についてだけは、しっかりした機構、組織の下で運営していかないと、人間、生身のからだである。どこでどういうふうに魔がさすとも限らない。田畑さんの思いきった対応によってこの問題はけりがつき、東京オリンピックに臨んでは、オリンピック資金財団を創設し、電電公社の副総裁であった靭《うつぼ》さんに理事長になってもらい、いささかの問題もない組織機構づくりに結びついたのであった。田畑さんとしてもホッと一息ついたのであった。

メルボルン大会の役員数

前回のヘルシンキ大会で役員が多過ぎると一部の批判があったことは述べたが、第一六回メルボルンオリンピック大会が終わった後に体協が出した第一六回オリンピック大会報告書に、田畑さんは団長の名において次のように書いている。

「第一六回オリンピック大会をメルボルンで開催することが決定したという報告を受けた時には、正直にいって非常な失望と危惧の念を抱いた。

現地の視察に行ったIOC会長のブランデージ氏の報告を直接に聞いてみても、また新聞のニュースを見ても、メルボルンでオリンピックを開くことが果たして可能であるかどうかということさえ危ぶまれたのである。どうせできないものならば、少なくとも一年前には、はっきりと放棄の意思表示をしてくれないものか、そうすれば次の候補地をもってこれに代えることができるのである。

現にアメリカは一年間の予備期間があれば引き受けるといっていた。われわれはその当時の気持ちでは、一日も早くメルボルンがオリンピック大会開催を放棄するという意思を明確にしてくれることが念願であり、メルボルンでさえなければどこでやっても、少なくともメルボルンよりはましであろうと思っていたのである。

このことは一つは開催の準備が捗《はかど》らず競技の運営に非常な支障を来すという全般的な懸念の他に、われわれ日本人の立場が、戦争による豪州国民間の対日感情という点を考える時、メルボルンでのオリンピック大会は最悪条件の下でのものと思わざるを得なかったからである」

とまず冒頭述べているのは、戦後初のロンドン大会にとことん手を尽したにもかかわらず、対日感情の悪さで日本の参加が認められず、諦めざるを得なかった田畑さんの心の底には想像以上の心配があったということである。報告は続くが、

「ところがわれわれが現地に行ってみて驚いたことに、競技施設はもちろんのこと、選手村の施設

といい、あるいは選手に対するメルボルン市民の待遇といい、至れり尽せりでわれわれの心配は全く杞憂《きゆう》に帰してしまった。

豪州の今度のオリンピックに関して組織委員会ならびにメルボルン市民の熱意は非常なもので、気候とか天候といった人力でどうすることもできないもののほかは何でもやろうという熱意に溢れていて、われわれは実に意を強くさせられたのである。あれだけの辺《へん》ぴな都市で、しかも初めて南半球で開かれるという未経験な土地で、なおまたハンガリー事件とかスエズ問題というものがあった直後に開かれたオリンピックとしては、想像以上の大成功だといわざるを得ないと思う」

と、この頃田畑さんはオリンピックが政治介入によって混乱に巻き込まれることに政治部記者出身らしい心配をしていた。

さてこの項ではオリンピックの役員に関する田畑さんの意見と信念を紹介することに焦点を合わせたい。報告書の中間あたりで田畑さんは、

「オリンピック大会に役員を必要なだけ多数派遣するということについて、日本のスポーツ愛好者一般が役員は官費旅行者のようなもので、増員しても無駄であると考え勝ちであるが、これは大きな認識不足である。

いやしくも競技会で実力を十分に発揮するためには役員の数は不可欠の要件である。役員は余分であるというこれらの認識はこの際是非とも是正しなければ今後これ以上の好成績を望むことはできない。またこれと同時にともすればこうした誤った認識を一般に植えつけるような競技団体の態度も十分反省されねばならない。

というのは外国遠征の場合、特に一番はなばなしいオリンピック大会の役員選定の場合、必ずしも適材適所ということを唯一無二の要件とせず、日頃協会のために働いた論功行賞を加味したり、はなはだしい場合は協会の統制に政治的に利用しようという手加減が感じられるからである。この点は競技団体としては厳に自戒して、この色彩を払拭しなければ役員は余分のものであるという一般の考えを除くことは不可能であろう。競技団体の一段の自粛も要請するゆえんである」

と明確である。

審判員は公正であれ

報告書は長文であるが終段に入り次のように書いている。

「今度のオリンピックについて、競技的に見れば、競技の内容といい、記録的な価値といい、決して過去のオリンピックに比べ遜色のない立派なものであったし、組織委員としても実によくやったということははっきりいえるが、ただ遺憾であったことは、今度のオリンピックが前にいったように、ハンガリー事件、スエズ問題等の直後に行われたものであっただけに、あまりにも国家意識というか、政治的な考慮がゲームのなかに持ち込まれ過ぎたことである。

競技中に相手の選手との間に暴力沙汰が起こってみたり、あるいは競技役員があまりにも自国の選手の肩を持つということがはっきり出たというようなことがその一つのあらわれであるが、もしこういうことが今後も露骨に続けられていくと、オリンピックがこの面から崩壊するか、あるいは東西両陣営に分割されるかの恐れが決して少なくないと感ぜられる。

今後この弊風《へいふう》をなくすためには、各国の諸団体が、このオリンピック競技の運営を引き受けている国際スポーツ連盟に優秀な役員を送り込み、これを強化してその主体性を確立し、その役員が欣《きん》然《ぜん》として中立的立場を堅持して競技の公平無私を期する以外に方法はないと思う。

その点において日本スポーツ界が率先して優秀な役員を国際スポーツ連盟に送り込んで、これを育成強化することが、オリンピックを分裂ないしはオリンピックの凋落《ちょうらく》を防ぐゆえんと信ずる」。

田畑さんは常々、判定が勝敗を左右する競技、たとえば、柔道、ボクシング、レスリング等を指すわけだが、これらの競技に臨む選手は、ボクシングならノックアウト、レスリングならフォール勝ち、柔道なら一本勝ちと、誰が見ても間違いなく勝ちという勝ち方をねらえといっていたが、最近の国際試合における時として目に余る不公正が田畑さんにこういわせるのであろう。

メルボルンオリンピックではレスリングの笹原正三《ささはらしょうぞう》さんが優勝した。むろんフォール勝ちの連続で金メダルをものにしたのだったが、開会式は一一月二二日で笹原さんが優勝したのは一二月一日、日本の参加競技の金メダル第一号であり、監督の八田一朗さんのすすめで早速選手団長の田畑さんのところに報告に行った。

以下は笹原さんから聞いたのだが、田畑さんは「おめでとう」というなり、団本部の庶務係に命じて、外国役員接待用の大きなびんをくれたという。よく見ると日本酒の一升びんで、田畑さんは嬉し涙なのか涙をぽろぽろだして「キミこれを飲んでお祝いしろ」といったという。

笹原さんは、スポーツ選手に酒はご法度《はっと》と思っていただけに一升酒のプレゼントにはとまどったが、せっかくなので頂戴してレスリングの仲間に見せたところ、八田さんが、全員の試合が終わってから飲むようにしようと、レスリングの部屋に飾っておいた。全員終了後みんなで祝い酒となり、田畑さんからもらったという話に花が咲いたといい、田畑さんの人柄を偲《しの》ぶのだった。

レスリングの笹原さんは足腰を強くするためにランニングをよくやったが、メルボルンの陸上競技の練習トラックで走っていたところ、チェコの人間機関車ザトペックと会った。ザトペックはすぐレスリングの笹原さんとわかって話しかけてきたので、笹原さんはザトペックに走り方を教えてもらい、一五〇〇メートルの記録をとったところ、当時の日本陸上の一五〇〇メートルのベストタイムより良かった。それを知った八田一朗さんが田畑さんに、日本の陸上陣に一五〇〇メートルの選手が来ていないし、記録も日本の中距離選手の記録より良いからメルボルン大会に出場させては、という半分冗談も出たという。田畑さんは面白いが、ルール上無理だろうということでもちろん実現はするはずもないのだが、笹原さんはメルボルン大会の後英文でレスリングの技術と題するA5版二〇〇頁のトレーニングの指導書を自費出版し、次のローマオリンピックで世界の選手に無料でプレゼントする準備をした。この本を見た田畑さんは、これからのオリンピック選手には笹原のような人が必要なんだといっていたものである。

ローマ大会は運営の勉強

一九六〇年の夏、第一七回ローマオリンピックが開かれたが、この時の団長は陸上競技連盟の春日弘《かすがひろむ》さんで、田畑さんは専《もっぱ》ら四年後の東京オリンピックの運営を学ぶことに専念した。

この前年の一一月のメルボルン大会の時に、田畑さんの渉外秘書を務めた岩田幸彰《いわたゆきあき》さんと共同通信社のベテラン記者秋山如水《あきやまじょすい》さんをローマに派遣した。岩田さんは競技全般と事前の関連業務全般の運営、秋山さんは報道プレス関係を勉強するのが目的であった。特に報道を重視したのは、田畑さんは新聞社の出身だけにマスコミの威力をよく知っており、外国人記者に対するプレスサービスは印象の良し悪しにもかかわることで、それが東京オリンピックの成否を決めると、そういう考え方からであった。いくらいい大会を開いても報道のパイプがつまっていたり能率が悪ければ、一秒を争う、特に外国特派員に迷惑をかけるし、外国人の評価は半減するといっていた。

岩田さんと秋山さんがローマ入りしたあと、選手村の勉強をする人として船津国夫《ふなつくにお》さんを派遣することとなった。船津さんは軟式野球連盟の理事長であったので、田畑さんはその連盟の会長でかつてお茶の水天皇といわれていた清瀬三郎《きよせさぶろう》さんのところへ、船津さんのローマ派遣について諒解《りょうかい》を求めるための挨拶に行っている。この頃田畑さんは清瀬さんとは不仲であった。

しかしそれは田畑さんの社会人としてのケジメであったのだ。清瀬さんが快く諒解したことはいうまでもないが、秋山さんは連絡のためにローマと東京を何度か往復したが、岩田さんはローマ組織委員会のガローニ事務総長の部屋の隣に特別の部屋をもらい、ローマに行きっきりで大会終了後もその後始末の勉強もしてきている。

岩田さんが帰国したのは大会後の一一月で、結局一年間というものはかかりっきりで東京大会のために歳月を費したことになる。船津さんはこの時すでに東京大会での選手村村長に決まっていたので、選手村の運営について懸命な調査と研究をしたことはいうまでもない。

この三人のいない東京で、筆者は田畑さんから次のような指示を受けたので恐縮するやらびっくりしたものである。私事にわたるが、知る人ぞ知ることなので思いきって述べることにする。田畑さんは、ローマの勉強に行く調査団を編成するから、誰にも相談しないでいいから、誰が行くのが良いか、三〇名の名前と役割を書いて田畑さんの机の中に入れておけというのだ。

筆者はその頃三〇歳で、先輩ばかりの名を書くことになるので辞退したが、「ボクだってキミぐらいの歳の時には岸清一さんから同じことをやらされたんだ」というので、従うことにした。「私の名は書いてよいですか」と聞くと、「自分が行くことが東京大会に役に立つと思うのであれば書けばよい」ということだったので、いわれた通り三〇名の一番末に自分の名前を書いた。

翌日、「キミは遊軍として行くように」と口頭でいわれたので嬉しかったが、田畑さんは思いきったことをやる人だと改めて感じたものである。田畑さんはもう一人年配格でオリンピックの事務能力に定評があるとされた国立競技場の常務理事（当時）北沢清《きたざわきよし》さんにも同様の依頼をしていたことが後でわかったが、田畑さんの人間管理力の一面であると今でも思っている。

当時はまだドル不足で、海外渡航は業務でも仕事の内容と出張する人の格づけによってドル枠が違っていた。一般の観光に近い渡航者は一人につき二〇ドルがいい方で、とても海外に出かけるなどできないことだったが、筆者は大先輩六人と共に七人で大会の始まる三カ月前に羽田を発ってローマに向かった。

筆者たちの扱いは省庁の局長待遇で一五〇〇ドルをもらい、全部で四〇人出かけたうちの一三人の中に入って選手村に居住して仕事をした。他の人たちは選手村入りの枠が一三人に決められていたので市内のペンションに居を構えた。筆者はあくまで遊軍で、田畑さんのいわれるままに種々雑多な調べごとや交渉をした。

ローマに出かける前にイタリア語を数字抜きで五〇〇語程度覚えて行くようにいわれたので、その通りにしたが、ローマへ行ってみたら結構会話に間に合った。

ローマ大会が終わってから東京で、選手村に入った一三人の会をやることになった。それは帝国ホテルの犬丸一郎《いぬまるいちろう》さんの提案で、定期的に帝国ホテルで行うというものであった。第一回目に出席はしたが、その後、オリンピックの勉強に行ったのは一三人だけではなく、他にもいるので、一三人だけの会は全体の結束を乱すのでは、と筆者が田畑さんにいったところ、田畑さんは「そうか、それなら一三人会は一回だけでやめよう」とあっさり決めてしまった。

田畑さんは何事にかけず、必要なことはズバリという人間を好んでいた。しかし、あとは田畑さんの判断で、賛否は即刻決めるタイプであった。もっとも、そうでなければ大世帯で大事業をやることはできまいとも思ったものだ。

ローマ大会では台湾が中華民国の国名で大会に参加することに反対意見が出て開会式の前日の夜まで結着がつかなかった。

中華人民共和国から社会主義国を通じて意見が出たものであったが、ナショナルエントリーの段階で国名の扱いをきちんと整理すべきところをしていなかったのはローマ側のミスであったが、ローマに各国が入ってからの反対意見であり、やむを得ないともいえた。

この問題に関しては田畑さんが、当時ＩＯＣ委員だった毎日新聞社社長の高石真五郎《たかいししんごろう》さんとじっくり組んで日本の統一意見を出した。いずれは中華人民共和国に、IOCに入って貰う道を開くべき時が来るという意味で、中華民国の名称を使わずに、リパブリック・オブ・チャイナとし、ROCで入場行進することを勧めたが、台湾のIOC委員ヘンリー・スーがいうことを聞かず夜遅くまで会議は続いた。

結局田畑、高石ラインの意見に従うことになり、大会の開会式では台湾の団長がアンダー・プロテスト（目下抗議中）という墨書きした横幕を掲げての入場行進となり、ひんしゅくをかったものだ。しかし、このことが、後に中華人民共和国のIOC入りのきっかけとなったことは確かである。

東京大会では朝鮮民主主義人民共和国の国名を日本は認めず、北朝鮮で通し続けたために、北の選手たちは開会式前に帰国してしまった。ローマ大会の経験を踏んでいた田畑さんは、東京大会でもこの国名問題には神経をとがらせ、事務総長を辞めた後も与謝野さんに進言していたが、日本政府はいうことを聞かず、何ら対策は進まなかった。田畑さんが事務総長を続けていればそんなこともなかったと、今ローマ大会前日のことを思い出し、考えてみるのだ。

選手村の中の日本選手団の隣がソ連選手団だった。筆者は東京大会に備えて、ソ連はわかりにくい国なのでよく接触するように言われており、しばしばソ連村を訪ねたが、それが縁でソ連とは今日まで仲良くしている。

ここでソ連では市民スポーツが盛んで進んでいるという話を知ったので田畑さんに報告すると、オリンピックの基本はそこにあるから、さらにくわしく調べるようにいわれた。ゲーテーオーやら、ソ連の市民スポーツ組織を勉強して帰国した。

田畑さんはオリンピック至上主義とよくいわれたが、田畑さんはそれを否定はしない。ただし、オリンピックでただ勝ちさえすればいいのではない。オリンピックの人類的な背景と、スポーツ愛好の基本が、市民レベルでの国際的相互理解という目標に浸透していることが不可欠だという思想は今でも通用するし、いやむしろ欠けたる部分だと思うのだが、ミスターオリンピックたる田畑さんの理想は、とてもこの項だけでは説明し尽されないほど深遠なものであることを強調してさしつかえないと思う。

これは、歴代の日本のスポーツ指導者が一致して考えていたことで、今日の日本のスポーツ界が再考を要する問題ではないだろうか。商業主義化したオリンピック、これはいずれ東西に分裂する運命にあるというのは田畑さんの予言である。そして分裂してもいずれまた再び歩み寄るだろうともいっていた。果たしていつどうなるか、傍観しているわけにはいかない。ローマ大会を綴りつつの感想である。

フレンケルの勧告

ヘルシンキオリンピックの翌年、つまり一九五三年（昭和二八年）ヘルシンキオリンピック組織委員会会長で同時にＩＯＣ委員であるフレンケルさんが、突然日本にやってきた。

当時の日本体育協会会長は東竜太郎《あずまりょうたろう》さんで、田畑さんはＪＯＣ総務主事の任にあった。東竜太郎さんは永井松三さんのあとを受けて一九五一年からＩＯＣ委員になっていたので、当然のことながらフレンケル、東、田畑会談となったわけだが、この時フレンケルさんは熱心にオリンピックを東京で開催することを勧めている。それは日本再建のために大いに役立つというのであった。

フレンケルさんは次のように述べている。

「私は東、田畑の二人が口にこそ出さないが、オリンピックを東京でやりたいと思っていることはわかっているし、またそれを口に出さない理由もわかっている。衣食住にも困っている今の日本で、多額の経費のかかるオリンピックをやろうなどといってみても、相手にされないどころか、かえって逆効果になって、オリンピックそのものまでが否定されてしまう恐れがあると思っているからであろう。

私は自分の体験に基づいて、はっきりいえるが、それは違う。オリンピックは経済的にみても日本のためになるからあえてやるべきだ。自分はＩＯＣ委員であるから、アマチュア精神を金看板とするオリンピックの世界で、金儲けという言葉がタブーであることくらいは十分承知している。

しかし敗戦国日本が文化国家として立ち上がるために、オリンピックを活用することは許されてよいと思う。戦前の大日本帝国時代は観光収入などは問題にしなかったかも知れぬが、現在の日本は違う。日本復興のために観光収入を重要な財源にしなければウソだと思う。

私の国を見ればわかるように、これといって特別に見るものもなければ食べてうまいものもない。ただ変わっていることはオリンピックをやった夏に夜がないというだけだ。それでもオリンピックをやったら観光客が四割増え、それが一年たった今も減らないどころか、増えつつある。これは単にヘルシンキ市のみならず、フィンランドの国全体のために大きく財的に寄与している。

日本はフィンランドとは全く違う。富士山あり、日光あり、京都あり、奈良がある。食べ物は実にうまい。なにもかにも魅力的だ。日本はとんでもなく遠い、辺ぴでわけのわからぬ所だという観念を吹きとばして、日本の良さを全世界に知らすことになれば、日本を訪れる者の数は倍増どころか、飛躍的に激増することは間違いない。

こんな魅力的な日本だから、このままでも観光客は漸増するだろうが、オリンピックをやるとやらないとでは漸増でも桁《けた》が違う。オリンピック開催費の二〇〇億や三〇〇億は、日本を全世界に理解させる宣伝費、広告費だと思えば安いものだ。だから是非やるべきだ」。

田畑さんは早速東京都の観光部に出かけて聞いてみると、当時観光客のおとす金は、年間二七四億余ということで、オリンピック開催費、つまり道路や下水道のように、オリンピックが来なくても都市計画事業としてやらねばならないものは別としても、オリンピック開催のための直接経費は二〇〇億円以内と踏んだ。

そのうち半分以上は競技場やトレーニング場の施設建設費で、これは青少年の心身訓練の場ともなってあとに残る。オリンピックをやって観光収入が倍増すれば、オリンピックをやろうといっても世論の反撃は受けまい。これならいけると、田畑さんはこの時初めてオリンピック東京招致を心に決めた。

そこで東竜太郎さんと会い、「もう立ち上がる時機だ、二人でやろう」と約束した。ここで正式にオリンピック招致が表面に出ることとなったが、田畑さんとしてみればフレンケルこそ東京大会開催の影の功労者だと考えていた。

政府の決意をうながす

東京大会招致に踏み切った二人は、今度は安井《やすい》誠一郎《せいいちろう》東京都知事を訪ねる。

「第一八回オリンピック大会をぜひ東京でやりたいが、オリンピックを招致するのは国でも、その国のオリンピック委員会でもなく、開催都市であるからぜひ都知事として招請文を出して貰いたい」と申し入れたところ安井知事は、「自分個人としてはぜひやりたいが、何分にも多額の経費を要することであるから、今の東京都としては無理がある」といって承諾しない。その理由にはもっともなわけがあった。

「大蔵省は東京都を富裕都市だからといって、国のやるべきことまで都に押しつけようとする上に、補助金をどんどん削ろうとする。この状態でオリンピックを東京都で呼べば、都が招致したからの理由づけで一切の費用を都に押しつけて、国は知らん顔をするに決まっている。

しかし今度は、自分は知事をやめて衆議院議員に出ることに決めているから、自分が呼んだオリンピックのあと始末を後任者に押しつける結果となって、たいへん迷惑をかけることになるから困る」という返答だったのである。

田畑さんは、「知事のいうことはもっともであるが、都が呼んだからといって、都だけの仕事だとはいわずに、国家的国際的事業として、政府としても十分力を入れると約束をとりつければやってもよいのではないのか」と後には一歩もひかない。安井知事は「そういうことになればもちろんやる」。

そこで三人連れで首相官邸に岸首相を訪ねたのであった。赤城《あかぎ》官房長官も同席して話し合った結果、岸総理は「政府はこれを国の事業として大いに力を入れることを確約するから、開催都市としての栄誉を担う東京都としても、大いに力を入れてくれ」とのことで、安井知事も喜んで「よし大いにやろう」となり、初めて東京招致の決意を明らかにした。

田畑さんは政治記者を長年やっていたから岸さんとは仲が良いことを筆者は知っている。岸さんとすれ違う時など田畑さんは岸さんの袖を引っぱって「オイ」と声をかけると岸さんはニヤッと笑って「ヤァ」という光景をよく見ている。そうでなければ三人で出かけていっても、一回の話で決まりっこない。

この時岸総理は「オリンピックはどのくらい金がかかるのか」と聞く。田畑さんは「やったことがないから的確な数字をあげることはできないが、直接経費はおよそ二〇〇億円以内ですむと思う。そのうち選手の滞在費、交通費等の補助を含めて運営費が八〇億円前後であとが競技場等の施設費、収入は入場料、テレビ権利金、選手の宿泊費負担金、雑収入等で約二〇億とみれば大きな間違いはないと思う」と答えている。

この時岸総理は「競技場等の施設はあとに残って国民が利用するのだから税金で造っても問題ないが、これは国と都と半分ずつの支出がよい。しかし運営費は大部分が消えてなくなるものだから、組織委員会の収入で不足する分を国と都で全額負担するのはよくないと思うので、全経費の半分を国と都で折半《せっぱん》して補助金として支出し、組織委員会の収入で不足分、つまり全経費の約四分の一に相当する分は寄付によるのがよいと思う」とこのような意見であった。

一同もこれに賛成して、経費区分の基本線は決まった。その後二回にわたる関係閣僚懇談会（蔵相が外遊中で三木武夫《みきたけお》氏が蔵相代理）で総理提案による経費区分の基本線が確認された。

施設費は国と都で半分ずつ、運営費は国と都が二〇億ずつと内定した。この時の運営費八〇億円というのは、田畑目の子算を基にして、その半分を折半して国と都で出すという申し合わせからきているのである。

こうして総理と都知事との決意がはっきりしたので、田畑さんは至急、挙国体制の招致機関を作る必要があることを主張し、岸総理を会長、文部大臣、体協会長、日商会頭を副会長とし、各界の代表的人物を網羅して東京オリンピック招致実行委員会を設立する具体案を示して賛成を得て、これを実現した。

この会の第一歩として、正式に東京オリンピック招致を決議し、IOCメンバー全員と、各国NOCにこの決議を発送して実行運動に入った。これに呼応して東京都議会が超党派の全会一致の招致決議を行い、次いで衆参両院もこれまた超党派的招致決議を行った。

一方、国外ではロサンゼルスのフレッド和田勇さんが莫大な私財を投じて物心両面の大きな犠牲を払って、米国のみならず、中南米のIOCやNOCに対して熱心な遊説、説得工作を行って非常に大きな効果をあげた。

さらに国内からも対外向けの招致運動の展開を田畑さんは考えたが、この頃安井誠一郎都知事が急逝し、その後任知事を誰にするかについて日本の政財界はあわてた。社会党からは、既に元外務大臣の有田《ありた》八郎《はちろう》さんの出馬が決まっていたので、それに対抗するには誰がよいか、大きな問題がもちあがった。

東竜太郎IOC委員が知事になることが東京オリンピック招致成功のために最良、との下馬評が上がったが、これについては田畑さんはすぐには反応しなかった。

田畑さんは、知事の選挙はあくまでも政治の舞台であり、いくら招致に有利になるとはいえ、超党派で決定してくれた都議会、衆参両議院の政治家に対し、矛盾を感じていたのである。思想、信条、宗教を超越するオリンピック運動に対し、自民公認をとりつける東選挙には、田畑さんはずいぶん悩んでいた。

田畑さんは、ずっと以前より体協理事に学識経験理事を加えることに当たっては、極力保守一辺倒になるのを避け、革新議員をバランスよく配置する気配りをしていた。国家の大事業としてのオリンピックを招致するのに便利だからとはいえ、東竜太郎候補を擁立するのは田畑さんの見識が許さなかったのである。

かくして政財界は「体協の田畑がOKしなければ東竜太郎の知事候補は無理」となり、田畑さんの返事待ちとなっていた。この頃のある日筆者が帰宅すると、田畑さんが拙宅に見えたらしく、母が応対し、田畑さんの名刺に、明日体協に来てくれとの走り書きがあったので、筆者は、これで東竜さんの立候補は決定だなと直感した。

翌日お茶の水の体協に出かけてみると、田畑さんは、「やはり東竜をやることに決めた。大至急選挙の作戦を立ててくれ」と筆者に命じた。田畑さんは松沢一鶴さんの戦後初めての東京都教育委員の公選における筆者の働きを松沢さんから聞いて知っていたこと、さらに北島義彦都議の書生をして作戦を練る立場にあったことを知り抜いていた関係で、拙宅に見えたことはわかりきっていた。

かくして、戦後の東竜太郎対有田八郎の対戦となり、東都知事実現となり、東京オリンピック招致は本格的となる。この東竜さんの出馬に関して、田畑さんは、革新の代議士や都議に誠意を尽して諒解を得たこと、さらに、東都知事候補の本拠地はスポーツなのであるから、スポーツ独自の運動をすることを鉄則とし、運動員は一切自民系の後援会に出入りしないよう厳命したものである。田畑さんはこのあたりのスジの通し方は徹底していた。

しかし、都内のスポーツ団体やリーダーには経過の話をしなければならず、広い東京都内であるから、どんなに代理をたてても、車代はかかるし、それには金がいる。そこで経団連の小林中《こばやしあたる》さん(当時アラビア石油社長)を訪ね、体協が協力するとの前提で東知事候補を決意したのだから、必要な金は出してくれというと、小林さんは、「それはおかしい、財界としてはしかるべき金は自民に出している」という。田畑さんは押し問答も面倒だし、しかも問題はカネのことであり、あっさり「わかった、カネはいらない」としてアラビア石油をあとにし、必要なカネは田畑さんが準備する腹をかためたのだった。

が、この一件は、後日、当時の自民党幹事長川島正次郎さんと衝突することにつながり、それが田畑さんが組織委員会事務総長の足をすくわれることに起因するのであって、田畑さんが生前から、このことだけははっきり世間に書きのこしておきたい、何も悪いことをしてやめたわけではないし、これを明らかにしなければ腹の虫がおさまらないといっていたものだ。

この件については後に述べる第四回ジャカルタのアジア大会に強い関連があるので、生き証人としての筆者の筆を細くするわけにはいかない責務を感ずるゆえんである。

北島義彦招致実行委員長の活躍

田畑、北島、大島の三人の会談は一九五八年、東京でアジア大会が開かれた年の夏であった。場所は丸ノ内ホテルの四階、お茶だけの会合であった。筆者もこれには同席した。

それまで北島、大島組は田畑さんとオリンピックの東京招致について必ずしも意見がぴったりしていたとはいえなかった。しかし、筆者は、子供の頃から北島家にいたし、大島さんは当時、戦争が終わって、毎日新聞のベルリン特派員の任が解けて東京本社に戻り、住居は埼玉県の川口市であった。北島家は東京北区の赤羽《あかばね》であるから、大島さんはバスで降りて赤羽の北島家によく寄っていた。

第四回国民体育大会は従来通り日本体育協会が主催することになっていたが、北島、大島の二人組は、東京都が自治体としての補助金を支出する以上、体協と東京都が共同主催でなければ駄目だといって、時の体協のお茶の水天皇といわれた軟式連盟会長清瀬三郎さんに食いついたのであった。共同主催でなければ憲法違反であるという北島都議の主張であり、筆者は二人の指令により、お茶の水の体協前で「体協は憲法違反」と題したビラを配っていた。ある日、小柄な人が「なんだそれは」とビラを読むなり、「しっかりやりたまえ」と励ましの言葉を残して体協の建物を去ったのであったが、後年、その人こそ田畑さんであったことがわかった。田畑さんと筆者との出会いはこの時であった。

国体を単独か共同主催かの論争は二カ月にも及んだが、当時毎日は共同主催、読売は単独主催を支持し、朝日は冷静を保っていた。もともと清瀬さんを面白く思っていなかった田畑さんが、朝日を静観の姿勢においたのは朝日の代表取締役として慎重を期したからであった。北島、大島組はそれを快く思っていなかったのは事実だった。もっともこの頃の田畑さんは日本水連の事務局をお茶の水に置かず丸の内ビルの七七二号室に構え、会議でないかぎりはお茶の水の体協には顔を出していない。オリンピック至上主義で軟式野球を軽視したわけではなく、天皇は一人で十分で、お茶の水天皇といわれていい気になっているという批判からであった。

国体の論争は結局、体協と東京都の共同主催に落ち着いたが、田畑さんはこの時、東京都議会に北島ありと評価している。大島さんは陸上人であるから、何かと日本水連にライバル意識を持っていたので、田畑さんとは交流もなく、オリンピックよりレクリエーション運動に専念していた。ところが、オリンピックを東京に招致する話が進んで、北島都議は招致実行委員長となり、大島さんもレクリエーション運動から遠ざかって東京オリンピックに目を向け始めてきた。

三人の会談はこのような経緯を経て行われたのだが、この時、最初に会談をいい出したのは田畑さんである。「キミは北島君と大島君をよく知っているんだから、田畑が一度ゆっくり会いたいといっていると伝えてくれ」と腹の太さを示したのである。丸ノ内ホテルの設定も田畑さんが行い、三人で二時間はたっぷり話し合った。

その時、田畑さんが、「北島君は招致実行委員長として各国を廻らなければならないと思うが、南米のカラカス（ベネズエラの首都）がいい、ここでパンアメリカン大会が開かれ、各国のＩＯＣ委員が集まるから、そこで招致活動をすることが最も効果的だ、顔の広い八田（一朗）をつけるから」と提案した。そして「大島君はヨーロッパとソ連を廻って招致運動をしてくれ」となり、その日に招致計画が決定したのだ。田畑さんはそこから電話で八田さんに連絡をとったところ、「北島さんなら旧知の間だし承知した」ということで、事はスピーディーにはこんだ。

打ち合わせが済んでホテルのエレベーターを降りると、一階の出口に体協記者クラブの面々が一〇人ほど待ち受けていた。三人の顔合わせが記者クラブの人たちには異様に思えたのである。「田畑さん今日はなんですか」と質問すると、田畑さんはニコニコしながら「オリンピック、オリンピック」といって車に乗って行った。

その年の一一月二六日、北島義彦、八田一朗の二人組は羽田空港を出発した。次に掲げるのは八田一朗さんの書いた北島義彦氏の死を悼《いた》むの抜粋である。

北島氏は出発の前日、急にゴルフの練習をしたため、首の筋を少し痛めていた。しかし別に気にとめるほどのこともなかったようだが、サンフランシスコ、ロサンゼルス、メキシコと旅を重ねている間に、この痛みがだんだん悪化してきて、かなり苦痛を訴えるようになってきた。

一昨年、一緒にモスクワのスポーツ祭典に出かけて、彼地でウオッカを飲み語り合ったが、ロシアの宴会ではウオッカの杯の応酬が激しいので、北島氏の助力をかりたこともあった。このウオッカの飲み過ぎが北島氏の発病に直接、間接の原因となったような気がする。その後日本に帰ってから、あまり胃の具合がよくなく、胃の切開手術を行った。体重二四貫の堂々たる体軀《たいく》が一六貫に減ってしまった。それでも手術後、六カ月の療養で一八貫までに回復したのだった。

そのことを知っているので私は時々帰国をすすめてみたが、『自分の使命は重い。中南米にあるＩＯＣがもつ一一の票の動きが東京オリンピックに影響するところも大きい。行けるところまで行く』という悲壮な覚悟であって、私としてはこうもいわれると、それ以上帰れともいえない。体力の消耗をさけるため、必要なインタビューとパーティだけに留め、できるだけホテルで休養をとることを勧めた。

南米のパーティは、一〇時頃から始まって朝の二時頃にすすめば早い方である。健康な私でもくたくたになってしまうのだが、北島氏はこれを頑張り通してしまった。サンチャゴ、ブエノスアイレスなどのパーティは確かに苦痛であったに違いない。

新しい所につくたびに、医者を探し、できるだけの手当をしてもらったが、大きな効果はみられなかった。

ブエノスアイレスは地球で日本の裏側にあるところである。日本人の医者がいて、北島氏に注射を打ちながら、奥さんがいますか、子供さんがいますかと聞いている。そのうち、家族があるのにどうしてこんな遠い所までやってきたのですか、生命が惜しくありませんか、といって医者も驚いていた。

こんな状態でもブエノスアイレスの日本大使館で行われたパーティには、どうにか出席した。私は同氏の強情と、忍耐力には最大の敬意を払いつつも、毎日休むことを勧め、半分はけんかになってしまった。

一二月二五日、サンパウロに移って、日本人経営の旅館に泊まり、日本食が食べられるようになったため、ちょっと安心できた。しかし一二月二九日から頭痛が激しくなり、遂に入院して正月を迎えた。リンゲル、輸血などを行ったため非常に元気になり、体力がつき、この分なら大丈夫と思っていたが、二日の朝から全然下半身がきかなくなってしまった。

両手がきくから鳩山さんよりはよいし、死んだルーズベルトとは同じになったから大したものだと、口は達者で冗談をいい元気であった。全然一人で歩けなくなってからは、それからの旅は、どうしても続けられず飛行機の寝台をとって、急に日本に帰ることになったのである。私はサンパウロからリマまで送って、カラカスの大会に臨むため、リマで別れた。別れる時には、五月のミュンヘンのＩＯＣ総会には自ら出席してオリンピックの招致運動をするつもりで、まだ元気であった。それなのに一月七日北島氏の訃報《ふほう》に接して愕然とした。

北島氏の南米各国におけるオリンピック招致運動の模様は、涙なくしては語ることができない。彼の死を悼むと共に、何としても一九六四年はオリンピック大会を東京に招致して北島氏の霊をなぐさめたいものと決意新たなものを感ずる。（後略）

一月二日であった。外務省から北島家に電話が入り、サンパウロの日本大使館から公電で、どのような病気をしたかをすぐ知らせて欲しいと要請があった。すぐそれに答えると共に田畑さんに知らせると、田畑さんは正月ではあったが体協の上級職員を体協に集めて、帰ってくる飛行機を迎え、すぐ都内の病院に送る手配をした。

しかし、羽田に着いた時、一橋大学の都留重人《つるしげと》さん御夫妻が、「北島さんの関係者はいませんか」と大声で呼ぶので、そこへ馳け寄ると、「たいへんです、大急ぎで病院へ」ということで準備してあった救急車で都立駒込《こまごめ》病院へ向かったのだが、その時既に遅く、病院に入った時は息を引きとっていたのであった。

この時の田畑さんの嘆きはひどく、遺体が赤羽の家に移された時、遺体に向かって、「ボクが悪かった。そんな病気を押していることは知らなかった。どうしてそれをいってくれなかったのか、それにしても、オリンピック招致を手がけた人がなぜこうも命を落とすのだろうか」といいながら、嘉納治五郎さんがカイロでの帰途、氷川丸船中で死去されたこと、杉村陽太郎ＩＯＣ委員が戦前ローマからの帰りに船で亡くなったことなど、涙ながらに語ったものだった。

そして前に述べた八田一朗さんの記事を体協や東京都の人々に読ませて、死をかけた招致運動を忘れるなと檄《げき》をとばし、五月のミュンヘンＩＯＣ総会に向けて、悔いのない招致運動にアイディアを広く求め、着々と実行の駒を進めていった。

第三回アジア大会（東京）

第三回アジア大会を東京で開いたことについて田畑さんは二つのねらいをつけていた。

それは第一回はインドのニューデリーで開かれ、第二回はフィリピンのマニラ、こうなると第三回を東京で開くのは当然の成りゆきであり責任ともいえる。そして、この時機に合わせて東京でＩＯＣ総会を開き、東京オリンピックの開催能力を世界のＩＯＣ委員に示しておくというものであった。このため第三回大会は東京都と密接な連携を持ち着々と準備を進めた。まず従来の神宮競技場を近代的なものに拡大して国立競技場とすること、収容力も五万五〇〇〇人と定めた。神宮プールをはじめその他の各種目の競技場も一挙に改造が拡大し、国際競技の実施に必要な態勢を整えることとした。

こうして第三回大会は一九五八年五月二四日午後三時開会式、六月一日午後七時閉会式と定め、九日間に陸上、水泳、庭球、サッカー、ホッケー、バスケットボール、バレーボール、レスリング、ボクシング、ウェイトリフティング、卓球、自転車、ライフル射撃の一三種目を正式種目とし、柔道、バドミントンをデモンストレーションとした。

団体入場券の売り過ぎ

アジア大会を少しでも多くの青少年に観てもらうという配慮から、学生向けの団体入場の仕組みを考えた。それは当然のことである。

当時既に全国的に定着していた小体連、中体連、高体連、それに加えて当時私立学校のみで組織していた私体連の以上四つの団体に呼びかけたのであった。団体入場の打ち合わせは説明会の名においてお茶の水の体協で何回か重ねられた。この頃正直いってアジア大会に関する一般の関心は薄かったが、大会のムードが高まるごとに入場希望者は急増した。

田畑さんは入場券問題は、開閉会式をメインスタジアムでやることから、日本陸連の浅野均一さんと、東京都広報渉外局観光部長（組織委員会総務部長）の白石道之助さん、それに入場券課長で東京都職員の伊勢《いせ》俊正《としまさ》さんにまかせ、特に口をはさむことはなかった。

ところが開会式当日、ふたを開けてみたらえらいことが起こった。大量の小中高生が溢れて会場に入場できないのである。その数は五〇〇〇人を超えていた。好天に恵まれたことは幸いだったのだが、五月の太陽はやたらと照りつける。場外に放置された学童の中には日射病で倒れる者もあり、道路に押しかえされた中学生が交通事故に遭うなど死亡事件も起こり、事務総長としての田畑さんの大きな悩みの種となった。

なぜこうなったかについてはわけがある。団体入場の打ち合わせは回を重ねるごとに予定の定員に近づいて順調だったが、大会間近になると、立ち見でもいいから入れてくれという学校が殺到し、ついに過剰売りになってしまったのだ。ところが当日になって、通路での参観と、座席のない場所での立ち見は絶対に許可しないという消防庁の厳しい通達により、入場不許可の学校が場外に溢れたという次第なのだ。

田畑さんは「消防庁は昔の陸軍の如き威力を持っている」と驚いていた。今日では会場管理は危険防止の面から当然のことと思われるが、当時としてはそこまで考えられない時代のずれがあったともいえる。

それにしても学童の心を傷つけたことは大きな問題である。しかも過剰売りは翌日の陸上競技の日程消化につきまとって連日の入場不許可者の出ることが予想され、アジア大会の新聞記事は「あふれた学童」という社会面の記事で埋めつくされる始末となった。

当時筆者は田畑さんから「これはまずい。なんとかしてくれ」と頼まれ、この問題処理に当たることになったわけだが、むろん筆者のみで解決できるわけではない。アイディアはこちらが出して、伊勢入場券課長を中心に射越栄一さん他一〇人の度胸のすわった仲間を集めてことの処理に当たった。当時の解決策を長々述べるわけにもいかないので、数ある資料から読売新聞の記事を掲げるに留めよう。

「切符の売り過ぎから連日数千人が入場できない騒ぎを起している国立競技場のアジア大会入場券問題は、東京消防庁から定員を厳守するよう命令書が出されるなど、その成行きが注目されていたが、組織委ではこの日午後四時から同競技場内役員室で組織委、学校団体側、警視庁、消防庁の各代表を集めて対策を協議した。その結果『二七日は団体客を途中で入れ替えて、全員を収容する。二八日以降は各学校に一律四割減を依頼する』との緊急措置を決定した」

とあるが、二四日の開会式以来、毎日夜遅くまで事態収拾のための会議が続き、文部省、東京都、国立競技場の各代表者及び田畑さんは必ず出席した。筆者も席をはずせず、記者クラブからは締め切りに間に合わないから早く結論を出してくれと迫ってくる。こんな時田畑さんは「結論はまだだと書けばいい」と少しもあわてずだった。

この時田畑さんは別にもう一つのトラブルに巻きこまれていた。開会式のセレモニーに各国の国旗を掲揚した時のことである。国旗があまりにも大きいために旗の上にしるしをつけてあるのだが、式典を担当した自衛官がそれを見誤り、中華民国の国旗を逆さに掲揚してしまったのである。遠くからでも見る人が見れば逆さ吊りであることはわかるのであり、強い抗議があった。それにも誠意を尽して許しを乞う時間が必要であった。

さらに団体入場に入れなかった、というより権利放棄した墨田区の日教組からの、文部大臣と事務総長宛の強烈な抗議文を撤回してもらう手配など難題は続く。この時前田《まえだ》充明《みつあき》文部省体育局長が陣頭指揮に当たった。そしてこの大会の棒高跳金メダリスト安田《やすだ》矩明《のりあき》さん、同じく四〇〇障害の金メダリスト大串《おおぐし》啓二《けいじ》さんらの積極的な協力も日教組の抗議文撤回に大きな力となった。

こうして最終日を迎えるのだが、閉会式の前にサッカーの決勝戦を行うプログラムだったが、この決勝戦は韓国対中国の対戦で、韓国の人々が大挙して競技場に入れろと押し寄せてきた。「われわれには北も南もないんだ。同胞を応援したいんだ」。むろん入場券は持っていない。全国から自然に集まって来て一〇〇〇人は下らない。この騒ぎも役員みんなの力で合法的に処理した。

田畑さんは大会が終わってから、「国際的な大会には何が起こるかわからぬし、外国人の手前、醜態《しゅうたい》はさらしたくない。これは東京オリンピックのいい勉強だ」と語っていた。これが起因となって、非公式苦情処理委員会なるものができたのである。

田畑さんは苦情処理委はいい案だが、それをストレートにおもてに出すと、苦情の起こることを前提にしたようなものになるから、あくまでも潜在的な戦力とスタッフを構えることがよいとのことだった。この非公式苦情処理部隊は東京オリンピックでも、またその後の札幌オリンピックでも出番がやってくるのであった。

オリンピック青年協議会発足

第三回アジア大会が東京で開かれた時、国立競技場が団体入場の定員オーバーで混乱したことについては前項で述べた。この他にも各競技場で多少の難問題があったことは事実であったが、大会の非公式な総括としての反省の結果、一つの欠落に気がついた。

スポーツ界の実態を分析すると、水泳、陸上、レスリングといった各競技団体内のタテの人脈は、先輩、後輩といったいわば徒弟的な系列で仲間意識的につながりがあるものの、競技別にみると、横の人脈の心が通じ合っていないことがはっきりした。オリンピックやその他の国際競技会に日本を代表して参加しているために、何げなく知り合っているという程度で、友人としての深さがないのであった。体協の大幹部同士はしっくりした友情があったにせよ、それ以下の役員や選手にはそれが不足しているか皆無に近いのであった。

田畑さんはこれをまずいと感じたのか、筆者らに対して、せめて戦後派のスポーツマンでもよいから、スポーツのタテ、ヨコ人脈をしっくりまとめることはできないかと提言し始めた。そうすることが、オリンピックの招致運動にも好影響をもたらすし、オリンピックを東京で行うに際して、予測できない問題の処理に役立つに相違ないという考え方であった。

当時、東京オリンピック招致実行委員長は北島義彦都議で、田畑さんと二人の意見として一致したのは、オリンピックは若者の祭典であるし、開催国にはホスト国として若いスポーツマン、及びその愛好者の結束団体があって然《しか》るべきだということであった。特にオリンピック招致運動に関しては、東京都が招致運動を本格的に行うのは当然としても、当時は総務局観光課が実務に当たるほか適当な部局がなく、それにしては機能が弱いということ、体協としても招致運動をしなければならないが、実際問題としては大会に参加する準備と態勢を整える方が主務であり、どうしても、純民間団体の招致エネルギーが必要である。それもホスト国としての若いパワーがあれば他の都市にはないユニークな性格を持つことになるので、ぜひそのような団体を設けることが意義深い、となったのであった。

このような理由と発想から結成されたのがオリンピック青年協議会であり、対外的にはOLYMPIC・YOUTH・CONFERENCEを名称とした（略してO・Y・C）。第三回アジア大会を終えた年の末、市ヶ谷の私学会館で発会したのであった。予算は一切なし、自主運営がよいとして最初から会費制でまかなうこととし、オリンピックの名称と、会のバッジに五輪を使うことの許可は田畑さんの指導と賛意によってＪＯＣで承認され、早速オリンピック招致運動に入ったのであった。

会長は水泳の古橋廣之進、副会長はレスリングの笹原正三、理事長に筆者がなり、三〇年以上にもわたってこの人事は続いた。ただ体操の小野喬《おのたかし》さんは、東京オリンピックには現役の選手として参加しなければならないので、トレーニングと自らの仕事に専念するために三役につかず、東京大会の終了後に副会長に加わっている。

ＯＹＣの最初の具体的な招致運動は、東京都内の中・高校生に「ＩＯＣのおじさんへ」と題する手紙を書いてもらうことだった。英語の時間に、教師がひな形を生徒に配布し、東京都の観光課からもらってきた東京案内の絵はがきに、英語教師の指導のもと、オリンピックをぜひ東京で開催できるように、世界のＩＯＣ委員にお願いする手紙を作ることであった。これを後日知った田畑さんは、そういう招致運動こそオリンピック運動には必要なのだとほめてくれたものだ。

ＩＯＣ委員のアドレスは前もって調べて配布ずみであり、五〇〇〇枚ほどの絵はがきができあがった。その中から判読できそうなはがきを二〇〇〇枚ほど選び、海外向けに発送した。郵送代がばか高いことには参ったが、それは田畑さんにはいわず、というのは、田畑さんにいえば、二つ返事で支援してくれることはわかっていたからで、結局当時の貿易商社に分散して依頼をし、切手を貼って出して下さいのお願いで用が足りた。

この作戦がどの程度ＩＯＣ委員に通ずるかわかったものではなかったが、ミュンヘンにおけるＩ

OC総会で第一八回大会は東京と決まったとき、「アイクに勝った日本の子供の手紙」という見出しで外電が入ってきたものだった。当時、第一八回オリンピックに立候補していたのは、東京、デトロイト、ウィーン、ブリュッセルの四都市で、アメリカのアイゼンハウアー大統領は、デトロイトが選ばれるよう各IOCにアイクの名においての親書を送っていたのだった。

田畑さんはミュンヘンから帰った後、いろいろなIOC委員から、日本の子供の手紙をもらったといって話題になっていて、誰のアイディアかと問われてとまどったといわれた。田畑さんにあらかじめいわなかったのは、田畑さんは純粋さが好きなのであったからだ。

OYCは、オリンピックの招致のみならず、田畑さんの手足としてボランティアで奉仕する役目を果たすことを目標としたが、田畑さんは気楽に、しかも楽しそうに若者のグループを使ってくれた。田畑さんは東京オリンピックの開会を前にして事務総長を辞めることになるのだが、大会がうまくゆくように、OYCには苦情処理に当たるように希望し指示もしていた。大会に入ってからも苦情や難問が起こり、それを処理したことは知る人ぞ知ることだが、田畑さんにその都度報告すると、にこにこして喜んでくれたものだ。

OYCに関してはここで長談議は必要ないとしても、田畑さんによって育てられたことはいうまでもなく、ここに特に附記しなければならないのである。オリンピック後OYCは日ソ青年交流を三〇年以上にもわたって続けたが、これについても陰に陽に田畑さんの心強い支持があったことはいうまでもない。

東京オリンピックの翌年、つまり一九六五年からの日本とソ連は、あらゆる意味で冷たい期間であったが、そういう時こそ青年の文化交流が肝心なのだというのが田畑さんの意見だったのである。

平沢和重プレゼンテーターの功績

ミュンヘンＩＯＣ総会には東竜太郎・高石真五郎両ＩＯＣ委員、竹田恒徳《たけだつねよし》ＪＯＣ委員長、安井誠一郎東京都知事、それに田畑さんがＪＯＣ総務主事の立場で出席したが、他にプレゼンテーターとして平沢和重さんが同行した。

オリンピックの開催地の決定は、総会に出席したＩＯＣ委員の表決によるが、それに先立ち、各立候補都市の代表が英語またはフランス語でプレゼンテーション、つまり立候補の趣意の説明をすることになっている。

この役割は極めて重要で、趣意の格も高く、内容もＩＯＣ委員がこの都市をおいて他にないと賛意を示すような、具体的、かつ他の立候補都市の趣意説明をしりぞけるような説得力の強いものでなければならない。オリンピックの理想と目標は決まっているのであるから、それを述べるような、美辞麗句《びじれいく》では票がとれないわけで、オリンピックの発展のためになぜ立候補したかの決意表明ともいえる弁論でなければならない大役である。

説明の中味と共にＩＯＣ委員にいい印象を与えることも肝要で、それも制限時間四五分以内に、いかに要領よく唱いあげるかの技術も必要なわけである。いいかえれば、このプレゼンテーションが開催都市指名の決定打となるのである。誰にその役割を依頼するかの人選に田畑さんが着目したのは当然であった。

田畑さんは当時ＩＯＣ委員にはフランス語がわかる人が多いということから外務省を訪ねた。当時の外務次官は山田久就《やまだひさなり》さん（後に東京四区から代議士になった）で、金沢の四高から東大に進んで外交官の道を登りつつあった。吉田茂《よしだしげる》総理と肌が合わぬほどの骨っぽい人で、吉田さんから離れ、安井誠一郎東京都知事から乞われて東京都の渉外を一手に引き受けていたことがあり、田畑さんとは旧知の仲だった。

プレゼンテーターとしてフランス語がうまく、その上スポーツに理解のある人は誰かと聞いたところ、山田久就さんは即座に「それは北原秀雄《きたはらひでお》君をおいて他にいない」と明言された。北原さんは東大時代陸上競技の砲丸投げの選手で、体格も立派、威風堂々としていて、その頃は外務省官房総務参事官であった。

その日のうちに、田畑さんは山田さんより北原参事官を紹介され、北原さんは「よし、やりましょう」と快諾したのだった。田畑さんはたいへん喜んで、北原さんでもう大丈夫とすっかり安心したのだった。北原さんも光栄な役割とばかり、原稿も作り四五分以内でまとめる練習も熱心にやり、しばしば田畑さんに問い合わせることがあった。田畑さんは「北原という人は誠意のある人だし、何よりも今度の役どころを果たすことに熱心なのに感服した」といっていた。

ところがある日、お茶の水に戻るなり、「参った、北原君がケガしちゃったんだ」と考えこんでしまったことがある。その時の田畑さんの落胆ぶりは今でも覚えている。北原さんは外務省の運動会でリレーのアンカーを務めたところ、バトンを受けて走り出した時にアキレス腱《けん》を切って入院してしまったのである。投《とう》てき選手は例外なく短距離に強いのだが、投てき選手に限らず、学生時代に鍛えた人の走力神経は時が経っても衰えないが、しばらく走らないうちに筋肉の強さが伴わず、アキレス腱を痛める例が少なくないのである。それを田畑さんにいうと「何でもっと早くそれをいわなかったんだ」と不機嫌だった。しかし、日も迫っているので代役を立てなければならない。結局北原さんの先輩にあたる平沢和重さんに依頼することに落ち着いたが、それは北原さんがアキレス腱治療中のベッドに横たわったままで田畑さんへ願い出たことだった。

田畑さんが平沢さんを訪ねて用件を述べた時、平沢さんはすぐ引き受けることを躊躇した。平沢さんといえば当時ＮＨＫの解説者として著名人であったが、オリンピックに関しては、オリンピックの東京招致時期尚早論を唱えていた。当時同じように時期尚早論を主張していた人は、東京放送の時事放談の小汀利得《おばまとしえ》さんと細川隆元《ほそかわたかちか》さん、それに女優の高峰秀子《たかみねひでこ》さんら少なからずいたので、一人平沢さんだけではない。

そんな話も口説きの材料として田畑さんは平沢さんを訪ねて頼みこんだところ、平沢さんは北原さんからもぜひたのむといわれているということで、引き受けてくれることになった。平沢さんは「ただしご承知のように、オリンピックについては解説でも話しているので、できあがっている原稿を読むだけでは困る。自分のオリンピックに対する考え方を活かした、平沢としてのプレゼンテーションをやらせてくれれば引き受ける」ということであった。

田畑さんはそれに異議はなく、すべてを任せるとして決定したのだった。田畑さんは一旦任せたら口を出さないことは既に述べたが、平沢さんが自らの構想を練って自ら筆をとって書き、かつ、ミュンヘンに着いて総会の議場に入る前まで推敲を重ねたことを知って、これで勝てると自信を持ったという。

説明の制限時間は前述したように一都市四五分である。平沢さんはＮＨＫのニュース解説をしていた時は一五分にまとめる技術を身につけ、それも原稿なしでマイクに向かったことを筆者も聞いていた。今度は原稿の内容を十分整え、しゃべり口調の速さを、相手にとっての聞きやすさを計算し尽しての説明だから、平沢さんにしてみれば難しいことではない。ただし何よりも、日数が少し足りないのがやっかいだと考えてはいた。

東京の前はデトロイトで、この説明が内容に乏しく、時間も制限時間を超過して一時間もかかる始末だ。デトロイトの商工会議所会頭がその役を演じたのだが、原稿をただ棒読みにするのみでみんな退屈してしまった。田畑さんは実はこれが幸いしたのだといっていた。

そのあとが平沢さんの番で、ＮＨＫのニュース解説ばりの一五分で切り上げた。実に制限時間の三分の一であるが、この一五分が聞く側にとって最も理解しやすく、内容も煮つめたぎりぎりの時間だということを平沢さんは熟知していたのであった。

平沢さんの説明の内容は、当時からマスコミに紹介されているのでここで改めて述べることもないと思うが、小学校の教科書を片手に、「日本ではオリンピックの話が、このように義務教育の教科書にものっており、オリンピック精神を全国民が理解しています。ヨーロッパで咲いた花を、東洋にも咲かせていただきたい」とこんな論調で埋め尽したのだったが、会場は拍手喝采大評判だったという。

平沢さんはこの大任を果たしたのであったが、このミュンヘンＩＯＣ総会で対立候補のデトロイト、ウィーン、ブリュッセルを寄せつけず、第一回の投票で五八票中の過半数をとる圧勝で、第一八回は東京と決定したのであった。田畑さんは、この結着の決定打は平沢さんのプレゼンテーションにあったと、大きく評価したのであった。

東京オリンピック組織委づくり

オリンピック大会の開催の準備と運営には組織委員会なる機構を作らねばならない。田畑さんがどんなメンバーで組織委員会を作ったかについては、筆者にも記憶がある。

お茶の水の体協時代、体協の書庫をひっくりかえして二枚の印刷物を探し出した。早速自分の部屋である体協専務理事室（その後組織委事務総長室）に戻り、明るい部屋でよく読んだところ、その印刷物は昭和一五年東京で開催する予定だった頃の組織委員の名簿の原案だった。古い時代の人のことですべては覚えてはいないが、東条英機《とうじょうひでき》、荒木貞夫《あらきさだお》さんらの名はあった。

田畑さんはその頃いつも不機嫌で「難しいなあ」を連発していた。組織委員になりたい人が自薦他薦で多過ぎて、手のつけようのない始末だったからである。田畑さんとしては、組織委員会の組立てこそ大会を成功させる最大の作業と考えていたから、圧力や、義理、人情に動かされてはなるまいと心に決めていた。じっくり時間をかけて、どんな組織委員会をつくるかは、どんなオリンピックをやるかに直結するものであり、体協、ＪＯＣ、東京都、政府が十分納得いくまで打ち合わせることが必要と考えていた。

東京オリンピックを打ち出した当初の頃は、「オリンピックなんて東京に来るものか」とか「時期尚早論」などを公言していた政財界人までが、オリンピック東京に決定のニュース以後、ムードは急速に盛り上がり、一九五九年の一〇月には、組織委のメンバー勢揃いとなった。

田畑さんは後日、少し早く作り過ぎたかな、しかし、競技場や、選手村の施設の問題を含め、準備をするレール敷きのためにはぐずぐずしてはいられない、などの心中の葛藤もあったが、準備の分担と責任の所在をめぐって混乱のあったことは事実である。かりに水泳場一つを造るにしても、設計はどこ、用地買収はどこと、一体組織委員の誰がどこで何をやるのかはっきりしない。

田畑さんは、はじめから分担のケジメをはっきりしておけばよかったといっていたが、組織委員のメンバー自体が、最終決定するまで二転三転したのだから、分担のケジメを組織委に約束づけるのは無理がある。結局、田畑さんが事務総長の名において事務局員を活用し（十分活用し事務局幹部も持てる力をフルに出しきっていた）、だから東京オリンピックのレールが敷けたものと筆者は信じている。

面倒なことが起こると、政府や都の委員は見て見ぬふり、特に国会出身の組織委員はだらしがなかった。総会ではまるで第三者のような意見をはき、常に田畑さんを追及する形で、時に大声でどなり散らす単細胞もいた。田畑さんが「バカヤロメ！」という口癖を、声にこそ出さなかったが、じっとこらえているのがよくわかっていた。

特に公開の総会では、新聞記者が取材で同席するものだから、ことさらにスタンドプレーが多かった。新聞記者はほとんどが田畑親衛隊といってもさしつかえない人たちばかりである。会議のあと、おろかな発言者は記者たちから組織委員としての危惧や責任感などの逆質問をされて、面白いと思ったものだ。

しかし、オリンピックを間近にひかえて、田畑さんが事務総長を辞めざるを得なかった遠因は、このあたりの人選にも関連があったことは否定できない。このことは第四回アジア大会（ジャカルタ）の混乱とも強く関連する。

総理のお墨つき

招致しようと決意した時、岸総理は、「国家的事業として大いに力を入れ、やってよかったというオリンピックをやろう」といったことは前に述べてあるが、田畑さんとしては組織委員会を早く作り過ぎたことについてはたいへん後悔していた。肩書きばかり欲しい人たちが早く作ろうということで発足したところ、文句ばかり多く、岸総理の基本的方針がぼやけて、オリンピックを全くわかっていない大蔵省の若い事務官任せという方向に傾斜してしまう。これにはわけがある。

体協会長、そしてＪＯＣ委員長の津島寿一さんの立場を守るために、決まったことだからやらなくてはならないが、ただやりさえすればよい、そして少しでも安くあげるのが手柄だと思っているふうだったのである。こんな官僚意識が、実施にあたって常に表面に出て、田畑さんの問題発言？ともいわれた「小役人だまれ」という厳しい発言となることもしばしばだった。

田畑さんとしては、アジアで開く初めてのオリンピックだから、世界に対して恥ずかしくない画期的なものをやろうという意気込みで、少しは余分だと思われる金をかけても、創意工夫で盛り上げ、夢のある大会にしようと思っていた。それだけに予算折衝の段階では文部省の矢面《やおもて》に立って、大蔵官僚とのやりとりに失望するというよりは、あきれかえっていた日々であり、田畑さんが毎日不機嫌であったのはこの頃だった。

毎日田畑さんと接している筆者は、田畑さんが面談を希望する有識者との会談を設定したが、有識者の意見を聞いて、田畑さんはいつも意気込み豊かに帰宅されたものだ。

その頃田畑さんの指定する料理屋は、銀座松坂屋のウラ手にある村松であった。田畑さんが朝日新聞の代表をしていた頃からなじみにしていたお得意先であった。大島鎌吉さんはたいてい一緒だったが、大島さんの毒舌は有名で、「あんな政治家は放っておけ、田畑さんも少し気が弱くなったのでは」とよくいっていたが、田畑さんは「キミそんな簡単にいうなよ」と笑って酒を飲んだものだった。

そして、大島さんも田畑さんも、「都議会に北島さんがいれば、スムーズにいったのだが」というのがいつも出る会話だった。難しいことは何もない。政治家の一人二人はひねりつぶす力をもっていた北島都議は、鯨岡兵輔《くじらおかひょうすけ》代議士と意気投合していたことも知っていたし、この頃この世にいなかったことは、田畑さんの片腕として、ほんとに惜しい人材であったと思う。

田畑さんが、大蔵省の予算折衝にあたり、力と頼んだ津島寿一さんは、やはり官僚を抜け切れず、政府に対してあまり大きな発言をしていなかった。たとえば、朝霞《あさか》のキャンプ・ドレイクを米軍が急に返還しないといってきた。キャンプ・ドレイクはこの頃選手村に予定していたところであった。しかし実際は、田畑さんは当初よりここは主競技場から遠過ぎるとして、東急の五島昇《ごとうのぼる》さんの提案で代々木のワシントンハイツを選手村にすることを練っていた。朝霞のキャンプ・ドレイクは実はあて馬であった。

世間では、朝霞のキャンプ・ドレイクを返還しないという情報は寝耳に水で騒ぎが起こったが、こんなことは四カ月ほども前に、米軍から内々に話があり、体協内ではさして新しいニュースでもなかった。津島さんは、折衝と称しても、会長として一人で仕事を抱きかかえて成功しなかった。キャンプ・ドレイクを強硬に申し入れして、だめならではその替わりに、という田畑さん一流のかけ引きがあったが、そういうことをしない津島さんに対して、押しが弱いという不満もあった。

屋内総合体育館の敷地にしてもそうだった。オリンピック閣僚会議で、秩父宮ラグビー場に目星をつけたが、津島さんは組織委員会代表の資格で会議に臨み、それを知っていながら後日の組織委員懇談会で、ラグビーのラの字も発言していない。あとで、田畑さんぐらいには、口に出しにくかった、ぐらいの耳うちをしておいても、というのが周囲の陰口であった。記者クラブの人たちの間では、成功した暁《あかつき》の点稼ぎをねらって、一人で抱えておいたのではという見解もあったが、こんな時田畑さんは「人の腹の中がキミらにわかるのか」と戒めていた。しかし、田畑さんと津島さんとは仲が悪くないとはいえ、肌が合わなかったことは確かである。

筆者は津島さん、田畑さんと同席の食事の会にもしばしば呼ばれていてよくわかるのだが、オリンピックという大きなイベントの準備に関して、肌が合わないなら両方が歩みよれば良いのにと思っていたのだが、いかんせん二人とも大先輩であり、とても口にはできなかった。しかし、こうした肌の合わない事情を読みとるのが、政治家のよくやることで、このあたりで政界の寝技師といわれた川島正次郎さんの登場となるのだった。

生前、田畑さんが、このことだけははっきりしておいてくれといったのが、これからの語りとなるのであって、この書の大きな目的の一つもここにあることを理解していただきたい。

史上初のプレオリンピック

東京オリンピックの前年、つまり昭和三八年一〇月、選手強化四カ年の実績を世界的規模ではかってはどうかということになった。大会の名称も「東京国際スポーツ週間」とし、本番を前にして日本の選手がどの程度に育成されたかを評価するのが主なる目的であった。名称は前述した通りだが、これを〝プレオリンピック〟としたのはマスコミがつけた大会名で、これは完全に定着し、以後のオリンピック大会はこれにならうようになった。まさに史上初のプレ大会ということになったわけだ。

これを考えついたのは田畑さんと強化対策副本部長の大島鎌吉さんで、田畑さんは組織委員会の事務総長として運営面でのリハーサルになるし、また強化本部長も兼任していたから大島さんと意見が一致するのに時間を要しなかった。ところが、せっかくの計画も予算の上では文部省の国庫補助金も期待できず、財界の寄付もおいそれと期待できるものではない。

しかし二人とも強気の人だから、NHKに放送リハーサルということで協力してもらうのはどうだろうということになった。そこで二人で日本放送協会の阿部真之助《あべしんのすけ》会長を訪問して協力要請をした。阿部会長は言論界の長老であり、田畑さんのよく知る友人である。また実務の責任者前田義徳《まえだよしのり》専務理事は朝日新聞の外信部出身の田畑さんの後輩でもあって、話はスムーズに進んでいった。そして外国選手招待と諸経費を助成してくれることとなった。その後NHKの会長は阿部真之助さんから前田義徳会長へとバトンタッチされたが、プレオリンピックの計画は変化することなく実現することができたのである。

この時田畑さんと共にNHKを訪問したのは、体協の職員であり選手強化対策本部の担当だった鈴木光雄《すずきみつお》さんであった。鈴木さんによると、田畑さんはNHKに前田会長を訪ねる時でも、かつての部下を訪ねるという気持ちをいささかもひけらかさず、組織の人としての前田会長に対しては極めて礼儀正しく接しておられたということだった。

また前田会長もよくできた人で、田畑さんが体協首脳の立場で見えたということを理解されていた。会長室を出て、エレベーターの前で自らエレベーターのボタンを押して、田畑さんと鈴木さんがエレベーターに乗ると、ドアが閉まるまで起立して立ち、礼をして挨拶したということで、鈴木さんはさすが大きなことをする人は違うと語っていた。

この大会は一般に好感をもって迎えられ、世界の強豪三七カ国五五四名が来日し、日本の選手もよく闘った。またこの時は新記録が続出し、世界の競技レベルを日本選手が肌で感じることができたし、一年後の本番に備える上でも貴重な大会であったといえよう。

いずれにせよ、よしやろうということになれば田畑さんは動きが早いし、粘りっこいことこの上なく、周囲はもたもたしていられないのである。

スポーツ少年団の発足

一九六一年の夏、ドイツスポーツ少年団の団長ダンツ氏が、東京オリンピック組織委員会事務総長室に田畑さんを訪ねてきた。ドイツに明るい大島鎌吉さんの案内によるものであった。この日の用件は、一九六四年の東京オリンピックに、ドイツ（西独）スポーツ少年一五〇名を受け入れてくれないかという要請であった。田畑さんは組織委員会総務部長の松沢一鶴さんと大島さん、それに筆者と選手強化本部職員の土屋和平さん（大会後ドイツに留学）を呼び、話し合いとなった。

ドイツ少年団の組織と機構はかなりのものであり、一五〇人の青少年が来日して、組織委員会の受け入れで宿舎を確保し、青少年向けのしかるべきスポーツプログラムを催すことになれば、オリンピックの意義も一段と深まるというものであった。しかしこれを実行するとなれば、ホスト国としての日本にも大人だけでなく、青少年の同類組織が必要となるわけだ。

大島さんと田畑さんは日本にスポーツ少年団を作ることを強く筆者に要請した。そしてホスト国としての役割を果たすべきであると促《うなが》した。しかし筆者は即座には同意しなかった。というのは、こうした種類の組織は一度できて崩れてしまうと、二度とできないという慎重論からだった。これについては松沢さんが支持してくれ、「少し時間を与えては」と助け船を出してくれた。

しかしダンツ団長は、六四年の東京大会に一五〇人を受け入れるかどうかについて、強く田畑さんに迫ってきた。田畑さんは大いに意義深いこととして、将来のオリンピックのあり方を充実させる意味で「受け入れる用意をすること、そして日本の青少年と交流をすること」を返答した。その日の夕刻、筆者はこうなったらスポーツ少年団を作るしかないと決意して田畑さんにその旨を伝えると、たいへん喜んでくれた。

そしてスポーツ少年団の発会式の日どりは六月二三日のオリンピックデーがよいということになった。早速その準備にとりかかり、発会式の会場も新宿の厚生年金会館と定めて予約した。しかし予算は組んでいないので、田畑さんはそれを心配していたが、手弁当で協力してくれる人にこと欠かないと答えた。

発会式の会場は三五〇〇人収容で、少なくとも二五〇〇人を組織し、あとは体協関係者で埋めてオリンピックデーを催すこととなった。

田畑さんは「二〇〇〇人を超す少年団員もただの人集めでは意味がない。団のマークの制定、ユニホームの決定、指導者グループの編成、団員の事業計画、そうした具体策を早めに決めておかないと、当日の記者会見でとまどうぞ」と教えてくれた。

そんないきさつから団のマークは全国の青少年を対象に公募すること、ユニホームは東レの小野喬さんを通じて半袖の三〇〇円ぐらいの自己負担。ついでに少年オリンピックの歌を全国の中高生を対象に公募することとなった。

応募作品五〇〇〇点の中から一五〇〇点をＯＹＣの指導者グループが予備審査することになったが、これは作詩家のサトーハチローさんの案であった。その一五〇〇点を、サトーハチローさん、堀内敬三《ほりうちけいぞう》さん、江間章子《えましょうこ》さんらの詩人が審査し、古関裕而《こせきゆうじ》さんが作曲するということになっていた。

みんな田畑さんの根回しによるものである。そして田畑さんはスポーツ少年団が発足するまでの後見人に、久富達夫さんを決めてくれた。

作詩の当選は、結局東京都板橋区の小学生増田正子さんの作品と決まった。ここでサトーハチローさんが、これまでの経験からして、子供の作品は親や先生が手伝ってできることが多く、当選者がクラスメートからからかわれて、かえって本人が迷惑することもあり得るので、本人にはわからぬように確かめた方がよいと言う。増田さんの通っている学校の担任にＯＹＣの北島裕子《きたじまひろこ》、田中良子《たなかよしこ》の両理事が確かめたところ、本人の作品に間違いないという証拠も揃ったところで、晴れの文部大臣賞、体協会長賞の表彰準備となった。

少年団の双葉のマークも、当時公募作品から選ばれたものである。発会当時のユニホームは、東レの特別サービスによる一着三六〇円の半袖開襟《かいきん》シャツが配布されて、どうやら二〇〇〇余人の小・中・高校生がユニホーム着用で厚生年金会館に集まった。各支部毎に少年団の支部団旗を授与することも決まり、この経費は体協の予備費から出すことになっていた。

昭和三七年六月二四日付の毎日中学生新聞には次のような記事がのっている。

オリンピック東京大会組織委員会と日本体育協会（津島寿一会長）主催のオリンピックデー（六月二三日）と体協創立五十周年を記念する大会は、二三日午後一時から、皇太子殿下ご夫妻、秩父宮妃殿下をお迎えして、東京新宿の厚生年金会館で、池田勇人《いけだはやと》首相をはじめ、たくさんの来賓《らいひん》やスポーツ少年団約千五百人を招いて盛大に開かれました。日本交響楽団による〝オリンピック・ヒム〟〝オリンピック交響詩〟の演奏ののち、皇太子殿下のお言葉があり、ついで津島体協会長、東都知事、池田首相、荒木文相のあいさつがありました。午後二時から「スポーツ少年団」のマークに入選した山口県厚狭《あさ》郡山陽町、埴生《はぶ》中二年生、柴田恵美子さんの表彰があり、ついで日本スポーツ少年団（竹田恒徳本部長）最初の加盟団体である都内の高輪《たかなわ》スポーツ少年団と戸塚《とつか》スポーツ少年団ら五十少年団体の代表に対し、津島体協会長から栄《はえ》ある団旗が授けられ、参加した団員たちの間に感激の渦がまき起りました。このあと、小泉信三《こいずみしんぞう》氏の「オリンピックにちなんで」の講演、少年オリンピックの歌やオリンピック賛歌〝走れ大地〟オリンピック国民歌〝この日のために〟などを演奏。終って映画体協五十年オリンピックの序曲などが上映され、午後五時近く散会しました。
（後略）

さてこうしてスポーツ少年団が発足したが、田畑さんの発想とバックアップがなければ、オリンピックデーに合わせた開会は実現できなかった。それに記念すべき発会式の規模と来賓の人たちまで、すべて田畑さんの提言であり、田畑さんはスポーツ少年団生みの親ということができよう。

しかし、その後田畑さんが組織委事務総長を辞し、体協からも身を引くと共に、オリンピック大会が近づくと、少年団の役員は他の人たちに変わった。同時に最初の理想と将来計画もじり貧となり、派手さばかりが表立ち、役員にしても外国に行くことのみ願望して、足の引き合いをし始め、変質していく。

オリンピック大会ではたくさんの行事が行われたものの、その後は国体ごとにスポーツ少年団が単なる大会の使い走りとなり、制服もはじめの三六〇円の半袖はとっくに姿を消し、ボーイスカウトの数段上をいくような上等なものに変わった。これは業者の提案によって体協の予算で買い上げたものであった。

体協にスポーツ少年団があることは青少年の育成の観点から当然のことであるが、予算計上されるのをよいことに、実質の方はあまり感動を伴うようなものには育っていかない。少年団の実数は増減をくりかえしながら、国体のあるごとに増えていっている。田畑さんは「何だこの団員数は。銭湯人口じゃないか」といったものである。

事務総長を辞したいきさつ

東京オリンピックの準備が着々と進行していた頃、津島会長と田畑事務総長の間に溝が出来始めたことを知っている者は少なからずいた。田畑さんがここで一気に押しきって実行に踏み切るべきとする時に津島さんが優柔不断であったり、田畑さんのアイディアに水をさすようなブレーキをかけることも少なくなかった。

たとえば前にも述べたようにオリンピック選手村は、はじめ朝霞の米軍基地であるキャンプ・ドレイクにつくることにしていたが、いかんせん遠過ぎることに難点があった。一方米軍側にしてみれば、勤務地が府中や大和の基地であるため、家族は徐々に府中の方へ引越ししているから、いずれ代々木のワシントンハイツは空家になる。その時まで待てば、すんなりと日本側に返還してくると田畑さんは踏んでいた。

しかし選手村の問題だけでなしに、屋内プールの新設とその用地の確保、建設期間などを考えれば、米軍の都合だけをただ腕組みして見ているわけにもいかず、思いきって駐日大使や米軍司令部にワシントンハイツを選手村にしたい旨申し入れした。ところが米軍側は引越し代が六〇億かかると条件をつけてきた。そこで政府に出費を頼んだところ、池田首相が反対でどうにもならない。

こんな時津島さんは少しも動かない。池田首相は元津島さんの秘書グループの一人であったのだし、少しは交渉してくれるものと田畑さんは思っていたが、致し方なく田畑さん自身が八方手を尽して、東京大会の三年前に日本側が引越し料を支払い、ワシントンハイツの移転が正式に決まったのだった。

この時田畑さんはＮＨＫの前田義徳会長と話し合いをしている。当時ＮＨＫは内幸町《うちさいわいちょう》にあったが、いかにも手狭であった。情報機能をテレビ中心に、しかもますます近代化していかなければならない将来のことも考慮していた頃であり、ＮＨＫの移転先をワシントンハイツの一角にする構想であった。かくして、引越し料にはＮＨＫの敷地確保のための支出の大半が入ることになる。

しかし、大会に臨んでＮＨＫは代々木に建物を建てることはできたが、そこは前線基地に留まり、内幸町のＮＨＫにテレビ機能の本拠があった。それにしてもＮＨＫをワシントンハイツにというアイディアは田畑さんのものであり、実行も同様であった。ＮＨＫとしてもいい判断だったわけだ。

第三回アジア大会を東京で開いた時、田畑さんは歯ぎしりしながら諸準備をし、その都度津島会長を説得して実施した数々の経験からして、国家的大事業のトップに立つには、津島会長は疑問点が多すぎる、田畑さんがそう考えたことは事実である。しかし理想をいったらきりがない。もともと日本庭球協会会長としての足場をもち、体協の東竜会長が東京都知事に当選した後、昭和三二年に体協会長に就任したのである。軽く見るわけにはいかない。

ところがある日、川島正次郎行政管理庁長官から田畑さんにこんな電話がかかってきた。一度ゆっくり話したいことがあるというのだ。川島長官は昔東京日日新聞（毎日新聞社の前身）の政治部記者で、田畑さんは朝日新聞の政治部記者で知らぬ間柄ではない。どこで会うかとなったが、川島さんは「オレのところに来てくれ」というので田畑さんは出向いた。当時の庁舎は赤坂離宮（一九七四年に迎賓館となる）の一角にあった。

川島さんの用というのは「津島は高齢であるばかりでなく、彼の力量ではオリンピック大会はやりとげられないだろう。それは私ばかりの意見ではなく、河野《こうの》一郎《いちろう》はじめ政界はすべて反対なんだ。池田総理も同じ意見だ」とこういう発言であった。田畑さんは驚いた。寝耳に水とはまさにこのことかと思ったといっていた。特に池田総理までが反対だというのはただごとではない。国庫補助なしでの東京オリンピックなど考えられないからである。

田畑さんはその日の夕刻体協幹部にお茶の水に来てもらおうと考えた。津島会長に対する自分の意見は別にしても、ことはスポーツ界のことであり、川島式横やりの気ふんぷんたる寝技に負けてなるものか、の意気込みであった。

集合場所はお茶の水の体協でなく、福田屋と決めた。集まった人は竹田恒徳、東俊郎、久富達夫、東竜太郎知事以外呼びかけた人はすべて集まり、事の次第を田畑さんが話すと一同しゅんとして声もなかった。やはり池田総理までが反対だという状況に意外感を持ったのだった。その時東俊郎さん（竜太郎の実弟）が「その話は実は兄貴からも聞いているんだよ」というので「それではどんな形で、どのような表現で津島会長反対を川島が伝えてきたかを東竜に聞いてくれ」ということになり、改めて再会を約してその日は解散。

三日後に東俊郎さんの連絡を待って改めて福田屋に集まり、東俊郎さんの話を聞くことになった。

東俊郎さんの話では「田畑が川島から聞いたような調子ではない。川島が東竜に伝えたことはもっと強烈な調子のもので、即刻津島は会長を辞すべきだ」ということで、一同唖然としたのだった。その席はこんな状態で食事をすることもなく「それじゃあ津島さんに辞めてもらうほかないなあ」という空気が支配的となってしまった。だが田畑さんは、待てよ、これには何かわけがあるなと直感し、津島さんを守ってみせるという気を強くしたのだった。

それからしばらくしてからだった。東京オリンピック資金財団理事長の靭さんが田畑さんに面会を申し込んできた。靭さんの前歴は電電公社副総裁であったが、大蔵官僚OBであり、津島さんが大蔵大臣をやっていた頃の秘書グループである池田勇人、宮沢喜一《みやざわきいち》、大平正芳《おおひらまさよし》、黒金泰美《くろがねやすみ》さんらとは親しい間柄であった。田畑さんはその時津島さんはえらい人だなと思ったといっていた。津島さん自身組織委員会会長を辞めるつもりのない意志を側近に伝えるや、みんなが結集して防波堤を造ったと思い、それは津島さんの人徳だとさえ思った。

靭さんはこのとき「田畑さんは津島会長をやめさせようと思っているようですが……」といったので、田畑さんは「私がいったのではなく、実は津島さんを辞めさせろといっているのは川島なのだ、川島によると河野君ばかりでなく池田総理もそういっているというじゃないか」とありのままを答えた。

靭さんはその日はいったん帰り、二週間の後、またやってきて「田畑さんのいうことはよくわかった。津島さんはあれほどの人物だから円満にとりはからいたい。各方面に調整し、自ら辞めるような手順をとるから何もしないで欲しい」といって帰った。帰るとき「その方が津島さんに傷がつかずに済む。二、三カ月の猶予期間を欲しい、何とかするから」といい残している。ところがいつになってもなしのつぶて、靭さんからは何の連絡もない。それどころか、津島さんを辞めさせろといっていたのは田畑なのだ、という伝聞がはねかえってくるばかりだった。

田畑さんは靭さんを呼んだ。そして問いただすと、靭さんによれば、「私は池田総理にも、河野さんにも聞いたが、みんな津島さんを組織委会長から引きずりおろせなんていうことは一切しらないし、そんなことはいったこともないというので、川島大臣に会ったところ、川島大臣は私（靭）に、『津島さんを辞めさせろなんていったことはない。あれは田畑がいい出したんだ』」という始末であった。

田畑さんはあきれかえって、政治家川島が寝技師であることはとっくに知っていたが、官僚のしたたかさを思い知らされたと語っていた。靭さんによれば、津島さんは会長を辞めざるを得ないことは徐々に感じていたようで、結論的にいえば、「田畑も一緒に辞めないなら自分も辞めない」といい出し始めた。この程度の情報は田畑さんを取り巻く体協記者クラブの取材によってすべてわかっている。しかし記者クラブの人たちは一切記事にしないことを申し合わせていた。

実際問題こんな手のこんだ陰謀めいた画策にかまっていられないのが田畑さんの当時の心境であった。ボートの会場、近代五種を軽井沢で開くことが遠い近いの問題、カヌーの会場、自転車競技を八王子にするか北区の赤羽にするかの問題などが山積していたのである。それに選手強化対策という課題がある。

今から思えば、田畑さんは川島さんの仕掛けにもめげず、よくも、着々と準備を積みあげていったものと思わざるを得ない。

こんな頃のある日、次の東京都知事再選の会議の時であった。政財界の実力者の揃う満座の席で、初めての東京都知事選での反省材料を述べる中に、田畑さんが「幹事長ともあろうものがどうして一〇〇万や二〇〇万の資金を集められないのか」と発言したことがある。

最初の知事選の時の幹事長は川島正次郎その人であった。当初の話では必要なカネは幹事長を通して東後援会に入るようになっていた。それが実は政界派閥に入ったままであったことがわかり、第二回目以後は政界には渡さず、後援会に直接入るようにするという財界の申し合わせがこの頃できたのである。

このことは、次に述べる第四回アジア大会始末記と田畑さんがオリンピック組織委事務総長を辞めざるを得ないようなからみと大いに関連する。

第四回アジア競技大会のトラブル

一九六二年八月二四日午後三時、インドネシアの首都ジャカルタのセナヤン競技場にアジア一七カ国一四〇〇人の若者が参集して、歴史的大スポーツ祭典の開会式が行われた。こう述べればそれまでだが、この大会ほど事前に、しかも現地でも、もめたことはかつてない。

この大会はインドネシアのスカルノ大統領が国威をかけて開催準備をしたのだったが、中国よりのスカルノ大統領は政治的理由から台湾とイスラエルに招待状を出さなかった。一説には台湾には出したには出したが全くの白紙だったという。メンバー国に招待状を出さないのは明らかに国際スポーツ界の原則に反し、アジア大会憲章にも違反する暴挙である。

スジ論からいえば、そんな大会は正式のものではなくなる。参加の前からインドネシアがこうしたことをするとわかっていれば、日本はジャカルタ行きをとりやめたであろう。若干のニュースは田畑さんの耳に入っていたので、田畑さんはAGF（アジア競技連盟理事）の高島文雄《たかしまふみお》さんにジャカルタ組織委員会に問い合わせを依頼したところ、先方は「無責任なデマにまどわされるな、一切のルール違反はやっていないし、これからもルールは守る」という返事であった。

そうこうするうちに時間切れとなってしまい、ジャカルタに向け出発したのである。当時筆者はフィンランドでのスポーツ祭典に参加し、帰途ソ連でスポーツ交流をして帰国したところ、すぐジャカルタへ行くからと、筆者用のブレザーコートも作ってあり、東京に五日間いて、田畑さんと共にジャカルタ入りしたのであった。

この一年前、筆者は北京に行っていた。一九五七年長崎市で開かれた中国切手見本市展の折、右翼が中国国旗を引きずりおろして焼き捨て大きな国際問題となった。日本は中国より抗議を受け、結局はそれまで続いていたL・T貿易のパイプも中断され、経済のみならず文化スポーツ一切の交流のパイプが途絶えたのであった。しかし、六一年のはじめ、中国側から交流再開の提案があり、それにはスポーツからがよいということで、筆者はスポーツ評論家の川本信正さんと共に北京行きとなったのである。

一カ月近くいたが、この二年前、インドネシアで、民族自決、平和共存を唱いあげたバンドン会議が開かれていて、これには中国から周恩来《しゅうおんらい》、賀竜《がりゅう》元帥（中華全国体育協会会長）らの首脳が出席していて、台湾問題が一つの壁となっていることをめぐって議論がかわされたことから、ジャカルタ大会では何かがあることを予想していた。

著名な公園には「台湾一定解放」の文字が台湾の地図と共に大きく掲げられていたり、美国（アメリカ）の侵攻に対して民兵は武装強化せよという土塀の文字も方々に書かれていた。細かく書くこともないが、こうした一連のことは帰国後田畑さんに報告もしたし、新聞に署名入りでも書いている。筆者が東京に五日滞在してすぐジャカルタ入りした理由もそこにある。

ジャカルタ大会はローマオリンピックの二年後で、北大西洋条約機構にからんで欧米のいろいろな大会が入国拒否事件により流会になった年である。だからこそ出発前に慎重に国際情勢を調査するくらい田畑さんとしては朝日新聞のアンテナを通せば難しいことではない。しかし田畑さんに不安めいた心境があったことは確かである。

大会の合法化に全力

だがしかし、現実にインドネシアに行ってしまったのであり、ルール違反があることがわかった以上、非合法の大会をいかに合法化するかに全力を傾倒することこそ必要で、非合法ならすぐ引きあげようという議論に承服するわけにはいかない。日本が当時、アジアスポーツ界の中心的位置にいたことは自他ともに認めるところで、日本の動向を他の参加諸国が見つめていたし、確信ある言動が必要だったのだ。田畑さんは強い抗議をし、すべての圧力を排して合法化する努力を続けた。

ＡＧＦではこの問題をどう処理すべきかについて、会議が連日連夜続いた。日本は台湾とイスラエルにはきちんと招待状を出すこと、少なくともメンバーの国を欠席裁判の形で会議を進めてはならぬことを一貫して唱えた。インドの代表ソンデイＡＧＦ副会長も同意見であった。イスラエル代表は個人的な都合で不参加であったが、ともかく台湾の郭更生ＡＧＦ理事もこの会議に出席しており、このように意見はまとまった。

ところが、ジャカルタでの合法化へ向かっての会議のさなか、日本国内ではたいへんな騒ぎが起こっていることがわかった。当時、週一便水曜日に日航の定期便が東京、ジャカルタを往復していたが、その飛行機が乗せてくる日本の新聞の論調は、現地ジャカルタの実情とはべらぼうにかけ離れたものであった。日本国内の評論家を称する人々の「スジを通せ」とか「この大会に参加したら国際スポーツ界から除名されるし、そうなれば東京オリンピックに日本は参加できなくなる」といった調子のものであった。

開会式の四日前であった。国際陸連のペイン名誉主事から国際陸連アジア担当の浅野均一理事に電報が届いたという噂が広がった。それは「この大会に参加したら除名になる」という断定的な裁決を匂わすものであった。

当時競技団体代表の中にも「公式大会でなくてもよい。つまり親善大会でもよい」と弱気発言をしていた人もいたが、その人たちでさえ、この電報情報には激しく動揺した。東京オリンピックへの影響をそれほど気にしたのであった。その反面、「ペインにそんな権限はない」という抵抗意見もあったが、実はこの電報が第一の陰謀であったのだ。筆者も田畑さんもそのことを直感していた。

筆者の宿舎は田畑さんと連絡のとりやすいホテルインドネシアの五階であったが、田畑さんから電話が入り「やっぱりあの手か」のことばであった。筆者が六一年の春北京に行く前に、日中文化交流協会の中島健蔵《なかじまけんぞう》会長、白土吾夫《しらとのりお》事務局長と田畑さんと共に諸事打ち合わせをした時、次のようなことを聞いている。

朝日新聞が日中女子陸上競技大会を企画し、日中文化交流協会に話をもちかけたところ、当時中国は国際陸連から脱退していたので、念のために日本陸連に問い合わせた。日本陸連は当時の浅野均一名で国際陸連に対し「国際陸連に入っていない中国と試合しても問題ないか」と伺《うかが》いを立てたところ、ペインから「ちょっと待ってくれ」と待ったをかけられたというのである。その待ってくれの意味は、記録は公認にならないのふくみであり、違反だなどとはいっていないことがあとでわかった。

ジャカルタの電報問題もこれと似ていた、というよりも、もっと悪質なのである。田畑さんは先の日中女子陸上の一件を知っているので、筆者に電報問題を調べるように命じてきた。筆者は日本での住居も近く仲良くしていた読売新聞の佐藤宏吉《さとうひろよし》記者に頼んで、読売の本社からロンドン支局に、ペインがどんな電報を日本陸連に打ったかを打診してもらった。その返答はすぐ佐藤さんの手元に届いた。ペインはそんな電報は打っていないというのだった。

その後、「一体ペインからの電報を見た者はいるのか」「電報はどこにあるのか」という声が記者の間に乱れとび、事実無根であることがはっきりしてきた。この情報を端緒として、ジャカルタにいた日本代表団の空気はかなり冷静なものに変化した。しかし電報問題は、日本政府が台湾に加担した策謀という推論もあったので、これが北京政府にでも伝われば、政治的陰謀として手厳しい抗議を受けることは必定であり、大きな政治問題に発展することは明瞭であった。

そこで田畑さんは、電報事件は日本代表内に留め、特に吹聴するのをひかえさせたのだった。田畑さんは参加あるのみの方針を強くした。当然、選手団の監督クラスの人たちの間にも参加強硬論が強まっていった。電報事件は迷いの一つではあったが、他にもいくつもの事情があった。

あいかわらず日本から来る新聞の論旨は引き揚げろであった。国内では国際陸連からのウソ電報だとはのみこめておらず、現地では津島さんが優柔不断というべきか、引き揚げに傾いていた。津島さんを動かしていたのはジャカルタに駐在していた黄田《おおだ》大使であった。本国政府筋だから、特に津島さんのかつての秘書グループからの、津島さんに傷がつかぬようとする忠誠心なのか、東京オリンピックに影響するかの如き諸情報が黄田大使を通じて津島さんを動かしていた。

話は前後するが、筆者がジャカルタに着いた二日後、田畑さんから村井順《むらいじゅん》さん（元吉田茂総理秘書）と一緒に黄田大使のところに行くようにいわれて出向いている。黄田大使の招きによるものだったが、用件は南洋の木に年輪がないのは春夏秋冬がないためだのの類《たぐ》いが多かった。後で考えれば、この大会は難しいというようなことは暗にいっていたこともわかったのであるが、大使を中心として津島さんを動かすとまではわからなかった。

川島大臣の判断と謀略

当時、日本の政府から川島正次郎さんがオリンピックの担当大臣として現地に招かれていた。むろん国賓としてである。ある日バリ島での接待を受けてジャカルタを離れていた川島大臣に、黄田大使から長距離電話が入ったとかで、川島大臣は即座にジャカルタに戻ってきた。

黄田大使の用件は、日本政府の黒金官房長官から「慎重に善処されたし、日本選手団が引き揚げることになるかも知れぬ」というものであったという。田畑さんは「おかしいじゃないか、黒金官房長官はどんな根拠で日本選手団引き揚げ説を唱えているのだろう。川島も国内の策謀を知っているんじゃないのか」と首をかしげていた。

日本選手団が参加の意向に固まっていた後の入電である。田畑さんは早速、津島さんや日本選手団団長の野《の》津《づ》謙《ゆずる》さんら幹部と話し合い、参加の方針の意向一致の再確認をとりつけながら、最終的にはバリ島から戻ってくる川島大臣の裁量を待って決定をすることにしていた。

日本政府からの電報を読んだ川島大臣は、ジャカルタの宿舎で「日本がこの大会に参加すれば、ルール違反でＩＯＣから糾弾《きゅうだん》され、除名されはしないか、そうなれば東京オリンピックがめちゃめちゃになってしまう、私はそれを心配している」という。そこで田畑さんは、「いや、その心配はない。もし罰せられるとすればインドネシアのＮＯＣであって、日本はそんな被害を受けることはない」と答えた。「それなら参加しろ、筋道はあとで考えよう、引き揚げるマイナスと引き揚げないマイナスを比較して、マイナスの少ない方をとり、筋道はあとで考えればいいじゃないか」。

田畑さんはあとで「川島は何故筋道筋道というのか、おかしいな。それにしても政治家らしい発想だ、結論だ」と語っていた。結果は何のためらいもなく日本選手団の参加が決定したのである。むろん正式な大会、まさに第四回大会としての参加である。

記者団の中にも話が出ていたが、川島大臣とスカルノの間柄で、スカルノの顔を潰《つぶ》すようなことができるわけがないじゃないかという声も多数あった。

気の毒というべきか、インド代表のソンデイ副会長は、例の国際陸連からとやらの奇怪な電報にまどわされたのか、参加するにしても親善大会としてで、正式参加ではない、との態度をとり続けていたため、大会幹部の宿舎に定められていたホテルインドネシアは、インドネシア陸軍や学生たち数千人に取り囲まれ「ソンデイ出て来い」「ソンデイ国外追放」のシュプレヒコールでたいへんな騒ぎで、兵士は銃に剣をつけていた。

筆者は自分の部屋に入ることもできず、群衆をこの目で見ながら、ずいぶん組織的な攻撃だなあと思いつつなりゆきを見つめていた。そのうちソンデイ副会長は巧みに身をかわしたものとみえ、押しかけた兵士や学生は解散した。ソンデイ副会長はインドに帰ってしまったが、ジャカルタにあったインド大使館は学生たちによって焼き討ちにあった。

こうして第四回大会は予定通りセナヤン競技場をメインスタジアムとして盛大に行われた。イスラエルに最初から参加の意志がなかったことははっきりしていたし、台湾は郭更生AGF理事が中途で退席した経緯もあり、田畑さんとしては政治的差別をしたことにはならぬし、何のとがめもないものと信じていた。その年の九月一二日からベオグラードで欧州選手権大会があり、そこで国際陸連の総会が開かれたが、第四回アジア大会に関しては何のとがめもなかったのである。

さてこれからが問題なのだ。先に川島大臣が津島会長をやめさせようとする策略があったことについて述べたが、その筋書きが第四回アジア大会終了後も、さらに尾を引いていたのである。川島さんは津島会長を辞めさせることを企んだが、田畑さんが強く抵抗したために、今度は矛先《ほこさき》を田畑さんに向けてきたのである。

この頃田畑さんは、川島さんが津島会長を辞めさせ、その代わりに岸信介《きしのぶすけ》元総理を考えていることを見抜いていた。それは東京オリンピックの名誉総裁に天皇陛下を推戴《すいたい》することになっていたから、組織委員会の会長は元総理が最適という考えであった。田畑さんとしてみれば、岸さんでは人気がないし、川島大臣と共にインドネシア政府とはきな臭いといわれるほどに密接な関係があるといわれていたので、問題にならぬと考えていた。

ところがある日のこと、田畑さんのところへやってきた体協の記者クラブの人たちから、「田畑さんはジャカルタ大会は正式大会じゃなくて親善大会だといったんですか」と問い合わせのような質問が集中した。田畑さんは何のことだと記者クラブに問いただしたところ、川島大臣が国会の記者団を集めて、政治部や社会部が多くいたというが、その記者たちに「田畑はジャカルタ大会を親善大会だというんだ」と吹聴《ふいちょう》したという。

田畑さんはまたまたつまらぬことを口走る奴だと問題にしなかったが、翌日の社会面でこのことがことさら大きく取りあげられ、「無責任な参加」という論調になっている。これまでにも述べたように、最後には川島大臣のバリ島帰りを待って参加を決定したのであり、しかも川島大臣はスカルノ大統領から正式大会として貫くべく依頼も受けていたことは誰もが知っていた。それは別としても、大会の合法化には論議と手続きを十分重ねたのであり、今さら川島は何をいうのか、というのが田畑さんの感想というよりも怒りであった。

「そんなスポーツの原則である筋道の通らぬことをする幹部は優柔不断で頼りにならない」という川島発言も記事にのっていた。まるで自分たちだけに責任があるかのような言辞を弄《ろう》するのは、率直なところ田畑さんにとってはたいへんな驚きであったわけだ。この時田畑さんは次のようなことをいっていた。

「ボクは優柔不断というのは、てっきり津島さんのことをいっているので、自分のことを指しているとは思っていなかったが、川島はボクのことをいっていたんだ。新聞の記事を見て川島は卑劣だと思った」。

この川島策略はエスカレートして、終局のところは田畑さんとの喧嘩両成敗にもっていったのである。津島さんと田畑さんは前述したように肌合いが違い、一〇〇パーセント考え方が同じというわけではなかったことは確かである。しかし川島大臣自らジャカルタに乗り込んで公式参加と判断しながら、帰国してからの言動は、いわゆる寝技師といわれるやり口で執拗そのものといってよかった。

それでも田畑さんは筋道をぴちっとするつもりで体協理事会や、組織委員会の会議を開いた。場所はお茶の水の山の上ホテルが多かった。いっぽう、川島大臣は政界筋はもちろんのこと、スポーツ界の一部にも田畑、津島両首脳の追い落としにあの手この手を廻した。

その結果、田畑さんは「もうめんどうだ」と口にこそ出さなかったものの、組織委員会事務総長のポストを手放すことになったのである。この時の田畑さんは、「もうすべてのレールは敷いた。あとは誰が事務総長をやっても、事務局員さえ今までどおりしっかりやってくれればできる」という自信をもっていたし、あとは、選手強化をやればよいという心境であった。

ところがである。この時に選手強化対策本部の本部長も辞めざるを得ないような、圧力ともいえる魔の手が伸びていたのであった。そして後任の本部長は副本部長の大島鎌吉さんに譲って常任顧問となったが、それも二週間後には常任の肩書ももぎとる徹底ぶりであった。

こんなある日、田畑さんは細川隆元さんから誘われた。細川さんと田畑さんとは朝日新聞時代の同僚であり、なんの用かと招きに応じ料理屋に出かけたところ、用件は「川島君と仲よくさせたい」という意であった。田畑さんはさまざまなことがあったので、仲良くなろうなんて思ってはいなかったが、また何かやるのかと思って出かけて行ったのである。しかし、くだらない話ばかりでいたずらに時間を過ごすのみであったので、「オレは忙しいんだ」といい残して座を離れた。

田畑さんに対して後日細川隆元さんから電話があり、「キミあの時のしっぺ返しを受けたんだよ」といってきたと話してくれた。しっぺ返しとはこういうことである。

一つは、東京都知事選の時に選挙資金のことで満座で「金集めもできないでよく幹事長が務まるもんだ」と川島幹事長を面罵《めんば》したことである。別なことといえば、高速道路は羽田から選手村までは良いとしても、その他の高速道路や新幹線の新設はオリンピック便乗予算に含めないこと等、政界の要求に従わないどころか抵抗したこと等があげられよう。

田畑さんはこの時期よくいっていたものだ。組織委の主導権争いの徴候が出はじめると、どのバスに乗るべきかと右往左往する人間が結構いるものである。山の上ホテルで誰がどんなことを発言をしたかよく覚えている。スポーツ界は最近やたらと政治家を体協や競技団体の長として引き込むことをしているが、名実共にすばらしいスポーツ人としての実績をもった政治家なら結構だが、無原則的に政治家の介入を許すことは注意しなければならない。スポーツ界の大切な判断を要する時に、第二の川島式介入によって毒されぬとも限らないのだと。

後述に譲ることになろうが、政治介入によるモスクワオリンピックボイコット問題は、まさに第二の介入であった。田畑さんはこの時ほど激怒したことはない。何とか日本の選手をモスクワ大会に参加させたい一心でいらいらしたものだった。

黒沢明監督記録映画断念のいきさつ

東京オリンピックの記録映画を誰に製作してもらうかについては、ヴェネツィア国際映画祭グランプリ受賞の黒沢《くろさわ》明《あきら》監督以外にない、田畑さんは早くからそうねらいをつけていた。

記録映画とはいえ、単なる記録を忠実に残すだけなら、NHKのテレビをプリントするだけでいいし、どんな監督がやってもいいだろう。しかし田畑さんの考えは違っていた。一つの思想をもった構想で、テレビではあらわし得ない大会のムードと夢を表現し、その上に日本で開いたオリンピックはこれなんだといったアピールが強烈に打ち出されなければならない。それを表現してもらうには黒沢監督以外に一体誰がいるだろうか、という大きな期待が田畑さんの胸のうちにあった。

一九六〇年（ローマ五輪の年）の四月、田畑さんは東宝に出向いて藤本真澄《ふじもとさねずみ》専務を訪ね、この旨を依頼、黒沢監督に打診してもらうことにした。これに対して黒沢監督は大いに興味を抱き、快く引き受けてくれた。田畑さんは記録映画はこれで成功とたいへんご機嫌だった。春のうちに決めてもらいたかったのは、東京大会の四年前に開かれるローマオリンピックを実際に観ておいてもらいたかったからである。

ローマ五輪視察の費用は東京五輪組織委員会の会計処理で済ませたが、藤本真澄専務と日映新社の堀場《ほりば》伸也《しんや》常務は自費で同行している。田畑さんは黒沢監督とローマで何度も話し合い、肝胆相照《かんたんあいて》らす仲となった。田畑さんはローマで黒沢さんの抱負を聞いたのだが、その構想は大要次のようなものだ。

唯一の被爆国、日本でやるオリンピックの意義は原爆のない世界平和達成にしぼるべきで、これは東京大会を貫く精神であろうから、聖火リレーでもこの精神が大写しに出てこなければウソだ。聖火は科学的操作でオリンピアから直接広島に送る。これを原爆投下された地点でキャッチして一夜そこで灯《とも》す。その聖火の下で平和祈願の大集会をやって、その火を東京までリレーする。

田畑さんはそれは確かに名案だと感じ入ったものの、この時既にアジア諸国に対して聖火が立ち寄ることを約束したあとだったので、「せっかくのアイディアだが、聖火リレーについての確約はできない」と正直なところを話している。

黒沢構想はこれに留まらない。開会式が終わったあと、各国選手が退場口から退場するのは芸がないというのもあった。各国代表を少しずつ分散させて観客席に上げ、通路を通って退場させたら、観客とも親しみをもってドラマチックに盛り上がるというのだ。これもユニークな面白い案だと田畑さんは思っていた。しかしグラウンドから観客席に自由に上がる通路に設計上の問題があるが、やたらと否定していては話がはずまないと、田畑さんは聞くだけ聞くに留めていた。

黒沢さんは当時映画留学生としてローマに滞在中だった松江陽一《まつえよういち》さんの案内で、たっぷりオリンピックを視察した。そしてこれが機縁となって、帰国後、松江さんは黒沢監督の助監督を務めることになった。

「世界のトップスターが、ただ一度のチャンスに全力をぶつけるんだから、そりゃ素晴らしい」。黒沢監督が帰国しての第一声であった。黒沢監督のプランはその後どんどんふくらんでいく。帰国後も田畑・黒沢会談は何度も続く。二人とも酒豪だ。黒沢さんはボトル一本、田畑さんは日本酒七合は平気、二人とも酔わない。この頃の田畑さんは生き生きしていた。それもそのはずで、黒沢構想は田畑さんの心を踊らせるものばかりだった。「自然のままを撮りたい」これが黒沢構想の柱であった。選手たちのありのままの姿を、フィルムを湯水の如く使う。撮り放題に撮って、その上で才覚の赴《おもむ》くままに人間のドラマをピックアップして感動的な作品に仕上げるというやり方だ。

フィクションの映画なら演技や撮影の具合が気に入らない場合、いくらでもやり直しができるが、オリンピックは選手同様撮影する方も一回限りである。それこそ、選手たちの一挙手一投足を一つたりとも見逃すわけにはいかない。完璧主義の黒沢監督の頭の中には、国立競技場のあらゆる所に設置されたカメラ、配置されたカメラマンの姿でいっぱいになる。

カメラマンは、東宝はもちろん、松竹、大映などに所属する一流の映画カメラマンの名前がずらり、それでも黒沢監督のおめがねにかなうのはせいぜい一二、三人しかいない。ローマには世界各国の著名な映画カメラマンが大勢来ていたから、あの人たちを借りたい。設備面でいうなら、たとえば陸上競技の男子一〇〇メートル競走の撮影に際しては、一人の選手に対して一人のカメラマンというまさにマンツーマンシステムをとる。そのため一人一人のカメラマンが選手を追いかける移動車をトラック（走路）の横に設置することができるか？

ここまではいいとしても、田畑さんをびっくりさせたのは、決勝ラインに突入してくる選手を前から撮りたいので、そのため、トラックのゴールの手前に穴を掘ってもいいかという案だった。田畑さんは、とても並みの人の発想ではないと思っていた。穴を掘るにしても、ゴール手前何メートルの位置が必要か、ゴールインする選手の邪魔にならない程度のカメラの地上位置はどのくらいか等、黒沢さんの構想を何とか活かしたいと誠意を示す田畑さんに、黒沢さんはますますほれこんでいったようだ。

当時組織委員会事務総長室にはたくさんの新聞やテレビの取材記者が出入りしていた。そのうちの一人日刊スポーツの吉田《よしだ》一郎《いちろう》記者が、田畑さんのところにやってきて、「田畑さん、オリンピック組織委員会の記録映画予算は四億と聞いていましたが、黒沢監督構想によると、かなりオーバーするようですよ」との情報をもたらした。

田畑さんは対応が早いから「ピンちゃん（吉田記者のニックネーム）確実なところを至急調べてくれ」と依頼。吉田情報の続報によると、東宝から黒沢プロに出向していた根津博《ねづひろし》製作担当重役が黒沢構想に基づいて一つ一つ算盤《そろばん》を入れると、十数億はたっぷりかかるということだった（この予算にはゴール手前の穴掘り工事予算は入っていない）。

十数億円の中にはむろん黒沢プロの一年間の収入一億五〇〇〇万円の補償も入っている。黒沢監督は記録映画が完成するまでは一切他の仕事をしない決意でいたわけである。藤本東宝専務も「これくらいはかかるだろうなあ」といっていたそうだが、すべての予算構想を確かめてから黒沢さんと会い、東宝から黒沢予算をそのままJOCに提出するよう提案した。ちょうどローマから帰国後一カ月の頃だった。

応援の外国人製作者としては、戦前のベルリンオリンピックの「美の祭典」「民族の祭典」の製作者リーフェンシュタール女史も来日して申し出ていたし、ローマ大会の作者マルチェリーニ監督の申し出もあった。

田畑さんは黒沢予算についてはは別に驚きもしなかったが、その後しきりに大蔵省から田畑さんに対して記録映画の予算が多過ぎるといってきた。JOCとしては東京オリンピックの記録映画に関しては「慣例に従い版権はJOCに属する。配給方法はあとで決める。儲《もう》けは二の次、とにかく後世に残るような立派なものを作りたい」と決め、田畑さんは約束どおりすべてを黒沢監督の意のままに作ってもらうことにしていた。

しかしながら残念なことに、田畑さんがその後第四回アジア大会ジャカルタでの発言問題（別項）で組織委員会事務総長のポストを去ることによって、黒沢監督による記録映画製作が白紙に戻ることとなった。結局は予算の面で折り合いがつかなかったものとされているが、黒沢さんとしても、田畑さんが事務総長でいるからやる気十分だったもので、事情が変化したのなら断念せざるを得なかったのである。

黒沢監督に対する期待は国際的なものであっただけに、黒沢さんがあっさり手を引いたのは大きなマイナスだと田畑さんはしみじみ語っていたものだ。

製作の後任者は市川崑《いちかわこん》監督になったが、市川さんはローマオリンピックを観ていないため、親しい黒沢監督を訪ねて助言を求めていた。この頃吉田一郎記者は運動部から文化部へ異動していた。映画界との人づき合いも多く、黒沢さんは機嫌よく「ビリで頑張っている選手もいい顔をしているよ」など、こまごまと助言しているとの話を田畑さんの耳に入れていた。

田畑さんは何とか市川さんに立派な映画を作ってもらいたいと念じつつも、「それにしても黒沢君には迷惑をかけたなあ」としんみり語りながら黒沢さんの心の広さに敬意を表していたものである。市川監督が「東京オリンピック」を撮っているとき、黒沢監督は二年がかりの大作、『赤ひげ』のラストスパートに入っていた。

無役時代の福吉町事務所

東京オリンピック組織委員会の事務総長の任を辞し、さらに東京オリンピック選手強化対策本部常任顧問の肩書きをもぎとられたことによって、田畑さんの最も必要な機動力ともいえる車が自由に使用できなくなった。

それでも田畑さんは、「ボクには肩書きは必要ないんだ。オリンピックがうまくできればいいんだ」と選手強化には特に目を配っていた。オリンピック運営の方は、田畑さんがすべてレールを敷き、あとは誰がやってもできるはず、という確信をもっていたからだが、ホスト国たる日本の選手が堂々と戦ってくれなければ、日本の青少年に対する影響が大きいという配慮だ。

そこで筆者は、ＯＹＣの仲間に呼びかけて、田畑さんの車の調達をはかったところ、仲間うちから、菅井精《すがいまこと》さんが、二、三年ぐらいなら大丈夫というので、自分の車を持ち込み、給料なしで、馳せ参じてくれた。ただし、ガソリンは何とかならないかと田畑さんに相談したところ、むかしの水泳仲間で丸善石油の重役をしていた早稲田大学ＯＢの石本竜平さんに渡りをつけてくれたのである。ガソリン一年分、なくなったらまたおいでということで、ガソリンの切符を大量にもらいうけ、田畑さんの足を確保した。これらは、同情ではなく、すべて田畑さんの気迫にみんなが動いてくれた結果であった。田畑さんの人徳といってもさしつかえない。

余談だが、オリンピック大会には車輌のステッカーにクラス分けがあり、「A」のステッカーは、大臣、組織委事務総長のみに与えられ、国立競技場の中央入口前に駐車できる貴重なものである。田畑信者の多い組織委事務局員は田畑車に「A」のステッカーをくれた。当時、東大の高山英華《たかやまえいか》さんが私に対して、「あんたはしゃれことばの名人だそうだが、一文字のしゃれができるかね」と問われたことがあった。ステッカー「A」を田畑車が貰ったとドライバーの皆さんに話すと、一同「エエッー」と驚いた。まさに一つことばのしゃれになるが、これは受動的なしゃれことばなので、高山先生には話さないでいたが、田畑さんに話すと、にこにこと喜んでくれた。

さて田畑さんの無役時代といっても、実際はオリンピック実施前菅井さんの運転で走りまくり、よく選手を激励して回った。本拠地は福吉町《ふくよしちょう》の邸宅で、赤坂にあるみかどというパリのリドを真似た大きなレストランの殿堂の南側台地にあった。戦後駐留軍の将校が接収した家で、二階建て、六間の大きな構えだった。これを提供してくれたのは大阪の船場《せんば》で商社を営んでいた辰野又一さんで、ついに田畑さんとお目にかかるチャンスはなかったが、田畑信者であり、何よりゆかりの深かったのは、朝日新聞の社主だった上野《うえの》精一《せいいち》さんからこの邸《やしき》を買いとったという因縁があることである。

筆者はレスリングの笹原正三さんと二人で大阪に招かれ、辰野さんはこれからの事業のあり方について若い意見を聞かれ、天満宮の料亭でご馳走になったが、何よりも驚いたのは、上野精一さんが長年住んでいたまさにその豪邸である。田畑さんもあの家はすごいんだといっていたが、天保時代の両替屋炭屋彦兵衛が建てた船場の商家を代表する名建築とされていた。敷地南側に木造二階建て、北側に平屋建てがあって、渡り廊下で結ばれ、北側の平屋建ては嘉永五年に建て増しされたというものだ。これを辰野さんが上野さんからなぜ買ったかというと、上野精一さんの住んで居られた家をおかしな不動産屋グループの手で、もてあそばれたくないとの意だった。

これほどの財力のある辰野さんにしてみれば東京赤坂福吉町の二階建てなど、ものの数ではなかったのかもしれない。敷金なし、家賃無料、ただしこれからの事業に何かいいアイディアを出してくれということだった。友人の渡邊尚文さんの仲介でこうなったのだが、田畑さんは喜んで福吉町を本拠に活動した。

ところがである。この稿をまとめている真最中、一九八八年の七月一一日午前二時二〇分、この豪邸が全焼してしまった。田畑さんは既にこの世にないが、これも何かの因縁かもしれない。

話はそれたが、福吉町の居心地はよかった。田畑さんは自由にこの邸を使えたのだが、この頃、おもしろい話がもちあがった。

当時、体操の小野喬さんは東洋レーヨンの特需課勤務であった。彼の性格上、オリンピックのためのトレーニングと本業とははっきり区別し、本業にも努力していた。しかし、体操日本のキャプテンとして練習もしなくてはならず、その応援の意をこめて、小野さんの仕事のプラスになるよう、とりあえず、東京都内の私立学校の体操服である白ズボンを、全部、今でいうトレパンに変えてみようということを考えた。これには田畑さんのアイディアも含まれるわけだが、ヨーロッパの人々はすでに家庭着として、トレパンを活用していたし、それは今の日本の風俗と変わらない。田畑さんの、これはいけるし意味もあるという助言で心を強くした。

中学、高校生の体操着は白ズボンだったが、これは戦争中の白い綿布が余ったので、その余り布がいつの間にか体操ズボンとなったもので、伸縮性がなく、汚れやすく、しかも安いわけでもない。ではというので、辰野商事東京支店の渡邊支店長に話をもちこみ、小野さんを通して東レで何回も試作し、商標もトレコンビと名づけ、東京都内の私立学校（公立は組合が壁になるので避けて）すべてに呼びかけ、九万名の予約申込をとりつけたが、生産が間に合わずに苦労したものだ。

辰野さんへはそれで恩返しとなったが、独占の手を全く打っておかなかったから、その後、日本中がトレパンだらけの風俗になっても、われわれには何の見返りもなかった。田畑さんはよくいったものだ。その方がいいんだ、夢が実現したことで満足すべきだと。

東京スイミングセンター

夢の実現といえば、この無役時代、田畑さんは、東京の巣鴨に東京スイミングセンターの建設の計画をたてていた。実現したのは昭和四三年六月である。

社会体育論

東京オリンピック後、スポーツの底辺拡大の声が拡がっていた。一部には底辺とは何か、頂点とは何かの批判もあったが、要はスポーツ愛好者の層を拡げようとする意であったことはいうまでもない。

これとは別に社会体育の呼称が日本中にもてはやされたのも事実である。因にこの呼称は世界広しといえども日本にしかない。のみならず日本の文部省をはじめ各省庁でも尊称されるようになった。ところでこの社会体育の名づけ親が田畑さんであったことについては意外と知られていない。名づけ親どころか育ての親といってもさしつかえないだろう。

田畑さんが無役時代に入った後、オリンピックも終了し、道路と競技場のみが残り、線香花火のような華々しいあとの静寂を心配する声があった。広く社会生活に浸透するスポーツのあり方を求めて、一つの国民運動的なスポーツ振興の新しいキャッチフレーズを国民の間に根づかせようとして、社会体育の名称を作りあげたのである。

社会体育とは一体何かということについて、その哲学と意味づけをしっかりしておかなければ、実質を充実させ、その信念を深く根づかせるための指導理論の体系づくりがうまくいかない。田畑さんは、田畑さんなりの社会体育の概念づくりには熱心だったわけだ。東京スイミングセンターを造って市民スポーツのメッカとし、その中から自然の勢いとして出てきた見込みのある強い選手を、別のプールでそれに見合った強化をするというシステムはむかしと変わらぬオリンピック選手づくりだが、その根底には市民スポーツの振興という、確固たる信念に基づくものがあった。

田畑さんの指導によって、筆者らの仲間で社会体育研究協議会を創設した。その会長には東俊郎さんが最適だと教えてくれたのも田畑さんであった。当時東俊郎さんは順天堂大学体育学部長になられていたので、体育学徒の教育にもなるわけである。社会体育を一つの思想であり、学問としてとらえていた田畑さんらしい発想といえよう。

この社会体育研究協議会における社会体育の定義は次のようになっている。やたらと社会体育を口にしている人たちには参考になるはずだ。

多くの場合、社会体育を次のように考えている人が少なくない。それは学校体育以外の体育を指す社会教育に準ずるカテゴリーとしてのとらえ方。これは田畑さんによればナンセンスだ。学校体育の基本には、社会生活に密着したスポーツや体育の教育理念と実質がなければならないとするからだ。

また、スポーツのレベルで社会体育を位置づけている指導者もいる。一流スポーツマンでない人が、街の片隅で楽しむバドミントンや、余暇を利用してスポーツに親しむママさんバレーボールなどはこの類に入る。これも片手落ちと田畑さんは指摘する。なぜなら、社会体育はあくまで現代社会における新しい体育、あるいは体育が世間に通用するための思想であってレベルの低いものを指すのではない、逆にレベルの高い一流スポーツマンも、体育を指導する体育学者でも、社会生活に密着した体育のあり方と、そのムーブメントの普及拡大を理解していなければならぬのであり、これこそ社会体育の真髄だというのが田畑さんのいう社会体育理念であったからだ。

第一、体育とはどんな学問か、体育原論という体育とはどんな学問かを論ずる講座が各大学の体育理論にあるようだが、その定義も理論も全く無定形でばらばらだということは分かっている。田畑さんの痛烈な体育学批判である。だから社会体育は新しく登場する実践の学問たるゆえんであると田畑さんは語る。

ジャーナリズムに限らず、教育界でも体育やスポーツは実践運動はともかくとして、いざ理論闘争となると、一段低いところにおかれている現状、これはスポーツ指導者や体育学界の怠慢ともいえるだろう。これは田畑さんが政治部に在籍したジャーナリスト出身者だけに、スポーツ界の内部事情に触れるごとに痛感する体育観であり、スポーツ観なのである。現に人にもよるだろうが、体育人やスポーツ人はこの広い世間の中で、他の分野の学問や実業界の人々に比べて、いささか卑屈になっている向きがないではない。田畑さんはここのところがおかしいと指摘するのだ。

人間で最も大切なのは健康であることだ。ひと口に健康といっても、筋肉や、体力的な持久力の強さを健康というのではなく、真のしかも最も肝心なことは頭脳の健康であると田畑さんは強調する。教条主義に陥らないセンス、ものを部分的にしか見ない偏狭心《へんきょうしん》ではなく、全体的に把握しながら、ものの本質に肉迫する判断力、多くの情報にまどわされることなく、何が本物かと選択し得る自主性確保の調整力、自分の意見を強調しながらも他人の意見にもよく耳を傾ける包容力等、数え挙げればきりがないが、こうした意味のバランスのとれた頭脳を含めた健康のことを田畑さんはいうのだ。むろん内臓諸器官の健全維持も大切なことだが、これこそ適切な運動と合理的な食事の管理が必要である。いずれにしても、世界中の国々が例外なく体育の振興に注目し、重要視しているのに、日本のスポーツ界がのんびり取り組んでいてはいけないことを田畑さんは強調するのだった。

先に述べた社会体育の呼称にしても、実際に研究会や実践運動に入ったのは、東京オリンピック後だが、以上述べてきたような話をし、運動の必要性を筆者らにすすめてくれたのは、田畑さんが東京オリンピックの準備に当たっている頃のことである。それは、オリンピックにはかなりの公費を使うこと、それが国際親善や相互理解に役立つことはもちろんだが、税金を使う以上、その還元として国民のスポーツ理解、体育重視を啓蒙することが、目に見えないオリンピックの遺産になる。そのチャンスとして、国民がオリンピックに注目する時機に、新しい社会体育思想を浸透することの意義にねらいをつけていたのである。

さて社会体育の実践についてはどうかといえば、田畑さんは二つを挙げている。それは釜《かま》としゃもじだという。釜とは容器、つまり入れ物のことを指し、しゃもじはせっかく入ったものを手ぎわよく作り上げ、すくいあげる操作業用具のことだ。例えば中国のお粥《かゆ》はおいしいことで有名だが、このお粥の作り方はむずかしい。大きな釜に飯を入れ、弱火で煮ながら、一晩中大きなしゃもじで休むことなく、ゆっくりと混ぜるのである。いかにも中国通の田畑さんらしい表現である。入れ物はスポーツ施設であり、スポーツクラブであるが、施設や設備、あるいはクラブという名の固まりがあるだけではだめで、常に活かされるよう受け入れができなければならない。

日本はよくスポーツ施設の不足を訴えるむきがあるが、田畑さんによれば、そんなことはない。むしろ世界でも日本のスポーツ施設は充実している方だという。筆者も同感である。公立小学校で水泳プールを持たないところは皆無といってもいいし、国内の自治体でも同様である。地方に行くほど近代的な立派な設備が整っている。ただそれが十分に活かされず、飾り物になっていて、使いこなしきれていないうらみがないではない。いつでも誰でも、自由に使えるような配慮と対応策が肝心で、その点日本の場合十分とはいえないと田畑さんは指摘している。

またしゃもじは指導者や施設の管理者のことを指している。官僚主義的な管理者が規則一点ばりで利用者の前に立ちふさがっているようでは資格なしである。

さらに、それ以上に大切なのは有能な指導者の存在であると力説する。少なくとも前述した意味の社会体育をわきまえた指導者であることが必要だが、一定の指導技術を持っていればさしつかえなく、何も一流レベルの指導技術を持つことが必要とは限らない。要はスポーツ愛好者が逞しく、益々やる気をおこすようにしむける理解者であることが肝要であるわけだ。馬に河の水を飲ませようとするとき、力ずくで河の中に引きつれていける博労《ばくろう》はいるだろうが、さて馬が水を飲むか飲まないかは力ずくでは果たせない。そこに博労のワザがあるのであって、どうしたら馬が水を飲む気になるのかきっかけとムードと条件をつくってあげるのが本物の博労である。それができないようでは、どんな良馬でも、途中で息ぎれして役にも立たなくなるというたとえ話である。博労と体育指導者といっしょくたにするのではなく、体育指導というのは、良い博労のようなセンス、それは教育者的センスとでもいうべきもので、そのような素養をもった指導者が必要だというのが田畑理論なのである。

この指導者に関してだが、指導者の養成と検定制度は二〇年も前から体協や陸上競技連盟などで行われているが、これは諸外国の例にならったことで、それなりに意味があるものではあるが、問題が二つある。

指導者の資格をとるための講習会が東京及びそれに準ずるところで行われる際、受講者は各都道府県の教育委員会に申し出ることになる。その機関で指名された受講者は、出張費は県の出費、勤務は公休となり、受講の中味は大学で教わった理論やら実技で、教える人も大学時代と似たような人、あまり意味がないから受講出席の印を押して適当にさぼって帰り、資格だけはもっともらしい証書をもらうという図式で、それ以降もあまり変わってはいない。そしてさらに無意味なのは、せっかく指導者の資格を持って帰郷しても、その資格を活かせる受け皿がないケースが多いのである。そして中にはその指導者資格に権威を認めない受け皿もあり問題になっている。この件について田畑さんは、それは仏作って魂入れずで、まだそんなことをやっているのかとあきれていたものだ。

社会体育の振興に関して、いかにも田畑さんらしい話を紹介してみよう。

当時（田畑事務総長初期時代）地方自治体の税制と予算の組み方に関して、三割自治という言葉がはやっていた。地方自治体が税金を集めても、そのうち三割程度しか使えない時のことで、これをもじって、田畑さんは三割スポーツ、五割スポーツということをいっていた。

というのは、陸上や水泳はあまり用具によって実力が影響されないから一〇割スポーツ、ボートは船のでき具合が一〇〇パーセント成果を支配するが、あとは選手の技術力量がものをいうから五割スポーツ、馬術となっては人馬一体とはいえ、馬の世話も馬術の技術のうちで三割スポーツだ、とこんな具合だ。そして、「社会体育振興のスポーツは、一〇割スポーツの水泳や陸上あたりがいいな」という感想ともいえる興味ある話をよく聞いたものだ。

田畑さんのいいたいのは、初めからカネのかかるスポーツは奨励する方としてもあまりよくないし、商業主義にからめとられて、普及がむずかしい。指導者もコマーシャリズムに乗せられてスキャンダルが起こりやすく、指導者の足並みを崩しかねないことも心配だ。誰でも、いつでも、どこでも気楽にやれるスポーツ。スポーツは大衆のものだという基本姿勢が指導者には必要で、カネと暇の少ない人にはスポーツは不向きというのでは、ひと昔前の貴族趣味、あるいは特権階級の独占物と同じで社会体育の意味がない。田畑さんの意見とはかけ離れて、昨今のように、用具も高く、服装もやたらと派手になっていく傾向はいつまで続くのであろうか。「資本主義の社会だから流れは変わらないだろうが、スポーツの振興の質は変化していくよ」ともいっていた。確かにそうかも知れない。田畑さんも気にしていたが、スポーツメーカーがライバル会社と販売促進競争をするあまり、自社製品を使用することを条件として有力選手に金を出し、その結果選手の多くがスポーツの本質を見失っていく。頭の働きも単細胞化し、一般大衆に対するスポーツ指導など間尺《ましゃく》に合わないと意欲を持たないため、スポーツ馬鹿になりかねないのである。

先に社会体育なる言葉は日本にしかないと述べたが、海外でこの言葉の訳語にいつも困るので、事前にどう訳すか打ち合わせなければならない。結局市民スポーツ、大衆的スポーツと訳すことに決めている。このことを田畑さんに話したところ、田畑さんは「どこの国だって大衆スポーツは進んでいるし、オリンピック選手やそのOBたちは、一般の特に青少年に対するスポーツ指導に日本とは比較にならぬほど熱心なのだ。日本でも戦前のメダリストやそれに準ずる名選手たちは、選手生活が続けられたのは国民の支援のたまものでそのお返しとばかり熱心だったが、戦後はすべてとはいわないが大分なりゆきが変わってきた。スポーツ講演に行ってくれといっても安い謝礼では話がスムーズに進まないというじゃないか」と、時代の差とはいえ考えられないことだと嘆いたものだ。

情報時代のせいか、オリンピック選手はすぐタレントなみの、鼻もちならない人間に様変わりしてしまう。だからこそ社会体育運動を国民運動とすることが必要なのだ。社会体育をよく理解することもなく、ただはやりことばを口にするかの如く唱え廻ることが、レジャー、バカンス、トリムと同じような言葉の遊びにならぬことこそ必要だというのが田畑さんの真意であるわけだ。

田畑さんがお茶の水でスポーツ振興に熱心だった時代、田畑さんと肩を並べていた大幹部は、いずれも体協理事、またはＪＯＣ理事の肩書きなしでも世間に一流人間として通用する人ばかりであった。肩書きばかりを求めてくる新しい人たちは、社会体育振興に身を挺《てい》してその実をあげる努力をしてはどうか、田畑さんが元気だったらそういうだろう。

札幌の事務総長を支援せよ

東京オリンピックのあと、札幌で冬のオリンピックが開かれたが、この大会の事務総長は佐藤朝生《さとうともお》さんであった。佐藤さんは東京オリンピックの時の事務総長次長で、終戦の時は内閣官房総務課長として、天皇陛下の玉音放送といわれた終戦のご詔勅《しょうちょく》を毛筆で書いた方であることはつとに知られていた。

さて、札幌オリンピック組織委員会の事務局構成は、北海道庁職員と札幌市役所職員、その他による混成で、縄張り意識から一致結束というには至らなかった。専門的な主要ポストには、東京オリンピックの経験者が出向していたが、北海道にはそれなりの郷土意識も強く、内地の人の応援はいらないという態度であった。田畑さんはこの時組織委員会のメンバーであり、この混成旅団の仕事ぶりを見て、プレオリンピックの時から、どんな予期せぬことが起こるかもしれないと心配していたが、本番を迎えるにあたって、予期せぬどころか、間違いなく問題の起こることが予見された。

筆者は、プレオリンピックに臨んで、伊勢俊正入場券課長からＯＹＣよりの苦情処理担当を頼まれたが、招かれざる客扱いをされるのも気に入らないので、札幌行きを丁重にお断りしていた。ところがオリンピック本番に臨み、どうしても札幌に行かざるを得なくなった。伊勢さんからも早くから本気になって来てくれと連絡を受け、これは佐藤事務総長も同意されているというのであったが、そのうち田畑さんから連絡があって、佐藤事務総長を支援せよの指令となったのである。

問題が起こると予見されたのには次のような事態があった。というのは、スキージャンプはもともと開始時刻が午前一〇時と決まっており、観客に売った入場券にはそのように印刷してある。ところが、ＩＦ（国際競技連盟）が事前にジャンプのスタート地点を調査したところ、風の強さの都合で一〇時ではなく、それより一時間早い午前九時に開始と変更されていたのである。伊勢さんも田畑さんもこれがどういう問題になるかを直感的に見抜いていたのであろう。前述したような指令となったのである。佐藤事務総長は往復の足代も含め費用は全額もつからとのことであったが、内地の人の応援は必要ないというプレオリンピック当時からの空気も知っていたので、経費はご心配なくとのことで二六人を編成して札幌に向かった。田畑さんは大へん喜んでくれたが、佐藤事務総長は本番に入ればたいへん多忙で、こちらから特に挨拶に伺うことも失礼と考え、ＯＹＣの苦情処理班はそのまま組織委員会の情報センター室所属となって机をもらった。案《あん》の定《じょう》、情報センター室内だけでも、混成旅団の空気のあわただしいことははなはだしく、これで何か問題が起こったら処理ができるのだろうかと思ったほどだ。

それはさておき、第一の苦情は朝鮮総連体育部との入場券問題であった。田畑さんからは電話で、北の入場券はうまくいったかといわれたものの、初めは何のことかわからず、伊勢さんの話ですぐ問題の的が理解できた。

札幌オリンピックには朝鮮民主主義人民共和国から強いスケートの選手が参加するということに

なっていたため、朝鮮総連は二〇〇〇枚余りのスピードスケートの入場券を購入していたが、東京オリンピックと同じく、国名を単に北朝鮮としたため、間ぎわになって不参加となり、朝鮮総連は入場券の払い戻しを入場券課長に申し入れたのである。新聞各社がこぞってこの件の取材にあたっていることが筆者にもすぐわかった。ＩＯＣには入場券は一切払い戻しなしの原則があり、もし組織委員会が払い戻しに応じた場合は、ニュースとなるわけなのである。伊勢さんは入場券課長として他に多くの仕事もあって、この問題だけにかかわっていられないのである。すぐ筆者にバトンタッチとなった。朝鮮総連は強硬で執拗だった。こういう時の処理は、諄々《じゅんじゅん》と時間と誠意をかけて話し合い、相手を諦めさせるという粘りが必要というのが田畑直伝である。マラソン交渉に入るつもりで話し合いとなったが、結局は、割合に早く諦めてくれ、その上、朝鮮人参酒一ダースをもらった。彼らの要求を受け入れることはできなかったが、十分に交渉したという彼らなりの組織としてのメンツと努力だけは認められたという理由のようだった。何事も難しい問題の時こそ逃げてはいけない。当たって砕けろ、どちらが砕けても、周囲は納得してくれるというのが田畑式なのだが、砕けてならぬときは、我慢するのみというのが田畑さんから常々聞かされていたことなのである。

それはさておき、いよいよ、スキージャンプの日がやってくるその前々日、会場の大倉山《おおくらやま》シャンツェを実地踏査した。これも田畑さんの指示と要請によるものだが、この頃田畑さんは毎日のように情報センター室に姿をみせ、「どうなってるんだ」と心配そうにしていた。

この時の処理の仕方については この書の主題ではないので極力はしょりたいが、実地踏査した結果を田畑さんに報告した際の内容は次のようなものだった。

大倉山シャンツェの観客席へたどりつくまでの道は、雪の坂道で簡単には行けない。一般観客の足の速い人が、かりに一時間半の余裕を持っていても、一時間繰り上げのジャンプ開始の時間には間に合わない。というのは、坂道となるところからは天皇陛下の車以外の車は報道関係者といえども通行禁止でここからはすべて歩かなくてはならないことになっており、その地点から会場にたどりつくまではどんなに急いでも四五分はたっぷりかかるのだった。これではどんなに足の速い人でも、一〇時開始の入場券を持って坂を歩いた人の殆《ほと》んどは、会場へ到着した時にはジャンプ競技はすべて終わってしまうという計算がなりたった。これではたいへんなことになる。

以上のような実情を田畑さんに話したところ、札幌駅前からバスを出したらということになった。そのバスには、札幌市のバスを動員し、北海道警とよく相談して、途中の警備に当たる警官に十分この事情を徹底させればよいと話は決まった。そうしなければ天皇陛下の車以外は走れないことを理由に制止されるからだ。むろん伊勢さんを通じて佐藤事務総長の指揮を仰ぎ、組織委員会の名において、この作戦の手配が完了した。札幌市営バスをすべて動員し、警察も同意してくれて、競技の見える所までバスで行くことに決まり、いよいよジャンプの当日を迎えた。

作戦通りに実施したにも拘《かかわ》らず、やはりゆっくりと会場めがけてやって来た五〇〇人ほどの観客は、大量のバスのピストン輸送にも間に合わず、いやバスに乗れても会場に着いた時には競技の殆んどが終わっていた。

それからがたいへんだった。不満を抱いた観客が現地の大会本部に押し寄せて、強い抗議をぶつけてきたのだ。ＯＹＣの苦情処理班は、やっと出番になったので、覚悟の応対で、うろたえるどころか張りきって、ＯＹＣ理事の小山武治《こやまたけじ》さんと澤田精一《さわだせいいち》さんを責任者として、田畑式説得に当たった。テレビのニュースはこれを大写しにしたが、その時、内地の人の応援は必要なしとうそぶいていた人たちの姿は、どこに逃げたのか垣間《かいま》見ることもできなかった。結果的には大きな騒ぎにならずに済んだが、小さい事件ではなかった。どうしても納得しないで入場料を返せという人たちには、情報センターまで誘導して、静岡ＯＹＣの鈴木秀昭《すずきひであき》、良明《よしあき》さんらでマンツーマンの説得となったが、田畑式説得法を心得ているＯＹＣ苦情処理班は馴れたもので、時間をかけての話し合いの末、帰ってもらうことができた。しかし観客の中には広島や徳島から来た人もいて、考えてみれば気の毒な話であった。

その三日後には宮の森《みやのもり》シャンツェでのジャンプ競技もあり、同様の事態が考えられたので、同じ作戦の準備をしながら今度は組織委員会の名において広告を新聞全紙に載せ、お詫びと一時間早い競技開始の予告を公にしたのであった。しかし、バスに乗り遅れた人もいて小競り合いもあったが、苦情処理班は生き生きしたものであった。この時佐藤事務総長は、広告の原稿文章の作成をすべてＯＹＣに任せてくれたのであった。こういう種類の苦情処理に関しては、大方の権限を与えてくれないとスピードのある処理はできないものだが、田畑さんと佐藤事務総長の息の合ったバックアップなしにはやる気も起きなかったし、またなしとげることもできなかったであろう。この一件があった後、道の役人も、市の役人も縄張り争いをしなくなり、情報センター室のムードは楽しいものに変わった。

それにしても、田畑さんは組織委員とはいってても名誉職にすぎず、にもかかわらず、佐藤事務総長に余分な心配をかけぬよう、また汚点を残さぬような冬のオリンピックを完成させようとする情熱は、まさにミスターオリンピックというにふさわしい。

青年平和友好祭の好判断

一九五七年夏、モスクワで世界平和友好祭が開かれることになっていた。この祭典はオリンピック大会と同じように思想・信条・宗教を問わない世界の青年の文化祭典ともいうべき大会であって、このモスクワ祭典の前にはオーストリアのウィーンで開かれており、社会主義国だけで開かれるものではない。ただこの大会を政治集会と見る人もないではなかったので、必ずしもこの祭典への参加に全面的賛成となるわけでもなかった。しかしこの大会の中のスポーツ祭典は、戦前の国際学生スポーツ大会が前身であり、その復活が世界平和友好祭に吸収されたので、平和を叫ぶと左翼とみる一部の日本人保守的指導者の偏見とみても差しつかえなかった。ただ、当時の日本は共産圏とは国交がなく、特にソ連で開催されるとなれば、偏見に輪をかけて見つめる人もないではなかった。念のためこの次の一九六二年の大会は、フィンランドの首都ヘルシンキで開かれている。

それは別としても、モスクワ祭典への参加が問題になったのは、当時はまだソ連へ渡航する場合、旅券配給に制限があったためである。火曜と金曜の週二日に、共産圏渡航者審査会なる会議があって、そこでの審査を通らなければパスポートは発給されないシステムになっていた。ビジネスは理由によっては有利だが、観光はほとんど無理だといわれた時代である。

こんな時代に、田畑さんはモスクワ祭典に向かって選手団派遣を決断したのだった。東俊郎さんを団長、茶谷蔵吉さんを秘書として総勢一五〇名の日本選手代表団を送ることに決めたのだった。今考えてみても、あの時田畑さんが体協の専務理事でなかったら決断できなかったと思う。

この頃の外務大臣は重光葵《しげみつまもる》さんで、以前駐ソ大使をやったことがあったためか、スポーツ代表派遣には理解が深かったのかも知れない。田畑さんはこの時、せっかくの国際交流のチャンスなので、オリンピック種目以外の競技を優先して派遣することにした。海外派遣のチャンスを活かそうという配慮からであった。バレーボール、フィールドホッケー等を主体とし、世界のスポーツマンが集まるという理由から、対等に戦える選手も派遣しなければという考え方に基づき、レスリングチーム、それに加えて陸上競技の三段跳で世界記録を出したばかりの小掛照二《こがけてるじ》さんと、国際級の実力を持った走幅跳の田島政治《たじままさじ》さんらもこの代表団に加えたのであった。

ところが、祭典はスポーツばかりでなく、芸術、科学、一般政治シンポジウムなどの代表にも参加の権利があり、これらのジャンルから希望する日本の青年は各ジャンルごとより選ばれて五〇〇人に達していた。これには外務省も頭を痛めたらしく、とても五〇〇人の旅券は出せないと、初めは一人も認めない強硬ぶりであった。こうなるとスポーツ以外の日本代表団は編成しても渡航できないことになり、なぜスポーツだけに旅券を出すのかと総理官邸に押しかける人もいて、騒ぎが大きくなった。座り込みも続き、険悪な空気の日々が永田町に続いた。「旅券はまだかいな」の会もできて、へたをすればスポーツもダメになるのではないかという心配も体協内部に起こり始めた。そこで田畑さんが動いたのだが、スポーツと同数の一五〇名の一般青年に旅券発給することを外務省と交渉し、旅券発給が認められた。五〇〇人組はジャンルごとに、抽選で一五〇名にしぼったと聞いているが、新潟発のソ連船で計三〇〇人が日本代表としてナホトカに向けて出航したのだった。

田畑さんは、スポーツのみならず、多くの青年が海外に目を向けて交流することは大切なことだという見解のもとに、この判断と実行に力を尽したわけである。筆者はこの時訪ソしていないが、この難しい問題を突き進めた際のいきさつはよく知っていた。この時モスクワで祭典を組織した責任者はウラジミール・パブロフ元駐日ソ連大使で、大使在任中日本の代表が果たしてモスクワに来られるかどうか気をもんでいたと語り草になったものだった。

この頃日本のバレーボールはまだ九人制で、モスクワで初めて六人制を体験したわけだが、バレーボールの戦術も違えば、ポジションの移動も初めてのこと、とまどうばかりでなく、ボールが頭の上から真下に打ち込まれるのにびっくりしたという話を後で聞いた。これを機会として、日本バレーボール協会の専務理事の任にある松平康隆《まつだいらやすたか》さんはこれでは世界のバレーボールについていけないことを痛感して、その後、単身レニングラードで六人制のバレーボールを学び、帰国後苦労を重ねてミュンヘンオリンピック優勝の偉業に結びつけたのであった。このことを田畑さんに話したことがあるが、田畑さんは、「そうか、そんな収穫があったとは知らなかった。それにしても、一つのチャンスを将来に向かって活かした松平監督の大きな成果だ」とたいへん喜んでいた。

田畑さんはどんな小さなチャンスでも、またどんなむずかしいことでも、やって良いと思ったことは、度胸をきめて取り組んでみる以外にない、というのが持論であった。「消極性と慎重性とはよくわけて判断しないと、後悔が残るのみで後味が悪いだけだ。これはいけるかどうかをよく判断し、ためになると思ったら猪突猛進あるのみだ」と田畑さんは述べている。そして、「ただし、段どりと根回しを十分にやらないとすべてはうまくいかない」と付け加えるのであった。また、「アマチュア・スポーツに関する限り、カネの欲得がからんでいなければ、大ていの場合、成功しないことはない。それは類は類を呼ぶというように、いい人が協力してくれるからだ」と自信のほどを説くのであった。

労働者スポーツ協会創立に協力

労働組合のナショナルセンター「総評」が労働者スポーツ協会を作ろうとした時、快く田畑さんは協力と指導をした。田畑さんと総評という組み合わせを奇妙に思うスポーツ関係者は少なからずいたことも確かである。しかし逆にいえば、スポーツ関係者の中には何の思想もないまま、ただ体質的に総評アレルギーのあった人は案外多く、この傾向はその後も変わらなかった。ジャーナリストとして広い視野を持ち、スポーツは思想信条を超越すべきとする田畑さんの当然の受けとめ方である。むしろ労働組合がスポーツに意欲をもつことに田畑さんは格別の関心を示したものだった。

このいきさつについて述べてみよう。ちょうど東京オリンピックと組織委員会の事務局員が出揃い、準備実務が始まった頃のある日、いきなり青年グループが田畑さんに会いたいと面会を申し込んできた。用件は何かと問うと、オリンピック開催に反対だというものだった。田畑さんに告げると、「ボクは今忙しいんだ、相手は若者ならキミが聞いてくれ」というので筆者が会ったのだが、相手は七人ほどいた。社青同（社会主義青年同盟）、民青（民主青年同盟）、総評青年対策部といった人々だった。お茶の水体協内の食堂裏手のテラスで話し合った。二時間ほどかかった。彼らがいうには、スポーツは暇とカネのある人間の占有物であり、そのようなスポーツ祭典には反対だと口を揃えて主張するのだった。この問答の内容をこまかに述べることはここでは必要ない。結局は七人とも納得してくれて帰ったのだが、実はこれが機縁となって、その後総評の岩井章《いわいあきら》事務局長の要望によって、筆者は岩井さんと会うことになり、総評にスポーツ協会を発足させることに発展した。田畑さんはこのことを非常に喜んで「それは良いことだ」と大賛成してくれた。そのうち岩井章さんが田畑さんに会いたいということで、総評がスポーツ協会をつくるについて、日本体育協会に仁義ならぬ挨拶をすることになり、田畑さんと面談したあと記者会見をしたのであった。

こうした動きに並行して、日本労働者スポーツ協会の趣意書と規約が作成された。総評内部には、スポーツに対する理解者と、実務を進める人が結構いた。その中心になったのが山森大七郎《やまもりだいしちろう》さんで、佐々木啓之《ささきひろゆき》さんを中核として組織づくりが始まったのだが、田畑さんの指導と協力がその影にあったことはいうまでもない。さっそく労働者のスポーツ協会の魅力ある活動は何かとなったが、その第一として、総評とソ連の全ソ労働組合評議会（全ソ労評）とは既に労働運動の交流は行っていたので、ソ連の全ソ労評傘下の労働者スポーツ協会と、交流を行うことがよいのではないかということになった。

たまたま筆者にモスクワを訪問する用事があったので、岩井さんの要請によって、日ソ労スポの交流交渉が実現し、ソ連側も快く応じて、国際的な交流へと進展していった。田畑さんの支持なしてはできないことだった。その後、田畑さんと岩井章事務局長、太田薫《おおたかおる》総評議長のスポーツ懇親会を行うことになった。筆者は海外出張の用ができて欠席したが、レスリングの笹原正三さん、体操の小野喬さんが同席することになった。夕食をとりながらの楽しいスポーツ談議となったことはもちろんだが、この時田畑さんは、「スポーツの組織づくりは、親分たちが熱心でなくなったらダメになるんだ」と、はっきり意見を述べていたということを後で聞いたが、親分たちというのは岩井さん、太田さんのことを指したことはいうまでもない。

話はとぶが、こんな経緯を経ながらも、働く人たちの職場のスポーツ活動や、都道府県単位の労スポの普及も進み、活動にはずみをつけるために、ソ連、東独などのスポーツ交流も重ねていった。田畑さんはその発展ぶりを楽しみにしていたものだった。

そして東京オリンピック大会の終了後、三日おいて、国立競技場で、労働者スポーツ祭典を開くまで成長した。これに先だち、オリンピックに参加した国々に労スポ大会に参加してもらうべく、残留を各国選手団に依頼したが、スケジュールと、帰国の手配済みの理由もあって、ソ連とモンゴルだけが残留して労スポ大会に参加してくれた。競技種目も、労スポのもてる競技実施能力も考慮して、陸上競技、柔道、体操に限定した。陸上競技は国立競技場、柔道は武道館という豪華な会場で、盛大なものだった。特に柔道の審判に関しては田畑さんが交渉してくれたこともあって、講道館が協力してくれたものだ。どの会場も本番のオリンピックで入場券が手に入らないこともあって、国立競技場には五万人余りの観客が入ってにぎやかだった。ここで上位入賞者の表彰式にはオリンピック本番同様の五輪のマークの入った表彰台を使用したが、このことを中傷する記事が週刊誌に載ったのである。〝神聖なるオリンピックの表彰台を労働者が勝手に使って遺憾である〟という記事だった。この時の田畑さんの怒りようはなかった。田畑さんは「どうせスポーツ記者の内職原稿だろうが、労働者を見る目があまりにも偏狭だし、スポーツをどう考えているのか」といって残念がっていた。当然の怒りである。

それはともかくとして、翌年は駒沢競技場で第二回目の全国労スポ大会を開催し、第三回は岐阜の国体に合わせて名古屋の瑞穂《みずほ》競技場で開いている。かといって体協と対決するようなことはいささかもなかったが、労働界の変動に伴って、総評幹部の人事異動もあり、総評の親分が変わってゆき、労スポはだんだんと先細りになっていったのだが、田畑さんは「だからいったじゃないか」と惜しんでいたものだ。

しかし、こうした素地だけは総評に残り、社会体育振興をテーマにした国際シンポジウムを東京プリンスホテルで開くなど息はつないでいった。一方、中央である東京では、東京労働者スポーツ協会が田畑さんの見守る中で脈々と活動の実をあげ続けていった。東京労働者スポーツ協会は、労働界では東京労体協の略称で通っているが、この労体協が運営の中心になって、五月一日のメーデーにスポーツ祭典をやるようになった。一九八八年には第四回目を数え、国立競技場八万二〇〇〇人収容定員をほぼ九割方埋めつくす参加者があり、メーデースポーツ祭典として定着してきている。この祭典こそ田畑さんのアイディアであったことを付け加えなければならないだろう。

働く人のスポーツ組織づくりは、総評幹部と田畑さんの話し合いから始まったが、労働界の大きな変化とうねりによって、これからは中立労連を軸とした連合が主導権をとって、メーデースポーツ祭典はまだまだ回を重ねていくはずである。

しかし、田畑さんが最も心配していたのは、労働者のスポーツ組織づくりには、労働界のイデオロギーが下敷きになり、それが統一の妨げになるのではないか、総評が解体されて連合が主体となれば、共産党系の統一労組懇を背景とする新体連（新日本体育連盟）となじめないのではないかということであった。確かに現実はその方向から少しも変わらず、むしろ離反の角度を拡げる一方となろうが、田畑さんは新体連が発足した時も少しも批判することはなく、スポーツの大衆化に意欲的な団体はやれる範囲で活動を展開すればよいの主義であり、その意見は大いに傾聴に値するといえよう。しかしながらと、田畑さんは次のように説いていた。

保守革新を問わず、政党がエゴをむき出しで党員を獲得しようとしてスポーツ人口を傘下《さんか》に収めることは、およそ無意味であって、害あって益なしである。というのは、スポーツは身体に対する有効性があるのであって、イデオロギーを強化するのに少しも役に立たない。むしろスポーツで党員を集めても、その党員は本物ではないし、政党指導者の自己満足に過ぎないどころか、党の足腰を弱くするばかりだ。スポーツに人々が群がることで、その人たちに政党仲間入りの道を開いたにせよ、それはバーゲンセールの百貨店の扉を開いたのと同じことで、入店した人は安物に飛びつくだけであり、他の百貨店でバーゲンセールをやればどこにでも入店するわけで、お得意の店として定着するわけでもない。スポーツの振興と普及の意味を本気で考えてもらいたいものだ。スポーツをだしにするなということなのである。

こうした意味のことは保守党にもいえるわけで、田畑さんとの話の中でよく出る話題だが、たとえば国民体育大会には二万人もの人が競技場に集まる。その観衆も含めれば倍の市民がいるわけで、それを管理操作しているのが保守系だからと勘違いして、すぐ政治ならぬ選挙の候補づくりに狂奔し、その結果、失敗の方が多いし、うまくいっても長続きしない。スポーツの素晴らしさをまじめに考えて、スポーツをだしに使うなということなのである。

田畑副会長就任の挨拶

一九七一年（昭和四六年）、田畑さんは体協の副会長に就任した時に次のような挨拶をしている。これは田畑さんが体協をどう刷新するかの貴重なる意見である。

私は石井光次郎《いしいみつじろう》会長とは朝日新聞時代からの友人であり意思の疎通を欠く心配はいりません。石井さんが不審と思われたり、注文がある場合は、どんどん直接に言っていただくことにしますし、私も体協のために言わねばならぬと思うことを遠慮なく言うことにします。また河野副会長とは同君の奥さんの義弟が同じ新聞社の四十数年来の親友である関係ですので、同君の仲立ちで終戦前後からしばしばお会いもし、会談も会食も共にした仲です。この間も、今後はますます連絡を密にし、何事も腹を割って相談し合い、お互いに誤りなきを期そうと約束したばかりです。そんなわけで私の働き得る条件は十分揃っています。

副会長に推挙された以上は、憎まれることなど恐れずに言うべきことははっきり言い、やるべきことはやって実用にならない床の間の置物や、何の役にも立たぬヘソ的存在には断じてなりません。会長を補佐し十分体協の役に立つよう積極的に努力致します。

権力集中主義にもどるな

さて、嘉納先生は余暇善用、体力増強を叫ばれ、今日でいう社会体育の普及、全国民の体位向上を念願とされ、また岸先生はオリンピックムーブメントの推進により、国際親善、世界平和を目ざす愛国青少年の育成に情熱を燃やしました。今日体協が強力に進めようとする二大事業は、両先生が志《こころざ》して未完成に終わったことを完成することに外ならないと思います。この大事業を成功させるためには計画の立案当初から、決定実施の段階まで、体協関係の全員が参加して体協の持ち得る英知と実行力を結集、総動員し、これをフルに活用して事に当たるのでなければなりません。その意味で特定のものに権力が集中して事実上はすべてのことがひと握りの実務者だけの中で決まってしまい、他のものは徒《いたず》らに会議に出席して、ただ「一任、賛成」というだけの大政翼賛会方式を排除して、全員が初めから終わりまで会務に直接参加することを目的として立ち上がった二年前の体協革新運動は極めて高く評価さるべきでありますし、今後もこの初心は堅持して、この運動を持続し、その目的の完全実現をはからなくてはならぬと思います。

体協と競技団体は自主性をもて

初期の体協は、米国のＡＡＵが長い間やっていたように、各競技とも体協の内部の一部門で、国際競技連盟へも、一括して体協が代表権をもって加盟し、各競技団体の自主性は認められませんでした。これでは競技団体が積極的にやる気を出さず、これ以上の飛躍的発展は期待できぬという強い反省が出て、長い間議論を続けた結果、各競技団体がそれぞれ自主独立し、その競技に関する限り統轄代表権を持って各競技連盟に直接加盟することになりました。その上で独立した各競技連盟が連合して、自分達の力だけでは十分に遂行できないことを力を合わせて実施しようとして、抜本的に改組《かいそ》し、新しく生まれ変わったのが現在の体協です。すなわち一プラス一を五にしようというのが改組の目的だったのです。

体協がこの歴史に逆行してあまりに統制の強化に走ると、競技団体の意欲は知らず知らずのうちに低下し、あなたまかせになって、一プラス一が五どころか、二にさえならないという危険を十分はらんでいます。このことは体協が十分自戒しなければならぬことはもちろんですが、各競技団体自身がはっきりと自覚し、自主性をもって、活動を活発にすることを怠ってはならぬと思います。

文部省はスポーツの所管官庁ですから、十分連絡を密にし、適切な助言には謙虚に耳を傾けることにやぶさかでなくてはなりません。

しかし、体協は飽くまで体協です。文部省の外郭団体でもなければ下請け団体でも、子会社でもありません。体協は、国民の体力向上を推進する国民運動の実践団体です。体協が官僚化し、純民間団体としての自主性と主体性を失ったら、六〇年に近い伝統を持つ、アマチュア・スポーツの総本山たる日本体育協会の自滅です。最も心すべきことだと思います。

意見の対立は君子の争い

また体協は、社交クラブでもなければ単なる仲よしクラブでもありません。国民体位向上という大目的には、全員、異論も意見の対立もあることは当然ですが、これを実現する方途については各人にそれぞれ各様の意見がある筈です。お互いにこれをぶつけ合い、大いに議論を闘わせて火花をちらすのに勇敢でなければなりません。こびて臆病であってはならないのです。それをやらないで、意見を言えば痛くもない腹をさぐられ、体協の平和を乱すと誤解されては馬鹿らしいと、皆が口をつぐんでしまえば体協はもうそれでおしまいです。体協の活動を有効にするための意見の対立、それのぶつけ合いは、いわゆる君子《くんし》の争いです。大いに奨励されなければならないと思います。そのためには、記者諸君にお願いしますが、問題は「誰が言っているのか」「誰がやっているのか」ではなくて「何が言われているか」「何がやられているか」です。この「何」を問題にして取り上げ、大いに批判して下さい。内に議論なく、外に批判のない所には進歩もなければ民主主義もなしです。

国際協力と国際交流の推進

最後に中国との交流は、基本的にはＩＯＣやＩＦが原則を踏まえて、各競技団体の要請に対応し、スポーツの効用を広く活用できるようその姿勢を転換させることにわれわれの努力を続けると共に、当面は、先にやれるものからやってゆき、その積み重ねによって、全面交流の途を開くよう努力しなければならぬと思います。また東南アジアに対しては、経済進出が招いている反発と不信を、スポーツ協力の強い推進によって緩和・解消し、アジアの心をつかまえなければなりません。

体協の仕事は、勿論カネにはなりません。しかし次の時代を担う身心共に健全な第二の国民を作り上げるという使命感に徹するとなれば「以《もっ》て男子一生の業とするに足る」と思います。幸いに副会長はすべての会議に出席することが出来ると規定されていますから、できるだけ多くの委員会に出席して、その実情を把握し、その意見、要望を体協の方針、方途等に直通するよう努力いたします。よろしくお願いします。

この挨拶は昭和四六年四月、体協理事会で行われたものであるが、当時のそしてその後の体協理事会が、これだけの傾聴《けいちょう》に値する田畑さんの意見をどう理解し、どう消化していったかについては大いに疑問とするところである。体協の自主性による国民体育の普及と向上も、たとえばオリンピックをめざす競技力の向上も、さっぱり進行していないことがいい証拠といえよう。現にその後のアジア大会やオリンピックを見ても、その成果はしぼむ一方で、地盤沈下の現象へといちじるしく傾斜していく。田畑さんは、強い弱いじゃなくて、誰が何をしているかが問題なのだ、体協の人事をみても、東京オリンピック時代の選手強化を手がけた職員が、担当からはずされているのはどういうわけだとつぶやくように語っていたものだ。また相変わらずのえせスポーツ人間の集まりににがい顔をしていたものだ。

河野一郎さんとの大構想

田畑さんは政治家河野一郎さんとは朝日新聞で同僚だった。正確にいえば、田畑さんの朝日入社は大正一三年四月、田畑さんの話によると、「自分は朝日の表看板である政治部の政友会を担当し、河野さんは政治部に対抗する有力部である経済部に入り農政を担当した。ところが、そのうち河野さんはいくら農政の記事を紙面に表現しても、直接的にあまり影響力がなく、記事を書いているよりも、取材する心構えで農業問題を研究し、政治家になってものをいった方が手っとり早いと政界入りした」とのことだ。河野さんはスポーツ界の主流陸上競技のボスであり、田畑さんは陸上競技には対抗意識の強い水泳の総大将、その上二人とも鼻っぱしらの強いことはお互いに認める仲で、すべてが対抗する立場におかれていたので、世間が二人を犬猿の仲につくりあげていたといえる。

実際のところ、田畑さんからは喧嘩をした話を聞いたことがない。私怨は全くないが、二人でじっくり話し合ったことも、飯を一緒に食べたこともなかったから、特に親しくなかっただけのことだというのが真実である。ただいえることは、河野一郎さんは戦後、GHQによって公職追放になり、後の地盤を実弟の河野《こうの》謙三《けんぞう》さんが継いだが、その後、河野さんの公職追放が解除された時、兄弟双方に強力な後援会ができていて、選手交替の話し合いが後援会首脳部の間で決着がつかず、この時田畑さんが仲介役をつとめたということだ。河野一郎さんは元の地盤から衆院選に出ること、謙三さんは神奈川全県区から参院選に出馬することの提案をして、うまくおさまりをつけた。むろん田畑さんの他にも有力者の仲介者もいた。田畑さんが河野一郎さんとじっくり話し合うのは、この時が初めてであった。河野謙三さんと田畑さんとはずっと以前からの仲良しで、「田畑さん」、「ケンゾー」と呼び合う間柄で、こんな縁で筆者自身河野謙三さんにお世話になったことも少なくない。

後年、河野一郎さんが陸上競技連盟の会長になった時、激励祝賀会をやるから祝詞《しゅくし》を述べてくれと田畑さんに依頼があった。田畑さんはこれを快諾して出席して次のように祝詞を述べている。

「大体政治家がスポーツ界に顔を出したり、いわんや会長になる事などはあまり感心しないというのが自分の自論である。というのは政治家がスポーツ界のために働いてやろうというのではなく、逆に利用しようという場合が多かったからだ。しかし今回の河野さんの場合はこれとは逆に歓迎の空気が強い。今度の場合河野さんが陸上競技連盟の会長にならなければ代議士になれなかったり、総理大臣になれないわけではない。河野さんに利用されるわけではなく、むしろ河野さんをスポーツ界が利用することができると感じているからであろう。私は河野さんの会長就任を心から祝い、スポーツ界のためによい意味で利用されることを期待する」。

すると河野さんは「田畑さんはボクの一番いいたいことをいってくれたので感謝する」と返礼の挨拶をして握手をした。このことを新聞は、田畑、河野握手といった記事にしたので、田畑さんは「これでボクと河野君との不仲の噂も吹きとぶだろう」と笑っていた。

その後、河野さんから田畑さんに一度ゆっくり会いたいという連絡があって、二人だけでじっくりと話し合いをしたわけだが、その話の中味は興味深いものだった。

河野さんがいうには「今のスポーツ界は官僚的で面白くない。特にオリンピックのせいかスポーツ界は文部省の下請けに甘んじているようで、元気潑剌《はつらつ》なところがない。もっと活《かつ》を入れよう。そのためには今の組織から出て二人で同志を糾合《きゅうごう》して新しい団体をつくろう。銭は競馬からもってくる」ということだった。田畑さんは大いに賛成した。そして新しい組織の名称は、日本スポーツ協会でもいいじゃないかという話にまでなったのだった。

実際当時のスポーツ界は、代々木の体協の建物が役所の如く立派になったせいか、職員の多くが役人くさくて仕方ない、という意見でも両者は一致、そのためには競馬法の改正をしなければならないが、河野さんは「オレには自信がある」といい切ったという。田畑さんはオリンピックの苦汁を味わった後だけに新しい希望に燃え、「よしやろう」と賛意を示しながら、お茶の水時代の体協に思いを馳せた。

ところが、この動きが当時の体協幹部の一部に知れるところとなった。政界筋から情報が流れたのであった。競馬法改正には同調しないよう、反対運動が体協関係の政界人の間に広がっていった。しかし河野さんはやるといったら断固敢行する男であると信じた田畑さんは、反対分子の動きは気にもとめず、意気軒昂たるもので、場合によっては野党をも引き込んで一気に競馬法を改正してみせるという二人の意気込みであった。そうこうしているうちに、ある日河野さんが急に病に倒れ、そして残念なことについに不帰の人となってしまったのである。

田畑さんはしみじみ語った。もし河野さんと自分との構想が実現していたら、今日、日本のスポーツ界はどんなに変わっていたであろう。きわめてすっきりしたものになったことは明白である。体協は国民の体位の向上をめざして普及と振興の一本道をつき進めばよい。新しく作ろうとした日本スポーツ協会は文字通り競技団体の統轄団体として、日常的なオリンピックムーブメントを展開させ、IOCの趣旨と目的に沿った組織としてスポーツを通しての国際協力の実を挙げることにやり甲斐ある広場となっていたことであろう。少なくともオリンピックという華やかな檜舞台に、脚光を浴びることのみをねらってくるえせスポーツ人間の入り込むスキを与えることにはならぬであろう。

河野さんと田畑さんの最も根幹にあった意見は、JOCを体協より独立させることであった。そして体協については体育をどのようにとらえるかの哲学に基づいた構想でとり組み、より発展させようという前向きの考え方であったのだったが、河野さんの死によってこの提案は陽の目を見ることなく埋れてしまったのである。田畑さんは「河野さんの死は日本のスポーツ界としても惜しんでもあまりあるものだ」と歯ぎしりしたのであった。

JOC独立論

IOC（国際オリンピック委員会）はモスクワオリンピックの後、会長がキラニンからスペインのサマランチ会長に代わった。サマランチ会長は、IOC憲章の扱いについて、ずいぶんと無神経、いいかえれば憲章軽視の言動が批判されていた。そんななか、少なくともＪＯＣ（日本オリンピック委員会）と体協との関係において、ＪＯＣ独立に早急に着手すべきだという主張は強かった。それは田畑さんが、ＪＯＣの国内的国際的立場と条件を明瞭にすることが、オリンピックムーブメントの基本精神を確立し、スポーツ人に対する啓蒙にとって必要と考えていたからである。またそうすることがオリンピック選手を育成強化することに必要不可欠だと確信もしていた。特にモスクワオリンピックに関しては、ＪＯＣが体協の下部組織であったからこそ、不参加に追い込まれたのであると断言していた。

田畑さんは常々、日本体育協会の生い立ちとオリンピック参加のきっかけを説いては、ＪＯＣの立場保存、つまりＩＯＣ憲章に沿うべく是正すべきところは手直しすることが必要であるとの意見から、その具体策について語っていた。

日本が初めてオリンピックに参加したのは、一九一二年の第五回ストックホルム大会である。それは嘉納治五郎さんが、国民体育振興の目的として発意し、その派遣母体を日本体育協会としたのだった。これは改めていうまでもないだろう。したがって当時の体協はオリンピックに参加する競技団体のみを以って組織され、ＩＯＣからは日本におけるＮＯＣ（国内オリンピック委員会）として承認されたのであった。

田畑さんによればこの頃のオリンピック憲章は後年のようにあまり難しく考える必要もなかったのだという。第二代目の体協会長岸清一さんは国際弁護士をしていたこともあって、憲章を重んじ、オリンピックムーブメントの推進に専念した。そのために物心両面の貢献をし、体協の基礎を確立するため私財を投じて体協の運営基金とした。体協事務局の敷地（当時お茶の水）も岸さんの遺志によって寄贈されたものである。岸記念体育館の名称が今も残っているいわれもそこにある。代々木の岸記念体育館の体協の玄関前に、岸清一さんの胸像が立っているが、田畑さんが建立《こんりゅう》の推進役であることはあまり知られていない。この胸像は、岸清一さんの偉業を顕彰する意味もあるが、田畑さんとしては、将来JOC独立というあるべき理想の姿を象徴する意味をこめて建立したのであった。

岸さんが亡くなり、その後、明治神宮体育大会（戦前の神宮大会）を継ぐような形で、国民体育大会を行うようになった。体協にはオリンピック競技以外の種目団体が加盟しているが、戦後の軟式野球ブームに乗って体協会長に軟式野球出身の清瀬三郎さんが就任した。戦後まだ何もなく、国民の多くは国体に熱い目《ま》なざしをむけていたし、国体も戦前の神宮大会の権威もあって、清瀬三郎さんはお茶の水天皇とあがめられるに至った。この頃田畑さんは、天皇は一人でいいんだと、お茶の水天皇呼ばわりされて体協の頂点に立っていた清瀬さんには大きな違和感を抱き、日本水連の事務局をお茶の水に置かず、丸の内ビルの七七二号室において距離を保っていた。この距離の中味は、軟式野球の人たちは岸清一さんのJOC確立の意味が少しもわかっていないとする、オリンピック運動についての解釈の相違による離反であった。

IOC憲章は、NOCの構成について、オリンピック競技団体の代表者の数が学識経験者も含め、オリンピック以外の競技団体の委員の数より多くなくてはならないと規定している。この時点においては、オリンピック競技団体の数が国体に参加する他の競技団体よりも多かったので、オリンピック憲章違反にはならず、体協そのものが、日本オリンピック委員会の資格をもつことに問題はなかった。しかし体協内でのＪＯＣの存在位置は、オリンピックに関する専門事項を調査研究する専門委員会といってよかった。

こうしたいきさつで、オリンピックに参加することを当面の目的として発足した体協は、国体の回を重ねるごとに、オリンピック以外の競技団体が多数加盟し、またスポーツ界の体質も変わらなかったので、世間の一部から選手強化の偏重、オリンピック至上主義なる批判を受けることにもなったのだった。

田畑さんはこのあたりの矛盾点について、オリンピックで立派な成績をあげ、その影響によって、計り知れないほどの普及の実を挙げることが、体操、レスリング、水泳等の実情をみても明らかであるとしたが、体協としては、世上の批判に対処するために、体育運動の普及による国民体位の向上を直接の目的とする姿勢をとることになった。東京オリンピックの四年前に、都道府県の地域体育協会を組織に加えたこの頃の田畑さんは、体協の専務理事でもあったため、改組の手続きは容易であった。この結果、加盟数はオリンピックの競技団体どころか全競技団体の数を遥《はる》かに超えた。この時点で体協の組織はオリンピック憲章から逸脱してＮＯＣたる資格を失い、ＩＯＣに対しては何の地位も身分も持たない存在となった。

その後、ＩＯＣに対してＪＯＣが日本を代表するようになったが、オリンピック憲章上はＩＯＣと無関係な体協という法人格の一部分となっているので、国内法的にはその理事会、評議員会の外に立つことは許されない。このことは、ＮＯＣの自主権を要求するＩＯＣ憲章の違反となる。体協が、ＪＯＣを体協なる法人格内に無理に組み込み、特別の処置を与えてはいるが、それでも随所に体協の下部機構内取扱いを受けていて問題を解決できず、種々の矛盾が生まれるのであった。体協の寄付行為一一条では「日本オリンピック委員会は、その所管する事項に関しては、決定及び実施の権限を有する」と規定しながらも、第一三条では、「必要な事項は体協の理事会及び評議会の議決を経て別に定める」とＪＯＣの自主権を制限束縛していて相変わらず専門委員会並みの扱いなのである。田畑さんによれば、これは文部省がＪＯＣ独り歩きに足かせをはめているのであって、その真意は体協がＪＯＣを組織内に実質上抱えこんでおくことに妙味があり、スポーツ予算もとりやすいからであった。

田畑さんのＪＯＣ独立論の基本姿勢は以上のように体協の歴史にまで踏み込んでいるが、田畑さんは体協の副会長になってから、ＪＯＣの体制確立に関する小委員会（竹田恒徳、鈴木《すずき》良徳《よしのり》、竹内《たけうち》三郎《さぶろう》氏らで構成）のリーダー役をつとめ、大むね次のような改正案を体協に答申している。

体協の加盟団体は当然、全日本的組織を持たなければならないが、ＩＯＣはオリンピック実施競技団体の代表者にＮＯＣメンバーとなる資格を与えている。ＩＯＣで資格を認められながら、体協には加盟の資格がないから、という理由でＪＯＣのメンバーになれないという矛盾が起きてきたので、寄付行為にない仮加盟とか準加盟とかのごまかし的取扱いをしなければならない変則状態となっていた。

世間一般の常識から見れば、全体的組織の体協には何らの代表権がなく、その中の一部が代表権を持つということはきわめて不可解の印象を与えるであろう。総括すれば、ＪＯＣと体協の現状は法的にも運営的にも、矛盾が積み重なり、もはや国内的にも国際的にも、ほっかぶりしては通って行けない事態になっている。

特にブランデージＩＯＣ会長の辞任に伴うＩＯＣの近代化、国連方式によるＩＯＣ及びＩＦにおける台湾追放、中国の代表権の回復という世界スポーツ界空前の大問題が議題にのぼろうとしている中で、日本がこれに対処して、正当な発言権を持つためには、まずＪＯＣが他国からＮＯＣの資格に疑義があるというような批判を受けないよう、その体制を整備しておくことが迫られている。

それには、ＮＯＣの資格を失った体協の下に、ＪＯＣがあること自体が憲章違反であるから、ＪＯＣが体協から独立して別の法人格を持つことが最も適切な処置である。しかし体協としては、ＪＯＣと一体の四十余年の歴史に対する愛着から、ＪＯＣの独立に踏み切る前に、従来通り、体協の枠内にあって、ＩＯＣ憲章に違反せず、ＮＯＣとしての自主権を確保する途を発見するような最後の努力をすべきだというのが関係者おおかたの意向である。この意向に沿って立案したのが次の行為改正案なのである。

改正の要点をかいつまんで述べると、ＪＯＣの権威を寄付行為の中に明示する。その実権を活かすために、第一三条の制限規定を削除する。同時にＪＯＣの自主権を確保するため、特別会計及び事務機構を改める（後略）とこうなるのだが、結論として、もしこの改正案が認められなければ、ＪＯＣがＩＯＣ憲章違反をまぬがれるために独立に踏み切らざるを得ない。この場合はＪＯＣと体協はそれぞれ独自の法人格を持った上、表裏一体の密接な関係を保持しつつ、ＪＯＣは日本スポーツ界の高度の向上発展に、体協は広汎な普及浸透に、努力しともに協力して、わが国の社会体育に寄与すべきであるとする。

こうした作業に着手し始めた田畑さんは、既に八〇歳を過ぎていたが、従前からのＪＯＣ独立論の仕上げにかかったのであった。しかし、この改正案もその後現実のものとするにはまだまだ精力的な組織内の根廻しが必要であり、簡単にいくとも思えぬとみたのか、田畑さんは、筆者が田畑さんのオリンピック回想録を口述筆記している最中、「もうこのことについていうのはやめよう。どうせＪＯＣ独立なんかできやしないや」とすてばちの語調だったが、せっかくの念願だったのだし、必要なのであるから、と口述筆記を続けたものである。田畑さんとしては、生涯、ＪＯＣの独立を夢見、遂行しなければならぬと情熱を燃やしていたことは確かなのである。

モスクワ大会ボイコットに激怒

一九八〇年のモスクワオリンピックの頃、東京スイミングセンターを本拠としながらも、田畑さんは体調を崩し、歩行も多少困難になったせいもあって、筆者への電話はいつもいらいらしながら、「キミ、モスクワオリンピックは大丈夫だろうな」という警告ともつかぬ危惧の話が多かった。いうまでもなく、オリンピックと、アメリカ大統領選とうるう年は間違いなく四年に一回やってくるのであるが、うるう年は別としても、オリンピック大会とアメリカ大統領選挙が同じ年に重なってくることや、しかもその上大統領選挙がオリンピックの後で行われることについて、やっかいな組み合わせだと、田畑さんはいっていた。というのは、アメリカ大統領は民主党と共和党の闘いであって、その選挙戦略としてオリンピックが政治利用されかねないし、事実これまで大小の差はあれ、オリンピックが国際事件に巻き込まれることがあったのである。特にソ連で開かれるオリンピックに対するアメリカの出方がどうなるか、田畑さんは種々予測していたのだった。スポーツ界にあって、このような心配をしていたのは田畑さんだけではなかったろうかと思うのである。事実事態はやっかいなことになってしまった。

モスクワオリンピックの会期を前にして、ソ連は例のアフガニスタン侵攻という事態となり、時のカーター政権はこれを遺憾としてモスクワオリンピックボイコットを決定し、西側諸国に同調行動を求めたのであった。しかしこのことはあくまで国際政治の問題だとしてＪＯＣは政治とスポーツは別との態度をとって関心を示さず、オリンピック参加の一本道を突き進んだのであった。馬術とボートは気候と水に馴れるという従来の習慣通りに、既にヨーロッパに出かけていたほど一貫したオリンピックへの取り組みであった。

ところが、体協で開かれるＪＯＣの諸会議は何かすっきりせず、西側のモスクワオリンピックのボイコットを気にする話が多くて、参加競技団体の選手を決定していながら、役員の人選、選手団の編成決定の議題が進んでいかないのだった。田畑さんは不自由な足にもかかわらず、この会議には極力出席してなりゆきをじっと見つめ、発言することも少なくなかった。体協幹部の一部は、次々に表明する西側のボイコット状況に気を配っている様子で、一カ月半も、ああでもないこうでもないといった不毛の論議に時間を費すのみであった。

選手やコーチはこうした会議とは関係なく、懸命にメダルを目ざしてトレーニングに励んでいたのである。この会議のことをここで詳しく述べる必要もないが、体協幹部の一部に何やら深い企《たくら》みめいた感があるのに田畑さんは気づいたようだった。「大丈夫か」の声の底にはそうした体協での会議のすっきりしない雰囲気へのいらだちがあらわれていたのであった。

しかし、多くの競技団体より選出されたＪＯＣ委員の要請によって、参加決定に決着をつけざるを得なくなった。というのは、ＪＯＣがオリンピック参加を早く決定しなければ、選手もコーチもトレーニングの内容と意気込みに迫力を欠くという、もっともな理由からであった。こうしてＪＯ

Cはモスクワオリンピック参加をJOCの名において正式に決定したのであった。選手はこれによって、いよいよ仕上げに入ったのであったが、不安材料はないではない。西側諸国からボイコット声明を出す情報も次々と報道されていたからである。

筆者はその頃、ソ連からの要請により、オリンピック啓蒙としてオリンピッククルーズと称する青年の船を受け入れることにしていた。それはオリンピックの前年つまり一九七九年の春から受け入れたもので、旅行会社はもちろん、日本国内のどの青年組織も、ソ連側の支払う旅行費が安いということで受け入れ手がなく、OYCがひき受けざるを得ない事情があった。

田畑さんはこういうオリンピック青年運動を評価してくれていて、オリンピックにはそういう運動が必要なのだ、何か国内的にむずかしいことがあったらいつでも相談に来るようにいわれていた。青年の船とひと口にいっても、五〇〇〇トンクラスの客船に三〇〇人あまりが乗ってきて、寄港各地でスポーツ文化の交流をやりながら、モスクワオリンピック成功の集会をやるので、東京で指揮していればいいとはいえ、自然、体協の内部事情には注意もうすくなりがちであった。

田畑さんは筆者がソ連スポーツ界とはローマオリンピック以来、親しい付き合いのあることを知っているので、船に乗っているソ連スポーツ界の友人から、モスクワオリンピックのボイコット状況に関する反応を聞いておくことが必要だという指示だった。それに従って筆者はソ連スポーツマンと接触したのだが、意外なことに、日本は正式参加を決定しながらも、ナショナルエントリー(国別申込)をしていないことがわかった。〆切りまで期日があるからと気にもしなかったが、そのことを田畑さんに報告した。

その頃は、『田畑政治オリンピック回想録』出版のための七年にわたる口述筆記も仕上がったので、東京スイミングセンターに出かけることもなくなり、オリンピッククルーズを無事に、しかも効果的に迎え入れることに専念していたので、筆者に対する田畑さんのいらいらは募るばかりだった。

正直いって気になることもあった。オリンピックの前年の船でやって来たソ連青年との交流の行事を東京で開いている時、ソ連大使館の文化担当（スポーツを含む）のゴルブノフ参事官がしきりに行事の会場に来て、日本の参加の見通しについて田畑さんに聞いてくれというのだ。ゴルブノフさんとは旧友であり、気楽な会話が多かったが、田畑さんにそのことを報告すると、田畑さんはたいへん気にして、独自のアフガニスタンと国際スポーツ情勢の分析が必要だというのだ。そして新聞の隅の小さな記事をよく読むようにいわれた。

いわれたままに仲間にもこのことを伝達し、みんなでアフガン情勢の分析につとめるほどに、カーター政権はパキスタンに武器援助をさかんにやっており、ハク大統領曰く、「この程度の援助では不足である」という、ドルによる援助拡大をカーター大統領に向けて要請していることもわかった。政治とスポーツとは別とはいえ、それがモスクワボイコットにつながっていることは確かであり、それが田畑さんの信頼しているJOC委員長柴田勝治さんを巻き込むことになっては田畑さんの気苦労も多くなるわけで、OYCの幹部は体協幹部の動きに大いに注目した。

仲間からは「マッチポンプ」だという声も出てきた。田畑さんはこれについて「その疑いは強い」という判断をしていた。つまり、カーター大統領がアフガニスタンの反政府ゲリラを煽動《せんどう》し、適当な時期をみて収拾に出て、強いアメリカを世界にみせつけて、大統領選の勝利をめざすという、よくやる手法に出ていることは明瞭であった。

忘れもしない一九八〇年の五月二五日、午前一〇時から体協で緊急理事会が開かれた。その頃筆者は東京の晴海《はるみ》で第二回目のソ連青年の船の接岸を待ち受けていた。モスクワオリンピック反対の右翼団体がソ連船に押しかけてくるというので、多くの警察官が警備陣を張り、機動隊もこれに加わる緊張ぶりだった。この時、日本国内での組織的なモスクワオリンピック反対の動きを察知していたのだが、右翼といってもやとわれ学生が大半を占める程度の動きのにぶい反対行動だった。警察がこれを制止してひと息ついた時に、体協で理事会が開かれる連絡を受けたのだった。これは何かあると直感し、車をとばしたところ、体協の会議はちょうど終わったところだった。伊藤正義《いとうまさよし》官房長官や文部省の高官も同席しての異例の会議で、あっさりとモスクワオリンピックボイコットが決定したというのであった。会議は体協理事にＪＯＣ委員が加わっての合同会議の形で行われたのだが、ＪＯＣ委員の多くは、モスクワオリンピックの参加は決定していることから、欠席者も少なくなかった。参加するかどうか、司会者が挙手を求めたのも変であった。会議参加者や取材記者は憮然《ぶぜん》たる表情で散会したのを覚えているが、政治の力で日本のスポーツ界がねじふせられたのであった。田畑さんは前々からＪＯＣ独立論を唱えていたが、それができていないことの仇《あだ》であった。つまりＪＯＣは体協の傘下にあり、上部団体の体協が決定した事項には従わざるを得ない。ＪＯＣはモスクワ参加が不可能となったのである。

田畑さんはこの日スイミングセンターにおられたが、この話を知って、えらく怒った。そして、

「柴田君はどうしているのか、柴田JOC委員長の立場を守ることに全力を尽すんだ。すぐ柴田君と話し合え」ということだった。すぐ柴田さんをJOC委員長室に訪ねたが、柴田さんはくやし涙を流しながら、「俺は負けない、やるだけやるんだ」とこぶしを振りあげての怒りようだった。そして筆者の顔を見るや、「すぐソ連大使館へ行ってナショナルエントリーの申込み期限を延ばしてくれ」といわれた。実は、この二五日が国別申込みの最終期限であったので、それに照準を合わせての計画的な会議だったのである。もう夕暮れになっていたが、ソ連大使館ではポリャンスキー大使、ゴルブノフ参事官、サルキソフ一等書記らが大使館の庭で立ち話をしていた。テレビのニュースでJOCの不参加を知り、どういう事情でそうなったのか心配していたのだ。大使は金沢へ行く間際だったが、出発を延ばして館内に入り、大使には、JOC委員長より依頼された旨を告げ、早速ナショナルエントリーの〆切りを延期してもらうべく、モスクワ組織委員会に手配を頼んだ。

その日の夜、田畑さんに報告すると、さらにIF（国際競技連盟）にも同様の〆切り延期を手配してもらうことが必要だから、柴田さんとよく話し合うようにいわれた。翌日、柴田さんに報告すると、柴田さんからは「もう既に現地に行っている馬術とボート、それに柔道に重量挙《あげ》、レスリング、ボクシングについては、IFにモスクワオリンピック組織委員会を通して〆切り延期を手配するようにいわれたので、ソ連大使館に出向いてその旨頼んで、話はうまく進んだ」との返事があった。以上を田畑さんに告げると田畑さんは「それはよかった。しかし、まだ油断はできないぞ」と懐疑的であった。この時の心情は察してあまりあるものであった。青年時代から一貫してオリンピックを大切にしてきた田畑さんにとって、少なくとも政治的妨害によるオリンピックボイコットという汚点を日本に残すということは、その誇りを傷つけることになるという怒りがありありとしていた。

その後、毎日のように「体協は何を考えているかわかっているか、〆切りを延ばしてもらってもそれで問題が解決したと思ったらダメだ」という意見をいっていたのである。

結局は政治の強い意向のもとにカーター大統領に同調するモスクワオリンピックボイコットとなったのだが、田畑さんは、それでも我慢できず、オリンピックに参加する会をつくって国民運動を起こす他はないということで、この名称による運動を展開することになった。これには著名な文化人や芸術家、総評その他多くの個人や団体が加わって、柴田ＪＯＣ委員長激励や、「スポーツは政治に毒されるな」の広報活動をした。しかし時期は迫るばかりで、時間切れとなってしまった。田畑さんは断腸《だんちょう》の思いでこの終末をなげいたのであった。

ヤン・デンマンのスポーツ馬鹿論

田畑さんが東京スイミングセンターを完全に軌道にのせたある日、私がプールを訪ねた時、週刊新潮をひろげて「キミこれを読んでみな」といわれた。それは一一〇頁と一一一頁の見開記事で、S・P・I特派員ヤン・デンマンの筆による『スポーツ馬鹿』と題するものであった。この記事は週刊新潮の目玉記事ともいえる人気のあるもので、すでに一四〇〇回も続いて連載されていることからも愛読者が多いことが理解できよう。私は田畑さんに「ああ、これはもう読みました」と答えると、田畑さんはにこにこしながら「キミ、これは実に良いことを書いているよ、肝心なところもついてるじゃないか」と絶賛していた。「私も同感です」といったものだが、その記事の大要を次に掲げてみよう。田畑さんが国体（国民体育大会）をどのように観ていたかの田畑国体観として意味があると思うからだ。

全国中学校体育連盟が、日本体育協会の圧力の前に、とうとう屈した。「とうとう」というのにはわけがある。

国体に中学生も参加させろ、という日本体育協会の非常識極まりない要望を、全国中学校体育連盟は、これまできっぱり拒否し続けてきた。「国体参加は正常な学校教育への妨《さまた》げとなる」というのがその理由だが、まさしく正論である。だが最近になって、陸上、水泳、体操、スケート（フィギュア）の四競技の参加案を提示、というより押しつけたんだろう。いやそれに決まっている。そうでなければせっかくの正論をおいそれとひっこめるわけがない。

中学生だけの種目は設けないとか、教育活動に弊害《へいがい》を及ぼさないようにするとか、とりあえず五年間を試行期間とするとか、いちおう条件をつけたとはいえ、参加案に合意したというのだから、全国中学校体育連盟が屈服し、正論が敗北したことはたしかだろう。

かくて国体めがけて中学生が学業そっちのけで跳んだりはねたり、走ったり、泳いだり、滑ったりすることになるのだという。

「気違い沙汰だ（クレージィ）」苦虫をかみつぶしたような表情をうかべて、イギリス人記者がまっさきに反応した。

「国体というのは、開催県しか優勝しないインチキ・イベントだ。あんなものにまで中学生をかり出すことはないいんじゃないか。そんなに日本という国は運動選手を必要としているのか」。どうかしているらしい。とくに最近のアジア大会で、日本が三位に転落したことがよほどのショックだったとみえて、体協の役員連中はもとより、政務次官だの、スポーツ議員連盟のボスだの、政治家までがヒステリックに選手強化を叫んでいたことはまだ記憶に新しいところだ。三位ならオンの字だと考えてもよさそうなものなのに、何がなんでも一位にならなければ気がすまなくて、とくにアジア大会では金メダルを総どりにすべきだと彼らは考えているらしい。そしてオリンピックでも、あくまでトップに伍していかなければ気がすまないらしい。

あるべき姿

「かりに会社の宴会で、だな」

とっぴなたとえを持ち出したのはフランス人記者である。

「給料も地位もいちばん高い社長が歌をうたってもいちばんうまいというのは、みんなをシラけさせるばかりでよくない。エライ人ほど歌なんかヘタな方がいいんだ。日本というのは、いわば世界でいちばん月給が高くなってしまった国ではないか。それがスポーツでも金メダルを総どりにするっていうのは、社長のカラオケがプロはだしというのと同じことだ。アジア大会で三位に転落したのは、国家的見地からすれば大成功だったのさ」。

宴会の余興とスポーツを同一線上でとらえているのは少々無理があるというものだが、日本はなりふりかまわぬスポーツ国家になる必要なんかないという点については、まったく同感だ。

スポーツの国際大会に勝つことが国民の欲求不満を解消し、国威を発揚するための、いちばん手っとり早い手段だというのは、低開発国の常識だが、日本はそんな段階をとっくに卒業している。さらにあえていえば、いま世界のスポーツで圧倒的な力を誇っている国々は、そろいもそろってイメージの悪い国ばかりだ。トップレベルの米ソの場合、超大国のメンツ争いということが理解できないこともないが、でもアメリカのイメージがこのところますますダウンしていることは事実なんだし、中国や韓国にしたって、国自体のありようが国際的尊敬をかちえているとは言いがたい。

たくさんの金メダルこそとらなくても、たとえばスキーのアルペン競技だけには強いスイスや、マラソンとか陸上競技の長距離に強いノルウェーやフィンランドは、民心がおちついているし、周りの国から嫌われたり、軽べつされたりしていない。これらの国々のように、国民の体力づくりの過程で、たまたま優秀選手が出てくるというのが、あるべき姿なのだ。

不幸の約束手形

中学生の国体参加が決まった同じあの日にドイツ人記者が言っていた。

「政治家が東ドイツにならえという趣旨の発言をしていた。少年期からの一貫した競技力養成指導が進んでいるあの国のように、日本でもスポーツ学校を設置したらどうか、と提言しているんだが、バカも休み休みいえ、といいたいね。そんな少年少女のスポーツ工場を夢みるような発言を何で気楽に言うんだろう。東ドイツに限らず東欧諸国には確かにスポーツ学校というのはある。しかしこれは学業のあとの課外のスポーツクラブなんだ。今の日本に急にこれを真似しようったってできる相談ではない。一九三二年のロス五輪で北村久寿雄《きたむらくすお》という水泳選手が千五百米自由形で金メダルを獲得した。このときは彼は十四歳十カ月、旧制高知商の三年生だった。彼は水泳の技術を学びたくて、自ら丸善からアメリカの水泳技術書をとり寄せて、辞書を引き引き技術を学んだといわれている。日本の金メダル獲得の最年少記録保持者が彼だが、あの大会では、宮崎康二という十五歳の少年も百米自由形で優勝しているし、銀メダルの牧野と小池も十六歳だった。つまり十代選手のはしりは日本だったのだが、この時に日本にスポーツ学校なんていうのはあったかね、聞いたことがないよ。昔の夢を追う前に、今の事実を直視することの方が先決問題だ」。

イギリス人記者が再度口をひらいた。「日本の教育体系の中で、困った問題をいちばん多く抱えているのが、ほかならぬ中学校ではないか。スポーツのことなぞ、荒廃を正すことに比べたら、二の次三の次だ。根本の病巣をほったらかしにして、中学生を国体に参加させるなんて愚の骨頂だ。見ていたまえ、もっとゆがんだ現象が出てくるぞ。開催県が国体に向けて、小学校レベルから親ぐるみかかえこんで早期培養《ばいよう》を始めることは、いまの国体の堕落しきった姿を見ていれば、まずまちがいない」。

そうなったら、それはもう、おそろしいとしか言いようがない、ほんのひとにぎりのスポーツ・エリートにならない限り、早期培養で育った少年たちのほとんど全員が、運動しか知らないスポーツ馬鹿として社会に出て行くわけで、将来の不幸を約束するようなものだからだ。(後略)

この記事の出る二年ほど前、田畑さんは国体のあり方をめぐって新潮の関連記者から取材を受けているので、前述したヤン・デンマンなる人の記事は、田畑国体観の投影と理解してさしつかえないといえよう。国体論については数々のエピソードがあるが、その一つとして次の会話は興味深い。田畑さんが東京オリンピック組織委員会の事務総長の頃、場所はお茶の水時代、体協でも実力者の一人だった久富達夫さんとよく激論していた。むろん感情的な口論ではなく、体協はどうあるべきかについてである。田畑さんは朝日の政治部長だった頃、久富さんは毎日の政治部長で、二人とも東大時代からの仲良し、その頃二人とも五〇を少し過ぎたばかりの年齢だが、激論の中味は次のようなものだ。

久富「田畑!! 君はオリンピック至上主義といわれているのを知っているか? それは少し間違

いだ。日本全国民の体位向上こそ体協の使命で、その中からオリンピック選手が出てくればいいので、田畑は少し極端だ。いわば市民スポーツの普及によって、自然と強い選手が出てくればいいんで、田畑式オリンピック養成主義にオレは反対だ」と強い語調。

田畑「タップよ（田畑さんは久富さんをそう呼んでいた）。君はボクの考え方をよくわかってないんだ。例えばだなあ、火山が噴火すれば、溶岩が天高く吹き出て、この自然現象に人々は注目し、大きく刺激されるだろう。その上溶岩は下の方に流れ流れて、結局山の裾野が拡がるじゃないか。この裾野は国民スポーツの層の厚さにつながるんだ。これは国体と同じだ、今の国体はなってないが、以前の国体は全国の人が注目していたほどに格も高かった。国体が盛んになって全国青少年の憧れの的になれば、みんなスポーツに精出すことになるのであり、国体はもっと大切にされなければならないんだ。国体の開催地を都道府県別に輪番《りんばん》制にして、スポーツ施設を国の補助金でふやすというのはそれなりに意味のある一つの目標でもあった。そしてそれは一定の目標に達しているが、いつまでもそれを第一義の目的のようにしている最近の国体は、土建業者のターゲットとなり、真の国民体位の向上なる目標の的はどこかに吹っとんでいってしまう。ここが問題なんで、ボクはオリンピックばかり考えているわけじゃないんだ」。

久富「田畑、その意見にはオレも賛成だ。だがしかし、火山の溶岩を吹き出させるというが、そのやり方がオレにはよくわからない。そこはどうなんだ」。

田畑「タップよ、それはむずかしい。正直いってボクにもはっきりはいえない。ただしかし、活火山らしき、スポーツ火山脈をみんなで探す努力はできるはずだ」。

久富「それじゃヤマ師の考え方だ。どうやってスポーツ火山脈を探すんだ」。

田畑「タップ、ヤマ師呼ばわりはひどいぞ。例えば戦後の古橋たちのように一生懸命トレーニングに励み、それなりの記録を出している連中がどこにいるか。情報の網を張りめぐらせればいい、その意味で国体の権威を高めることは一つの情報の網の目になる」。

久富「田畑、ヤマ師呼ばわりしたのは悪かった。でも国体を権威あるものにする方法はあるのか」。

田畑「そこが問題点だ。国体を全国民のものとするという考え方はわかるが、その方法論があまりにも安易すぎた結果、参加者と種目を細分化し過ぎた。そのため、国体をやっても新聞はあまり書かなくなった。国民の注目度もどんどん目減りして、開催県だけが大さわぎして、満足しているのは県の役員だけじゃないか」。

久富「国体委員長は東俊（東俊郎順天堂医院内科部長）じゃないか。とうしゅんはどう考えているんだ、彼をここへ呼ぼうじゃないか」。

田畑「東俊は東俊で悩んでいる。ボクも何度か聞いている。しかし、各県が土建屋のあと押しで誘致運動で狂奔し始めたから、大鉈をふるわないと、とても原点には戻らない」。

久富「よくわかった。みんなで東俊をバックアップして、国体を原点に戻すことだ」。

こんな調子というより、熱のこもった論議は今のスポーツ界にはない。筆者はこの激論に立ち合わされたのだが、記者クラブの人たちが、「何だいあの話は」というので、かくかくしかじかと告げると、翌日の新聞に、〝国体の曲り角〟とか〝国体よどこへ行く〟の見出しが紙面に踊っているのである。しかし、そうした記事がさらに続報となって国体批判が展開されても、国体は各県でろ

く な 予選会も行われぬまま、じり貧になっていったというのが事実である。

スポーツ馬鹿ということばを田畑さんはあまり使うことはなかったが、しかし、文化オンチなることばはよく使っていた。田畑さんはスポーツは偉大なる文化である、との論をいつも説いていたが、スポーツの父といわれていた平沼亮三さんが文化勲章に輝く前、政界スジによく出向き、どうして平沼さんに文化勲章がいかないんだ、と折衝していた。「スポーツは文化ではない」という政治家や行政の人たちの返事を聞いて、あきれて帰ってきたものだ。もちろん、平沼さんが文化勲章を欲しがっていたわけではなく、そうすることが、世間に対してスポーツの位置づけとスポーツに対する啓蒙になるという自論を実現させたかったのである。田畑さんがよくいっていたことばに、「スポーツは文化でないというのは世界広しといえども日本だけだ」がある。

田畑さんはオリンピックや日本のスポーツ界で活躍した人たちが、その後どうしているかについては常々気を配っていた。というのは、スポーツ選手は一流ともなればとかく、ラジオ、新聞、テレビではやし立てられる。しかし、スポーツ選手には体力の限界があるから、花形会社に入っても、いずれは使い捨てにされる。それでも仕事のできる人はそのまま伸びていくが、大抵は、挫折する。そして蒸発や半蒸発も少なくないことを知っているから、スポーツばかりでなく学業と仕事をおろそかにする人を文化オンチと呼ぶのであった。特に情報化社会といわれ、スポーツのコマーシャル化の時代に入ると、田畑さんの心配のタネは尽きないのだった。

田畑さんの極東大会回想

今のアジア競技大会の前身ともいえる極東地域での競技大会は大正の初めから開かれていた。田畑さんはこの大会を特に大切にして記録からもめ事まで刻明に記録しているので、田畑さんの回想をそのまま記載したい。

極東選手権大会は一九一三年（大正二年）にフィリピンの呼びかけで、東洋オリンピックという名称で始まった。フィリピン在住のＹＭＣＡ主事のアメリカ人エルウッド・ブラウン氏が発案したもので、日本、フィリピン、中国の三ヶ国が参加した。開催地はこの三ヶ国の持ち回りで、第一回は提唱国のフィリピンのマニラで開かれた。

第一回大会には日本体育協会は乗り出さず、明大野球部と毎日新聞社が派遣した陸上競技二選手のみだった。野球は戦後まで野球評論家として活躍した中沢《なかざわ》不《ふ》二《じ》雄《お》君らが中心勢力であった。陸上競技は愛知一中のマラソン校長で知られた日比野寛門下の田舎片《いなかた》善次《よしつぐ》君と神戸の学生井上輝二君の二人で、五マイルに出場、田舎片君は29分41秒８で一位、井上君は二位だった。一マイルにも出場し、一位田舎片君の5分5秒1という記録が残っている。

次の一九一五年（大正四年）の第二回は上海《シャンハイ》で開かれたが、この第二回から極東選手権大会と名称が改められた。これは嘉納治五郎、アメリカのスローン両IOC委員の意見によるものであった。第二回は、体協のリードで陸上、水泳、テニスに一四人が参加した。体協はこの前年に予選会を開いたが、水泳は八月一〇日、東京大森のガス会社構内の掘り割（塩水）で開いた。参加者は一〇名に達せず、学校名で参加したのは高師、慶応、安房中ぐらいなもので、その他は所属水泳場名で参加したのだったが、第一回予選会は横浜体育研究会の独り舞台の観があった。鵜飼《うかい》弥三郎《やさぶろう》君と萩原誠一郎君がいたからである。役員には末弘厳太郎さんらに加え、陸上関係者の応援もあった。この予選の結果、水泳には鵜飼弥三郎君一名のみが代表として選ばれた。これが日本での本式の水泳競技の発端といってよかろう。

しかしこの頃、日中間に山東問題に関する険悪な空気があり、体協として選手派遣の資金調達のめどがつかず、結局、大阪毎日新聞と上海在留邦人が経費を負担することとなり、どうにか第二回大会に参加した。水泳は実に初参加の大会だった。会期は大正四年五月一五日から一九日までの五日間。上海の虹口《ホンキュウ》公園総合競技場で開かれ、水泳では単身出発した鵜飼君が五〇ヤード（32秒4）一〇〇ヤード（1分9秒6）四〇〇ヤード（7分21秒0）一マイル（31分59秒4）の四種目に優勝した。

しかし上海での排日運動が日本の代表に多大な侮辱を与え、嘉納治五郎会長は、二度とこの大会には参加しないと発言したほどだった。こうした経緯もあったが、第三回大会は持ち回りの原則により東京で初めて開かれたのである。正式名称は極東選手権競技会であったが、一般には極東オリンピックと呼ばれていたのである。

一九一七年（大正六年）日本で初めて開かれた第三回極東大会の水泳は、五月一一日、一二日、芝浦《しばうら》の三号埋立地、藻塩橋《もしおばし》上流に仕切りをした塩水一一〇ヤードコースで行われた。当時内田正練君は札幌農大の学生だったが、学校の試験がすむと三月中旬から約一ヶ月、長崎の福田浦《ふくだうら》まで出かけて練習した。東京の連中は芝浦で溝口幹知《みぞぐちみきとも》君のコーチで練習したが、寒さのため能率はあまり上がらなかった。しかし地の利というか、この第三回大会では日本は初めて総合優勝したのである。日本の水泳の優勝だけを並べてみると、五〇ヤード斉藤兼吉（26秒４）一〇〇ヤード斉藤兼吉（１分5秒０）二二〇ヤード内田正練（２分46秒２）四四〇ヤード能重道太郎（６分41秒８）八八〇ヤード内田正練（13分42秒６）一マイル今村豊（29分43秒０）一〇〇ヤード背泳三好康和（１分23秒４）二〇〇ヤード平泳高浜義春（３分29秒０）二〇〇ヤードリレー（１分51秒６）で二位三位の入賞者も一三名を数え、得点は日本四三、フィリピン三、中国三という成績であった。

この成果が大正九年日本の水泳が初めてオリンピックに参加することのたいへんな起爆剤となったことはいうまでもない。

日本は、この大会において、一九三四年（昭和九年）の第一〇回大会をもって廃止となるまで、常にフィリピンや中国といい勝負をしていた。あとで述べるように、運営のまずさ、審判技術の未熟さによって、日本が不利な判定を受けることがしばしばあって、紛争も絶えなかった。フィリピンは陸上、水泳、バスケットボール、バレーボールにいい選手がいた。特に印象に残っているのは平泳のインデホンソで、彼は第九回大会（昭和五年）で二年前のオリンピック金メダリスト鶴田君を抑えて優勝し、次のロサンゼルスオリンピックには鶴田、小池についで三位に入っている。このように初期の頃は彼らに学ぶところが非常に多かったのである。

第四回大会は一九一九年（大正八年）マニラで開かれたが、この時日本はフィリピンとの間で日程が折り合わず、不参加を表明した。日本側の言い分は「五月開催は学生選手の勉学にさしつかえるし、水泳シーズンには早すぎる」というものであったが、この理由の他に日中両国間に紛争の起こるおそれがあり、とした外務省と文部省とが積極的に参加を希望しない事情もあった。体協としては八月に開催して欲しいと要望したが、マニラからの返事は「五月開催は絶対に変えられない」であった。そこでやむなく日本は選手編成ができないとの理由により、極東大会から脱退しようということになった。しかし、選手たちは第四回をめざして練習を積んできたことでもあり、参加中止の決定は選手に失望を与えた。この時日本体協関西支部長の武田千代三郎《たけだちよさぶろう》さんが中心となり、日本青年クラブをつくって、一般に募金を呼びかけ、体協に代って関西から一六人の有志が参加した。浜名湾出身の内田正練君もこの中に入っていたので、私の心中も微妙なるものであった。日本青年クラブは当初体協の諒解のもとに体協の代行として参加し、帰国後解散して体協の関西支部の位置づけに戻ることになっていたが、マニラで極東体育協会が武田千代三郎団長の率いる日本代表を日本の正式代表と認めたため、武田さんはこれを実績とし帰国後、大阪体育協会を設立して、日本体協に対立する形をつくってしまった。このことがのちのちまでも日本スポーツ界に禍根《かこん》を残すこととなった。

いい機会なので附記しておきたいが、岸清一さんは島根県松江《まつえ》出身で明治二二年東大法科卒、官途につかず弁護士として国際的な弁護業を主力にして資力は豊かだった。

武田千代三郎さんは福岡県柳川《やながわ》生まれ、東大法科卒の後秋田、山梨、山口、青森の各県知事を経て大正二年退任、神宮皇学館長を経て大阪高商校長をつとめた。岸さんも武田さんも共にスポーツマンで、武田さんは水泳が得意で『理論実践競技運動』と題する著書もある。

岸清一さんは東大運動会の改組に尽力し、その後大日本体育協会会長に就任したことは改めて述べることもないが、岸さんが日本体協の主要な地位につくきっかけは、日本体協と日本青年クラブの対立の和解調停に努力したことにあったと記憶する。この調停は第四回大会の翌々年の正月から始まり、同年つまり大正一〇年三月八日に岸清一さんが第二代目の日本体育協会会長に就任し、翌月の四月一八日に円満に解決した。岸さんが調停に乗り出してから三ヶ月を要したが、しかし、このごたごたは第四回大会の大正八年五月からのことであり、大正一〇年の春までのまる二年間のスポーツ界暗雲時代であったわけだ。雨降って地固まるというか、このごたごたが国内のスポーツ関係者の組織がために対する自覚を促すこととなり、特に学生競技関係者の間で熱心な極東大会不参加問題討議などが行われ、そうした会合の中から学生連合組織づくりへと発展し、インターカレッジの発足へとつながっていったのだった。こんなさなか、ベルギーのアントワープオリンピック(大正九年)に陸上一〇名、水上二名、庭球二名による見学を兼ねての日本二度目のオリンピック参加が試みられたものだが、庭球の熊谷一弥《くまがいいちや》選手が二位に入ったものの水陸ともにヨーロッパ勢に全く歯がたたなかった。水泳の内田正練君は片抜手で競泳に出たあと、飛び込みにも出たが、一〇メートルの台からただ飛び込むだけなので観衆から笑われたといっていた。これが国際的に劣っている日本のスポーツ界に大きな刺激を与えることとなり、極東大会で腕を磨《みが》くことの新しい意義を見出す奮発心を呼び起こし、次の極東大会への取組みとなった。

財政の建て直し

第五回極東選手権大会は一九二一年（大正一〇年）中国の上海で五月三〇日から六月四日までと決まり、日本は、新しく体協の会長に就任した岸さんの積極的な派遣意欲にリードされて、財政の建て直しをはかり、総勢一〇二名という海外派遣最大の規模を送った。しかし競技の方はさっぱり振るわず、各競技とも敗れる始末だった。

第六回大会（大正一二年）は再び日本での開催となり、この大会で初めて天皇杯が出た。天皇杯を外国に渡してなるものかと、日本選手は大張り切りで、陸上、水泳、野球、テニス、サッカー、バレーボール、バスケットボールの七競技に一八三人が出場した。幸い陸上、水泳、テニスに勝って日本は総合優勝したが、野球、バレーボール、バスケットボールはフィリピンに完敗した。

第七回大会は大正一四年マニラで開かれた。前回同様七競技に一四〇人が参加したが、水泳とテニスが勝っただけで天皇杯はフィリピンにもってゆかれてしまった。

大会は五月一八日から二二日まで行われ、プールはフィリピン大学の二五メートルプールで夜間レースがあった。スターターが葉巻をくわえてピストルを撃つという、悠長《ゆうちょう》な審判のもとにレースが始まったが、自由形では日本が完勝、一五〇〇では野寄金次郎（浜松商）が勝った。しかし陸上競技の方は日程が残っているのに、織田、南部選手らが宿舎のサンタ・リタ・ホールのプールに泳ぎに来て「けしからん、けしからん」を連発し、すっかりくさり気分であったという。陸上競技の日本チーム総退場という事件のあった時である。審判の不公平への不満が四〇〇メートル決勝レースでの納戸《のと》徳重《とくしげ》選手のオミットで爆発したことが総退場の理由である。

　この時の陸上競技の総監督は万能選手として知られた岡部《おかべ》平太《へいた》君であった。岡部君や選手たちの話を聞いてみると怒るのも無理からぬものが多々あった。

　岡部君の話によると陸上競技は大会第二日目の五月一七日から行われたが、緒戦の一五〇〇メートルで縄田尚門《なわたしょうもん》優勝（4分7秒8日本極東新記録）、以下二位佐藤秀三郎、三位米田隆治、四位岸源左衛門と完勝である。次いで一六〇〇メートルリレーでも日本優勝、フィリピン二位、中国が三位、この日は円盤投、走高跳と四種目が行われたが、これだけの得点をみても、日本二八点、フィリピン二〇点、中国〇点で日本が断然優位だが、この日の円盤投では沖田《おきた》芳夫《よしお》君が三六メートルラインを確実に投げているのに予選失格となった。一位はフィリピンのビルダブロで三七・四メートル、沖田君は好調で決勝進出によってビルダブロを破ることは間違いないところだったが、失格は解せないということで記録用紙の提出を求めたところが、消しゴムで消されて、他の二回はファウル失格となっていたという。走高跳にしても曲ったバーを適当に回して低めの所をフィリピンに跳ばせ、南部忠平君は二位になった。この日二〇〇、四〇〇の障害の予選も行われたが、二〇〇メートル障害ではA組田尻祐之、B組ネポムセノ、C組谷三三五《たにささご》の各一着のタイムが全部22秒8で同タイムで、珍しいといえばそれまでだが不信感いっぱいだったという。

　第三日目は短距離・中距離種目が主で、これまで日本が完勝、三段跳でも織田幹雄、南部忠平、小林武夫、竹内虎士《たけうちとらお》と一から四位まで日本が独占、この日一〇〇メートル第二予選B組でも、日本の谷とフィリピンのネポムセノは誰の目にも谷が先着なのに二位、抗議して一位に訂正という具合、この日の大阪毎日新聞の鈴木特派員は「第三日は審判の不公平がその極に達し、ほとんど見るに堪えない。スポーツを解する国の競技と思えない……」と記事を送っている。

日本陸上総退場

さて日本陸上チーム総退場は一九日の第四日に起こった。この日の朝マニラの英字新聞は第一面のトップ記事として納戸とダナオの写真を掲げ、特大の見出しで陸上競技の勝敗は既に昨日までで決定した（日本完勝の意）、フィリピンの残されたチャンスは今日の四〇〇メートルにいかにして日本に勝つかということだけだと書いてあった。フィリピンとしては自国での大会で四〇〇を制覇し、面目を立てたいということだったのだろう。

この日最初の種目は一〇〇メートルだった。結果は一位カタロン（11秒2）、二位ネポムセノ、三位谷三三五、四位加賀一郎《かがいちろう》である。この時のスタートにも問題があったが、岡部君は抗議はせず選手をなだめるにとどめた。

一〇〇が終わって四〇〇メートル決勝となった。このレースで問題が起こったわけだが、岡部君の話では概要次のようなものであった。この競技場の四〇〇メートルのスタート地点から第一コーナーまでは二三メートルあったのが、この日決勝の時になって急にスタートラインを一〇メートルも前に出し、第一コーナーまで一三メートルしかない。決勝は五人で走るわけで、これでは何としても接触事故が起こると予感した。これは何か作為があると思っているうちに、スタート直前になって、今まで影も見せなかったインスペクター（監察員）が第一コーナーに四名、第二コーナーに四名、バックストレッチに二名と計一〇名も増員配置されたという。セパレートコースなら問題ないがオープンコースなのでよほど気をつけないとボックス（突く）して反則になるおそれ十分である。内側からガルシヤ、田中、ヨロング、納戸、ダナオの順であり、岡部君は納戸にスタートしたら大きく迂回して外に出て接触を避けろと指示したという。納戸は指示通り外側に迂回して接触を避け、バックストレッチの中ほどで先行するガルシヤを抜いて先頭に立ち、そのままホームストレッチに出た。ところで田中は案の定右側のヨロングと激しい接触をして第一コーナーを廻っていたが、ここが問題のいいがかりとなったわけだ。納戸がゴール前五〇メートルにさしかかったところで追走するガルシヤに突きとばされて進行妨害された。それが二度三度続いて納戸は二位でゴールインした。これは明らかにガルシヤの反則である。見ていた応援の日本選手は激昂したが、岡部君は制止して抗議すれば解決すると思ったという。レースが終わってポールにするすると国旗が揚がった。見るとフィリピン一位、日本二位、三位四位はフィリピンとこうである。これはおかしい、というのは田中は確実に四位だったのである。そこで岡部君がガルシヤは反則であると強弁すると、スルスルと全部の旗が下ろされたので抗議が受け入れられたものと思っていたら、改めて掲揚された国旗は一二三位ともフィリピンで、日の丸は四位のポールだ。岡部君は激怒して抗議したところ、納戸は最初の第一コーナーでガルシヤを突いたから納戸はその時点で規則違反であり除外者だという。第一コーナーで接触したのは納戸ではなく田中であり、これさえもどちらが反則か判定できぬ程度のものであることはいうまでもない。あくまでも仕組まれたワナであったわけだ。そこで岡部君は、「それではあの四位の日本の旗は誰のだ」と問うと「田中選手のだ」という始末、「それでは最初に掲げた日本の二位の旗は誰のだ」と問うと、「あれも田中のだ」というわけで、岡部君は、ここに至ってもはや競技ではないと判断した。トラック主将の谷三三五選手、フィールド主将織田幹雄選手に「どうする」というと「もう止める」と二人は同時に答えたという。助監督の竹内広三《たけのうちひろさぶ》郎《ろう》、中野雄三、加賀一郎も皆同意見なので、それではと岡部君はホイッスルを吹いて日本代表全員をフィールドの中央に集めて簡単な説明をし、全員の意見をまとめた上棄権退場を宣言した。期せずして君が代が唱い出され、中には泣き出す選手も出たようだ。さすがにフィリピンの役員や選手、それに一般観衆も静まりかえって、日本選手団の行動を静かに見守ったが、秩父宮御下賜《ごかし》の国旗を先頭に、ゆうゆうとウオレス競技場を退場してサンタ・リタの宿舎に引き揚げたという次第なのである。

私はこの大会では水泳代表選手選考委員でもあり、水泳のみならず陸上の活躍を信じ大いに関心をもっていた。陸上総退場はただならぬことであると思ったが、事情は岡部君の話のみならず、主軸選手も同じ意見で、無茶な話だとあとで思った。しかしこの結果、岡部君を頭にした陸上代表と岸清一さんとは決定的な対立関係となったのである。それは岸さんが選手は絶対に審判に服従すべきである、といういかにも弁護士的な一途な意見を変えず、岡部君らの話に耳を貸そうともしない。それのみか一九日午後六時二〇分マニラで日本体協の名において次のような発表を行った。

「四〇〇メートル決勝で納戸は第一コーナーでガルシヤの腕に触れたため、審判長はこれを不当と認め、納戸失格を宣言したが、わが選手はラストコーナーでかえってダナオが納戸を押したのを不都合であるとなじり、これに対して審判長は納戸は既に失格したもので、ダナオの不正を認めないと主張した。かくの如き選手の態度は国際スポーツマンの本義に反するものである」。

岸さんは当時は極東大会の名誉会長の任にあったし、抗議が日本から出たということで、まるく収まるようフィリピン側の意見に偏《かたよ》ったのだろうが、前述したようにスタートしてから第一コーナーを抜けるまでの選手の名前まで日本選手の納得できるものでないことはわかりきったことである。

岸さんは岡部君の強硬な抗議をなんとか切り崩そうとしたのだろう。一部の感情的な分子を抑えてしまえば解決できると思いこみ、血の気の多い一三名を除名処分にしてサンタ・リタの宿舎から追い出すぞという威嚇《いかく》を試みた。しかし真実は真実で曲げられるものでなく、若い選手たちが屈服するわけもない。結局この時の陸上競技代表は五四名いたが、事情のある縄田尚門（早大）一人を除いて五三人が徹底抗議の意見をまとめて五三人会を結成し、帰国後日本国民に事の真実を報告することとなったのである。

私は極東大会のこととなるとこのことが忘れられないが、これほどまでではないにせよ、戦後のアジア大会でも、似たようなことはあった。一九七四年（昭和四九年）にイランで行われたアジア大会では国王に忠節を尽すあまり、ウェイトリフティングの選手がメダルを貰ったあとでドーピングテストとやらで優勝をとり消されるということがあったが、こうした後進性と、昔の岡部君のようなサムライが少なくなってきた昨今をいささか淋しく思うのである。話は長くなったが、マニラ大会陸上総退場の真実が十分に理解されていないむきもあるので、日本陸上代表の名誉のためにあえて紙幅をさいた次第である。彼ら五三人会は船が神戸に着いた晩、大阪中之島公会堂で毎日新聞社主催の報告演説会を開き、公会堂にあふれる者数百名というたいへんな聴衆の集まる中で、二時間近い熱弁を振るい大喝采を浴びている。そして東京でも青山青年会館で同様の報告会を開いて大聴衆に説明した。

一三校脱退問題

しかしこの一三人除名に続く五三名脱退事件は、日本のスポーツ界を大いにゆさぶった。それは陸上連盟と、日本体育協会の反目に発展し、さらにこの紛争が陸連内部にまで波及して、火種はその後のパリオリンピックの選手選考に関しての一三校脱退問題で火を吹くこととなり、さらに加盟競技団体と日本体協の抗争となって体協の改組にまでつながるのである。因に一三校脱退とは、オリンピック選手の選び方が官学関係者に偏っているということで、早稲田、慶応、明治の三大学が強烈に日本陸連に抗議し、これに他の一〇大学が同調するという学連の連帯強化によって起こったものである。マニラ大会での結果が基盤になっていたことはいうまでもない。

極東大会での審判の未熟、不公正は陸上だけではなく水泳にも多々あった。第八回大会がそうだった。第八回大会は一九二七年（昭和二年）上海で行われ、競技は八月二七日から四日間上海新公園の二三メートルプールで開かれた。水泳はこの大会に限り、審判は開催国一任、つまり中国だけでやったが、ここで誤審問題が起きて、前回のマニラの陸上のように水泳総引き揚げ寸前までの事態となった。この第八回大会は日本選手団の派遣前から国内でごたごたがあった。前回のマニラ大会の後遺症もあったのだが、文部省は第八回への学生選手の参加そのものにも反対の意向があり、政府の補助金支出もはかどらなかった。しかし金六万円の国庫補助を受け結局は参加することとなったが、一時日本水連は独自の立場で極東大会不参加声明を出し、むしろハワイのワイキキ海岸で開かれる全米水上へ目を向けていた。こんなわけで、極東大会不参加声明を出したものの世間の風当たりは強く、しばらくして声明を取り消しての参加となった。私はこの時上海へは行かなかったが、役員として渡航した飯田光太郎、樋口一成《ひぐちかずしげ》、和久山修二、川口又男の諸君はかんかんになって怒って帰国したものだ。というのは、一〇〇メートル背泳に出た入江稔夫君があまりにも速すぎたために優勝が見のがされたという、今度はとても考えられないことが起きたわけだ。入江君は端っこのコースで泳いでおり、二、三位があまりにも白熱したレースだったのでゴールインが見落とされたのである。誰が見たって入江君は一位なのに「入江は何位か」と審判組に詰問《きつもん》したところ「知らぬ」という返事だけで、「審判員の決定は最終のものである」という条項をたてにしてとり合おうとしなかったという。他にもいろいろあったようだ。平泳のフィリピンのインデホンソがターンをする時に片手ターンの泳法違反の事実を認めながら違反として摘発しないというめちゃくちゃな審判で、日本役員と選手は退場を決めたが、前回の陸上の例もあったので、さらに粘り強く抗議し、結局、以後のレースに日本の審判四名を入れるということで総退場をさし控えたという。バスケットでも中国とフィリピンで紛争が起こったと聞いていたが、審判によって勝負が逆転するのは、当事者としてはまことに腹立たしく、逆上するのは当然であろう。

私の長年の経験によれば結局は水かけ論に終わって、不愉快なしこりを残すだけである。郷《ごう》に入れば郷に従えとして達観してあきらめるしかないと思えばそれまでだが、極東大会の場合は明らかに人手と経験の不足がめだった。同時に自国の名誉のためというか、やたらと勝ちたい意識というより欲望が強過ぎて、正しい見る目を失っていたといえるだろう。

私は、一九五四年（昭和二九年）マニラで開かれた戦後の第二回アジア競技大会に選手団長として参加したが、役員の諸君には、「陸上や水泳は同着やタッチの差で勝つのはだめだ、誰が見ても明らかに勝ちだという勝利をめざせ。レスリングはフォール勝ち、ボクシングはノックアウト勝ちでなければいけない。負けたといわれても仕方のないような勝ち方ではだめなのだ。選手諸君にはそのつもりで戦うよう厳重に指示して欲しい。抗議すべきものは抗議しなければならないが、適当なところで退くように……」と要求した。弱腰といわれるかもしれないが、これがスポーツの国際試合の一面でもあるのだ。

第二回のマニラ大会は、フィリピンは戦争によって日本軍に痛めつけられて、対日感情は極度に悪化していた。だからわれわれは積極的なプラス面を残さねばならなかった。私はその覚悟でマニラに乗り込んでいた。それには真剣にプレーしなければならない。ちゃらんぽらんなことは許されない。私は紛争さえなければよいと思っていた。スポーツマンとして、フェアプレーという原則的ないとも簡単なことが、なかなかできないという心配がつきまとっていたのも、昔の極東大会のトラブルの印象が残っていたからである。

第九回大会は昭和五年（一九三〇年）東京で開かれ、ようやく安泰のうちに終了した。この大会でも国内とはいえ文部省が中学生選手の遠距離地区からの参加を禁止したことで、ひともめしたが、結局は文部省も禁止を取り下げ、水泳の全員参加も可能となって明るくのびのびした大会参加となった。中学生が参加禁止では日本の水泳戦力は大きな痛手となるほど、低年齢の多い水泳界であったのだ。この大会にはインドの陸上が初めて参加し、四ヶ国となったが、日本の総体的なレベルも上昇期にあり、圧倒的な強さを発揮し、サッカー二位、バレーボール三位で、あとはすべて優勝という輝かしいものであった。国内の政財界、一般国民のスポーツに向ける目が輝いていたこともいうまでもない。

関東軍のゴリ押し

第一〇回極東大会は一九三四年（昭和九年）マニラで行われることになっていた。水泳は四月一五日に阪神甲子園野球スタンドに設けられた二五メートル室内プールで極東大会の予選をし、前年までに決定していた一六名にさらに六名を追加決定した。予選が終わり二二名の選手は甲子園スポーツマンホテルに合宿、出発まで甲子園プールで合同練習を行うスケジュールを組んでいた。この甲子園スポーツマンホテルで合宿中、前代未聞の事件が起きた。合宿に暴漢が侵入し、選手が襲われたのである。この事件は「満州国を加えない極東大会に参加するのは非国民である」とする右翼分子の暴挙であった。

昭和六年から始まった満州事変で、日本の軍部は満州国を強引に独立させたが、世界中のほとんどの国は満州国を承認していなかった。軍部は独立国としての既成事実をつくるため、極東大会に満州国代表を参加させよ、と強硬に主張し続け、もしそれができないのであれば日本代表は参加するなという参加阻止の直接行動になったのが甲子園の水泳選手急襲の事件だったのである。

この事件は四月二七日午後一一時頃起こった。ボクシングシューズをはいた暴漢が合宿の二階へ駆け登るや、三〇畳の大座敷で持ってきた竹棒を振り廻し、やたらと選手めがけて打ち込んでくる。選手はケガでもしたらたいへんと逃げ回るが、暴漢は逃げる選手を追って四メートルもある裏の空地に飛びおりたという。二階の窓の手すりにぶらさがって難をのがれた者、押入れに隠れたが戸がしまらずにあせった者、姿見《すがたみ》の鏡台の裏に身をひそめた者、竹棒で殴られた上に膝小僧をすりむいた選手もいた。この時附近の家にいた陸上監督の鶴岡英吉《つるおかえいきち》君、同主将の織田幹雄君、水泳役員の清水輝太郎君らは、この騒ぎを耳にしながらお茶を飲んでいたというからさすが肝《きも》のすわった人たちだと思った。

実はこれより二日前の四月二五日には陸上の選手が右翼に襲われた事件もあり、織田君らは右翼がおどしの圧力をかけにきた程度に考えていたようだった。事実これより前、陸上のコーチであった沖田芳夫君が東京の白木屋に選手を連れて買い物に行ったところ、後をつけてきた右翼に囲まれ、「参加するな」と詰め寄られた。しかし沖田君はガンとして屈せず、あくまでも「行く」といいはり、右翼はあきらめて退散したという武勇伝もあった。こうした不穏な状況にあったために、内務省も気を配り、水泳選手が襲われた二七日の夜は、合宿の回りに西宮《にしのみや》警察署の制服私服の警官六人を配備し、また新聞記者も二〇人ほどいたというが、それを突破して二階に駆け登ったわけで、右翼の暴漢は相当な人数で襲ったらしかった。

こうしたいやがらせより前、実は岡部平太君が私のところへやってきた。彼は関東軍のシリ押しでわれわれに圧力をかけにきたのだった。なぜ彼が虎の威をかるようなことをしたのか、それには理由があった。彼はもともと中国の張学良《ちょうがくりょう》と仲が良かったといわれていた。ところが関東軍と張との間がこじれ、従って岡部君の立場は極めてまずくなり、関東軍は岡部君を処刑するという噂まで流れたほどであった。関東軍は岡部君の力を買っていたらしく、日本のスポーツ界への影響力があると信じていたようだ。そんなわけで逆に岡部君を利用してわれわれの説得役として派遣してきたのであった。

しかし土台スジ論からして無理な話なのである。軍部が満州国を参加させろといっても、中国とフィリピンは絶対に反対で、開催地のフィリピンも満州国は国際競技連盟からまだ承認されていない、という理由で満州代表を受け入れないと決定している。客観情勢がそうであるほどに軍部のわれわれに対するしめつけはヒステリックになるばかりで、軍部は青年将校や右翼までも動員してスポーツ界に圧力をかけてきたわけである。岡部君はもし参加できるよう説得できたら助命してもらえるともいい、満州国参加工作をすると共に、関東軍の紹介状を持って参謀本部に出向いてさかんにわれわれの説得にかかってきた。しかしわれわれはウンといわなかったが、長いものには巻かれろ式で、スポーツ選手をもつほとんどの大学は「選手を出さない」ことを決め始めるし、当時のスポーツ界の拠点ともいえた東大運動会も腰のくだけそうな形勢であった。

当時、岸清一さんは既に亡く、会長は空席だった。専務理事の郷隆君は病気で鎌倉に引っ込み、私一人責任ある立場に立たされていた。問題が問題だけに、アマチュアスポーツの生命線を守るためにも、日本体育協会としては引くに引けない立場に追いこまれた。私は万難を排して参加しなければならぬと思った。体協史上、これ以上受難の時はなかったとさえ今でもつくづく思う。私はその頃朝日新聞にいたわけだが、体協理事として右翼からずいぶんおどされた。その頃の右翼は筋金入りで、国のためだといえば何をしでかすかわからぬ物騒《ぶっそう》な存在であった。私の家は赤坂檜町《ひのきちょう》にあったが、家を右翼にとり囲まれたものだった。

新聞論調も「極東大会をボイコットしろ」というのがほとんどだった。しかしわが朝日新聞だけは「参加せよ」という論調を貫いた。毎日新聞は、のちに体協理事になった久富達夫君が政治部長をやっており、軍の情報をよく知っていたせいか、結果的に軍にとり入る格好となり、北沢清君を特派員として派遣することになった。北沢君も張り切っていたが、派遣がとりやめになってしまった。

朝日の方は植村睦郎君がマニラへ行って取材したのだが、当時、鈴木文史朗《すずきぶんしろう》さんが整理本部長をやっていて、「今日の問題」というコラムでこの事件を取りあげ、「満州を参加させて国際的に認めさせたいのだろうが、この問題がこじれたからといって、日本まで参加するな、というのは全くおかしい。そんな横車が通ってなるものか」という趣旨のことを書いた。

その直後、朝日の編集局に日本刀を振りかざした右翼が乱入した。応対に出た鈴木さんは、イスを持って防ぎ、前かがみになったところを上から背中を切られて二ヶ月の重傷を負った。右翼は、ある宗教団体の記事広告をのせろ、ということでいちゃもんをつけに来たらしいが、折りが折りだけに極東大会のことが原因だと錯覚した人が多かった。余談だが、鈴木文史朗さんはこの事件のおかげで、第二次大戦後特別にパージを免れたのであった。

暴力に屈せず

日本刀といえば、当時サッカーの竹腰重丸《たけのこししげまる》君は、夜半自宅の庭に出て抜身《ぬきみ》の日本刀を構え、暴力には真剣をもっても対決して屈せずと、月の光に日本刀を輝かせて心を正したと聞いているが、その時の時代と騒動は私の文章をもってしてはとても語り尽せない。この竹腰重丸君と陸上の渋谷寿《しぶやとし》光《みつ》君を満州に派遣、山本忠興さんと松沢一鶴君に上海に行ってもらったりして、満州国を説得、中国にこれまでの経緯を説明して了解を求める一方、日本選手団は着々とマニラへ向かう準備をすすめた。

四月二九日雨の神戸港から乗船したが、右翼の阻止はあくまでも執拗で、列車で門司《もじ》まで追いかけてきて説得にかかってきた。選手団の船は神戸出港の時から戒厳令下そのままの不気味さで、関東軍の青年将校が瀬戸内海で船を爆破するという噂もとんだ。この時の団長は平沼亮三さんで、団長は遺書を託して出発するという悲壮な場面を現出したが、平沼さんの毅然《きぜん》たる態度は今だに私の脳裏に刻みつけられている。この時のこの一事をもってしても、平沼さんはわが国の「スポーツの父」と称されてよいと私は思っている。

とにかく、当時のスポーツ人は偉かった。体協の名誉会長として健在だった嘉納治五郎さんはさすがで、ＩＯＣ委員の杉村陽太郎さんともども「参加せよ」とわれわれを強力に激励して下さり、心強い限りであった。

マニラ大会へは陸上、水泳、野球、サッカー、バレー、バスケット、ボクシングのチーム総勢一三三人を送った。マニラの宿舎は、大きな講堂をカーテンで仕切っただけで、野戦病院のようにベッドが並べられ、寝つかれないほどの暑熱であった。プールの水温が三二度にもなり、少し長く泳ぐと顔が充血してくるような最悪のコンディションであった。競技は新しく設けられたリサール・プールで、日、比、中にインドネシアが加わり、四ヶ国の参加となった。水泳は予想通り自由形と背泳で三位まで独占、陸上も勝って、競技の成績はまあまあであった。しかしながら、光輝ある極東選手権大会がこの回をもって終止符を打つこととなったのは、かえすがえすも残念なことであった。

その後、時の流れで日満華のスポーツ大会が開かれたこともあるが、やがて日本は昭和一一年の二・二六事件などを経て、翌年血生臭《ちなまぐさ》い日中戦争へ突入していくことになる。とにかく私はスジを通して軍部に屈しなかったことを誇りに思っている。スポーツは純粋でなくてはならない。権力、とくに暴力に負けなかったことは今でも自慢できる。

中倉、菅井ドライバーの話

田畑さんの車を運転していたのは、中倉千秋さんで、昭和三〇年から三八年までの八年間に及ぶが、その前半の中倉さんの所属は日本体育協会総務部、そして昭和三三年からオリンピック組織委員会事務局発足と共に、組織委員会の事務局総務部に移ることになる。そして田畑さんが昭和三七年に組織委事務総長を辞め、選手強化対策本部のリーダーとしてのポストを去ることになってからは、ＯＹＣの理事菅井精《すがいまこと》さんに運転手が代わったのだが、中倉さんから菅井さんへの事務引き継ぎといっても、田畑さんを乗せる要領と田畑さんの気質を理解してもらうという簡単なことだけで、二人は引き継いだ後も気が合っていたのでよく会ってはよもやま話をしていた。

この項をつくるに当たって、旧交を温める意味も含め、一夕《いっせき》田畑さんを偲びながら改めて語り合ってもらった。中倉さんは戸田橋自動車学校嘱託であり、菅井さんはビクターの中堅管理職にあるが、二人とも大の田畑信者で、話に花が咲き、深夜にまで及んだ。

中倉さんも菅井さんも一致している話があった。世田谷の田畑宅を出発するとき「田畑さん今日はどこですか」と聞くと、田畑さんは「アッチだ」という。「はい、アッチへ行きます」とスタートする。どのみち、体協の方向に向かうのだが、「アッチってどこかわかるか」と後部座席から田畑さんの強い口調の声が飛ぶ。運転席から「アッチです」と答えると、「わかってるんならいいんだ」といった調子で、たいへんユーモラスだ。体協へ行くまでの途中、他に人と会うような特別なスケジュールの時は、前日に口頭で翌日のスケジュールをまくしたてるようにいうので、これをいちいち聞きかえさず頭の中に入れて、田畑さんを自宅に送り届けてから、車中で翌日のスケジュールを整理してノートする。これは一つの技術だと二人はいっている。人馬一体といっては失礼な表現だが、専任ドライバーと専用者とがお互いに心が通じていることが仕事の能率をあげる。ドライバーの二人がそのことにのみ心を砕いていたことは当然のことでもあった。しかも忙しくて仕方のないスケジュールいっぱいの時代の田畑さんを乗せた中倉さんは、いつも田畑さん同様に気ぜわしかったのであった。

ある時、お茶の水体協の入口には、いつも赤い外車が駐めてあるので、中倉さんのみならず、新聞各社や、体協役員を乗せるドライバーの皆さんはその車が邪魔で仕方がなかった。この時中倉さんが勇気を出したのか、その赤い外車の持ち主に駐車をやめてくれと交渉した。外車の男は大柄で、小柄な中倉さんの襟首《えりくび》を押さえつけてはむかってきたので、柔道五段の中倉さんはその大男を投げとばしてしまった。倒れた大男に足にかじりつかれて、中倉さんは残った片足で大男の顔を踏みつけてしまった。大男は二度三度起き上がって中倉さんに挑むがその都度中倉さんに投げとばされる。この騒ぎを後で知った田畑さんは、中倉さんを呼んで何回投げたんだと問い、中倉さんは三回投げましたといったところ、柔道は畳の上でやるものだ、相手がどうであれ、体協の前でしかもスポーツを暴力にしてはいけないとし、一回の投げ分一万円とし三回投げたんなら三万円を払ってこいと三万円を中倉さんに手渡した。中倉さんはその三万円を持って大男に渡そうと努めたが大男はすぐに受けとらず、訴えるとすごんだが、特に傷害にもなっていないので問題にならず、仲介者も入って三万円を受けとらせて一件落着となった。その後中倉さんは三万円を田畑さんに返そうとしたが田畑さんは受けつけなかった。その後体協前に赤い車の駐車はなかった。中倉さんはもう投げとばすのは柔道場でだけといっていたが、その後も板橋や巣鴨の警察には出入りして柔道の指導に楽しみの時間を費された。

中倉さんに関しては次のような話がある。第三回アジア大会のずっと以前、田畑さんが朝日新聞社時代からよく使っていたという、バー「ルパン」という店が銀座七丁目の並木通り裏にあったが、そこは静かなくつろぎの酒場であった。筆者も何度かお伴をしたが、ある時中倉さんをそこでご苦労とばかり帰して、ルパンに行くことになった。その時は、東俊郎さん、毎日の矢野《やの》博一《ひろいち》さん、報知の漆崎賢二さん他、六人ほどが一緒だったが、みんな既に酒も入ってほろ酔い加減だった。ルパンは一五段ほどの階段を降りた地下バーだが、そこを田畑さんが先頭きって降りかけたところ、足を踏みはずして踊り場まで転げ落ちたのだった。耳から少し出血していたが、すぐ救急車で病院に行き、医師の東俊さんもいることだし、翌日は普通の表情で体協に顔を出していた。中倉さんは、田畑さんの酔いが少し強いときは、アッチにしましょうと、うまく世田谷まで車を運び、あとで叱られてもスケジュールに入っていない時は帰宅という方針をとっていたので、ルパンの一件ばかりは「自分の不覚」といっていた。このケガはたいしたことはないとみんな考えていたし、むしろその日の仕上げともいうべきルパンでの田畑談議がフイになったことを残念がって解散したのである。

こんな話が出た時、菅井さんが「僕にも二回経験がある」と口をはさんだ。田畑さんは銀座の裏の東京温泉によく行って入浴したものだが、個室で入浴中石鹸で足を滑らしたのか、転倒して、頭からわずかながら出血して、東京温泉での血どめ処置で田畑さんを世田谷に送り帰したという話をした。このことは筆者は既に知っていたが、二人のドライバーの話の中で、東京温泉での転倒は別にもう一度あったということを初めて聞いた。

この話に紙幅を割いたのには意味がある。というのは、後年、田畑さんは病魔に襲われ、歩行が困難となり、中国の北京まで出かけて針治療を施《ほどこ》すなど苦労をしたのだったが、主治医の東俊郎さんから何度か聞かれたことがある。「田畑はどこかで頭を打ったことはないか」との質問に、例のルパンの一件を話すと、「あの時は俺も酔っていたからよく覚えていない」といっていたが、「もう一つは東京温泉で転倒したことが一回あります」（実は二回だったことになる）と答えると、東俊さんは「そうか、それだなあ。どう考えても、頭の強打以外には病因は考えられないんだ」というのであった。ある日田畑さんにスイミングセンターで、「病気の原因はルパンらしい」というと、田畑さんは「そんな馬鹿な話はない。ルパンの次の日はなんでもなかったんだ」と、また「東俊に頭を強打したことがないか聞かれたこともあったが、二・二六事件の時、右翼に棒切れで頭をなぐられたが、これは痛くもなかった。もう一つは、戦後、酔っぱらいのアメリカ駐留軍の兵隊にピストルの銃尻で殴られたことはあるが、それ以外は考えられない」と強弁していた。いずれにせよ、頭を強打すること、しかも酔った時や眠っている時の強打は、神経の不活発な状態にある脳にとって支障が大きいということを知人の医師にも聞いているが、ルパンの一件は大きな病因だという医師の意見が強かった。あの病気さえなければ日本のオリンピック事情も、かなり変わったものになったに相違ない。一九七五年頃、少し病状が回復し、かなり活発な歩行ができるようになったが、それも二年ともたず、再び歩きづらくなったことは本当に気の毒であったし、日本のスポーツ界にとっても損失だったといって過言ではない。

田畑さんの病因については、いずれどこかの項目で述べなければと考えていたが、中倉、菅井両ドライバーの最も気にしていたことであり、欠かすことのできぬこととしてここに記述したのである。

この項のしめくくりとして、二つのことを述べておこう。中倉さんは田畑さんが組織委事務総長を辞めると共に、自動的に後任者である与謝野《よさの》秀《しげる》さんのドライバーとなった。車の中というものはおもしろいもので、新事務総長へのおべんちゃらな新聞記者や事務局関係者が、種々雑多な会話をすることがよくあったようだ。中倉さんは腹立たしいことがあると筆者にも連絡してきたが、田畑さんに直接そうしたことを告げたことがあった。ところが田畑さんは「中倉君は与謝野さんに仕えればいいので、車中での会話は公私に限らず他に漏らしてはならない。自分にそれを教えてくれたところで、東京オリンピックが成功するか否かにつながるわけではないし、二度とそういう話をしてはならない。公務員的な立場を貫け」と叱っていた。田畑さんとしては東京オリンピックの成功のみを祈っていたのである。与謝野さんにうらみつらみがあるのではないし、むしろ与謝野さんの所には何度励ましにいったかわからぬほどに誠意を示している。凡人のできぬことと思った。そして大会に突入するや、菅井さんの車で、毎日のように各競技会場を廻り、何か問題はないか、予測される苦情処理班の出番はないかと、そればかりを心配していた。心から東京大会のために心くばりをしていたのであった。大会終了後、第一八回オリンピック東京大会は一〇〇点満点だと会う人ごとにいい、与謝野さんにも「おめでとう、ご苦労さんでした」と告げている。

田畑政治略歴

明治31年12月1日、浜松市成子町に生まる。
大正13年、朝日新聞社に入社。編集局政治部に所属。
昭和4年、大日本水上競技連盟専務理事。
昭和5年、大日本体育協会専務理事。
昭和7年、第10回ロサンゼルスオリンピック大会水泳監督。
昭和11年、第11回ベルリンオリンピック大会本部役員。
昭和14年、大日本水泳連盟理事長。
昭和21年、日本体育協会常務理事。
昭和23年、日本水泳連盟会長。
朝日新聞東京本社代表取締役。
ＪＯＣ総務主事。
昭和26年、日本体育協会専務理事。
昭和27年、朝日新聞社を退社。
昭和30年、第3回アジア大会（東京）組織委員会事務総長。
昭和31年、第16回メルボルンオリンピック大会日本選手団団長。
昭和36年、日本水泳連盟名誉会長。

東京オリンピック組織委員会事務総長。
昭和44年、勲二等瑞宝章。
昭和46年、日本体育協会副会長。
昭和48年、JOC委員長。
昭和52年、JOC名誉委員長。
IOC功労章（銀章）。
昭和59年8月25日、逝去。享年85。

杢代哲雄（もくだい　てつお）
一九二七年東京生まれ。スポーツニッポン新聞社評論担当、ＯＹＣ（オリンピック青年協議会）理事長、メーデースポーツ祭典大会理事長などを歴任。一九六四年、東京オリンピックに際しては、東京オリンピック選手強化対策本部幹事、選手村情報センター長、選手村新聞編集長として大会運営に参画。また、世界青年平和友好祭では、一九六二年（フィンランド）日本スポーツ団長、一九六八年（ブルガリア）日本代表団長を務め、一九六五年、日ソ青年バイカル湖祭典には日本代表として訪ソするなど、この間数十度にわたって、ソビエト・ヨーロッパ・アジアの各国を訪問、海外のスポーツ事情の視察、交流に尽力した。一九九八年死去。
著書に、『モスクワへの招待』『ハンガリーへの招待』『弁証法的練習法』、共訳書に、ア・スヴェトフ『スポーツの魅力』などがある。

評伝　田畑政治《たばたまさじ》
オリンピックに生涯をささげた男

一九八八年十二月二十五日初版第一刷発行
二〇一八年六月二十日新装版初版第一刷印刷
二〇一八年六月二十五日新装版初版第一刷発行

著者　杢代哲雄
発行者　佐藤今朝夫
発行所　株式会社国書刊行会
東京都板橋区志村一―十三―十五　〒一七四―〇〇五六
電話〇三―五九七〇―七四二一
ファクシミリ〇三―五九七〇―七四二七
URL：http://www.kokusho.co.jp
E-mail：info@kokusho.co.jp

装訂者　鈴木正道(Suzuki Design)
印刷・製本所　中央精版印刷株式会社
ISBN978-4-336-06267-3 C0023
乱丁・落丁本は送料小社負担でお取り替え致します。